北京的母亲河

❖

任秦生

著

中国文联出版社

图书在版编目（CIP）数据

北京的母亲河 / 任秦生著. -- 北京：中国文联出

版社，2020.11（2023.1 重印）

ISBN 978 - 7 - 5190 - 4366 - 7

Ⅰ. ①北… Ⅱ. ①任… Ⅲ. ①永定河—文化史—北京

Ⅳ. ①K928.42

中国版本图书馆 CIP 数据核字（2020）第 200891 号

著　　者　任秦生
责任编辑　周小丽
责任校对　赵海霞
装帧设计　中联华文

出版发行　中国文联出版社有限公司
地　　址　北京市朝阳区农展馆南里 10 号　　　　邮编　100125
电　　话　010 - 85923025（发行部）　　　　　85923091（总编室）
经　　销　全国新华书店等
印　　刷　三河市华东印刷有限公司

开　　本　880 毫米×1230 毫米　　1/16
印　　张　14.5
字　　数　316 千字
版　　次　2023 年 1 月第 1 版第 2 次印刷
定　　价　89.00 元

前　言

黄河——中国的母亲河，中华民族的摇篮。

永定河——北京的母亲河，中华人类文明源头之一。

永定河畔，有五十万年前北京猿人至五千年前黄帝时期的古人类遗址，北京是中国古人类发祥地之一，还是中国古代文明起源地之一。

永定河畔不仅有这么丰富的古人类遗址，还应该是中国古代汉字的起源地，蓟、冀、幽、燕、朔本义都表示北方，即北京周边的广大区域；还应该是中国姓氏的起源地，华夏民族起源地，炎黄蚩子孙说起源地，龙的传人说起源地。

永定河，她用乳汁滋润养育了河畔的北京人，她诞生了一座都城——北京。

西周燕国北京建城始于公元前 1045 年，距今 3100 多年了。公元 1153 年金代迁都燕京称中都，便是北京成为首都的开始，之后一直是中国的首善之区，其连续性至今 865 年了。

饮水思源，话说永定河。永定河畔为什么能成为我国的首都所在地呢？因为，永定河是一条古老的河流，还有适合人类生活和生产的优越地理环境。

若与长江相比，永定河可谓小巫见大巫；与黄河相比，永定河仅仅是支流的支流；若和珠江、淮河相论，也不在一个等级线上。论长度、流速、流量，哪一条她都无法与大江大河相提并论。可是，永定河是北京五大水系之首，是北京 200 多条河流中最大的河流，是北京的母亲河。永定河畔的地质文化、古人类遗址文化、村落文化源远流长。

永定河在门头沟区境内流长 110 千米，在京西群山中左冲右撞，冲出了百里官厅山峡。从三家店出山，流向北京平原。永定河美在官厅山峡，两岸峡谷纵横、群山耸立、峭壁陡崖、岩层裸露、纹理清晰、层次分明，被誉为"百里地质长廊"。河道时宽时窄，水流时缓时急，平缓处静如明镜，湍急处形似奔龙。一座座水库构成人工湖泊，成为旅游景区，湍急之处皮筏漂流，惊险刺激，有惊无险。河上大小桥梁多达百座，著名的卢沟桥、原始悬桥、现代化大桥，特别是跨河大桥，早的建于清末，晚的建于 21 世纪初期，形态各异，代表了不同历史时期的风貌，俨然是一座巨大的"桥梁博物馆"。永定河又是一部完整的文化教科书。

永定河畔的许多景区傍河而建，以河借景，山有多高，水有多长；以水造景，水绿、山青、房秀、景美。沿河两岸，构成了一条百里旅游带。就旅游而言，如果只有山而没有水，很难形成风景区。有了水才有灵气，有了灵气才能有美好的景区，才能有人类生存的条件。

人类文明最初的发祥地，往往就是趋水之利和避水之害相统一的区域。

埃及 5000 多年的文明是尼罗河的赐予，尼罗河这条延伸在北非广阔的黄色沙漠之中的翠绿色河谷，在人类历史上一直起着非凡的作用。

美索不达米亚文明的产生，正是由于它拥有底格里斯河和幼发拉底河的河水及其所在流域富饶肥沃的土壤的滋养。

印度的文明亦首先产生于具有优越自然条件和肥沃土壤的恒河三角洲。

河流孕育了人类文明，也孕育了代表人类文明的城市。城市，是人们所公认的人类三大文明标志（生态、城市、精神）之一。"没有城市，文明是难以想象的。"那么，文明是什么？文明是人类在保持生态环境平衡的前提下，不断向前进步的一种状态。

为什么说河流是母亲河？因为我们人类，我们的城市，总是在河边成长起来的，水是生命之源，就像鱼儿离不开水一样。

人类文明总是在具有肥沃的土壤，而且具有充足水源的地方首先发展起来的。

我们现在仍处在地质年代的第四纪，西山还在增高，东南还在沉降，永定河还在发育，北京还在发展。走进大自然，拥抱永定河，漫步河畔，了解北京都城的历史由来。

河畔儿女与母亲河，悠悠情长，

山峰、植被、沟涧、溪流是您的营养，

可爱的北京，可爱的家乡，

永定河啊，北京的母亲河！

目 录

第一章　基础地理知识

历史地理与现代地理不同。远古时期，华北地区气候温和，雨量充足。华北平原没有现在这样平坦，到处是湖泊和沼泽。随着人类社会的发展和铁器的使用，原始森林、草原植被被破坏，沼泽变成了农田，湖泊面积日益缩小。江河改道愈加频繁，气候逐渐变冷，向大陆性气候转化。现在的华北平原上，古代著名的圃田泽、巨野泽、大陆泽等都不见了，济水等许多河流也湮没了。

地质年代

地质学家研究的是地球的历史，他们读的是一部石头的书，这部书又大又厚，它陈列在大自然里，不论是在荒山野岭，还是在湖畔海滨，都可以看到它。它记载的年代，比人类的历史要长得多，一般认为，距今45亿~46亿年。

历史学家在研究历史的时候，往往把历史从古到今分成许多朝代。地质学家也把地球的历史分成5个"代"，代下面还有"纪"。划分这些"代"和"纪"的主要依据是生物的演变，同时也参考了地质条件和古气候变化，如太古代，是生命开始发生的时代；元古代，意思是原始生物的时代；古生代是古老生命的时代；中生代是生物发展的中间时期；新生代是生命发展的最新时期。其实，这仅仅是粗略地划分"地质年代"，不同的地质年代有不同的特征。如，北京地区根据地质结构在中元古代又划分成蓟县系、长城系。在蓟县系又划分成铁岭组、洪水庄组、迷雾山组、杨庄组。在长城系又划分成高于庄组、大洪峪组、团山子组、串岭沟组、常州沟组。在晚元古代又划分成震旦系青白口系，在青白口系又划分成景儿峪组、长龙山组、下马岭组。

近代科学首先从欧洲兴起。所以地球历史上这些"代"和"纪"的名称，也是他们先用起来的，习惯成自然，渐渐就变成了全世界通用的名称。

古生代6个纪的名称，多数来自英国。"寒武"是英国西部威尔士一带的古称；"奥陶"是在威尔士住过的一个古代部落民族的名称；"志留"是英国西部的一个古代部落民族的名称；泥盆纪的名称来自英国的泥盆州；石炭纪，是因为在那个时代的地层里，煤特别丰富。至于二叠纪，则是从德文意译过来的，因为在德国，那个时代的地层明显地划分成上下两部分。

中生代的 3 个纪，三叠纪的名称来源和二叠纪一样，也是因为在德国那个时代的地层，可以明显地划分为三个部分。侏罗纪是用德国与瑞士交界处的侏罗山命名的。至于白垩纪，则是因为最初划分出来的地层上有白垩而得名的。后来发现除了西欧局部地区外，其他国家的白垩纪地层并没有白垩。

新生代只有两个纪，第三纪和第四纪。为什么没有第一纪、第二纪呢？原来早期研究地球历史的人，曾把地球的历史划分为第一纪、第二纪、第三纪和第四纪等。它的第一纪，就相当于古生代；第二纪，就相当于中生代。后来由于第一纪和第二纪的地层很厚，化石种类很多，才把第一纪分为 6 个纪，改名为古生代；把第二纪分为 3 个纪，改名为中生代，所以就没有了第一纪和第二纪。

好了，我们就用上面的名称，来细说北京地质年代的演变过程。

新生代阶段（距今约 7000 万年）

新生代是地质年代发展的最近阶段，长约 7000 万年，包括第三纪和第四纪。生物演化上最突出的是哺乳动物和被子植物的大发展，构造变动很强烈。

我国现代的地貌轮廓在中生代末期燕山运动以后就基本奠定了基础。燕山运动后我国东部形成了许多北东—南西向的山脉和断裂，从而出现了大大小小的山间盆地和断陷盆地。北京就是其中的一部分。早第三纪时，在老基础上沉积着下第三系的一套砾岩为主的夹年土质页岩及粉砂岩透镜体的沉积物，厚几十米至几百米，分布在坨里、大灰厂、长辛店一线东南侧，这些沉积物显然都代表着山麓堆积，不整合地覆于各相关的下伏岩系之上。地表出露仅限于长辛店一带，大部分被埋于地下。

由古有蹄类进化为新类型，特别是奇蹄类演化极快，如始新世起到渐新世不久即灭绝的两栖犀等化石曾产于长辛店组。

晚第三纪，除上述西南部继续处于盆地环境外，似乎在延庆及其郊区也产生了断陷盆地，以至在这些区域都有红色黏土沉积，并有洞穴堆积，红土及红或绿色黏土夹砂砾层。而北京平原区，继续下沉，填充了厚度达千米以上的泥砂堆积物，其间也发生岩浆喷发活动，在前门组中夹有 3~5 层玄武层。周口店地区还有洞穴堆积，并产有丰富的鲌鱼属的鱼类化石。晚第三纪是草本植物大发展阶段，北京地跨温带（属泛北极植物区）及热带两个植物区，也产于长辛店组。在距今约 600 万年的第三纪上新世的晚期，出现了人类。

第三纪末期，正是喜马拉雅山运动最强烈的时期，北京地区发生普遍上升，在广大地区形成了侵蚀准平原面。在华北称为"唐县侵蚀面"。北京也有发育。

第四纪是地球发展过程中最新、最短也是最近的一个时期，是从二三百万年前到现在的一段历史，下分更新世和全新世。

更新世早期的背景，由于地形上的加剧分异，上升的山区有茂密的森林，下降的平原区是平坦的草原，还有发育聚水的湖泊和沼泽，气候温和湿润，植物繁茂。代表我国北方的泥河湾动物群，重要的化石有三趾马、三门马、剑齿虎、直隶狼、德氏体兔等，属温带森林草原性动物群。沉积物以泥河湾组湖泊沉积为主。

更新世中期，地壳运动相对稳定，发育有许多石灰岩洞穴。沉积物以洞穴堆积和河流堆积为主，由于自然环境和气候的关系，剑齿虎、纳玛古象、鬣狗、野猪、肿骨鹿、斑鹿、德氏水牛、披毛犀、洞熊等动物更为活跃，形成周口店动物群——代表着比较喜温、耐旱、喜暖、暖寒多种生态类型的动物群。

沉积物以周口店组的洞穴堆积等为代表。周口店第一地点洞穴堆积厚度达 40 多米，可划分为 17 层，它们分别由角砾层、泥砂层、钟乳层与灰烬层等组成。哺乳动物群的构成，反映了周口店地区附近有着多样性的生态环境，北京猿人就生活在这种与今天华北地区接近的温带气候环境，温暖、湿润，只是其间有过多次波动。

到了更新世晚期，气候转向干旱，温度降低，沉积物以马兰组黄土堆积为主。由于气候的变化，一些生物不能适应而灭绝，但北京猿人通过艰苦的劳动与自然进行了长期斗争，终于使子孙繁衍生活下来，演化成新人—— 山顶洞人（发掘于猿人洞上），山顶洞人不仅能制造和使用石器、骨针和捕鱼工具，还能从事艺术活动，制造精致的装饰品，已经与现代人基本一致了。人类社会已经到了旧石器时代的晚期，距今约 2 万年，地质时代属更新世末期。动物界以山顶洞哺乳动物群为代表，有洞熊、鬣狗、蹇驴、赤鹿、斑鹿、普氏羚羊等。

在北京平原的永定河流域洪积冲积扇地下近几十年也发掘出许多更新世晚期的动物化石，如披毛犀、原始牛、纳玛古象、德水象臼齿、赤鹿、獾、青羊、羊鹿等。特别是在距今 50 万~60 万年的这一时期，周口店北京猿人的出现，开辟了人类历史的新纪元。

第四纪，新构造运动强烈明显，主要表现在山地与平原的地形分异和它的继承性上，山区仍然不断上升和平原不断下陷，都是沿山前老断裂构造线进行，所以二者之间大多以直线或带有角折线的断裂为界，在地貌上也非常明显。自中生代末期以来，山区的不断上升与平原区的不断下陷，致使北京山区出现多层夷平面和地堑式的断陷盆地。在下陷盆地中覆盖厚度不等的第四纪冲积层，把基底构造盖住。基底的构造也与盖层的厚度有关，一般厚度为 100~200 米，其中顺义和永乐店一带的陷落盆地，第四纪达 500 多米。

第四纪发生了地质史上最近的一次大规模冰川活动，通过地质资料证明北京与全国一样，有过寒暖交错的气候变化，再加上差异性的升降运动所造成的地形起伏，自然地理环境的复杂化和多样化，为人类的出现提供了客观条件，人类终于在冰期与冰期的气候等自然环境中，通过自身劳动，从猿类中分化出来，并逐步发展成现代人。

第四纪指大约 240 万年以来的地质时期，是地球发展历史的最新阶段。其重要性是出现了多次寒冷的大冰期。这个时期的初期，出现了人类祖先，如北京猿人等，所以，第四纪又称为"灵生纪"。

现在，北京山区外露的基岩，包括从太古代到新生代的绝大部分岩层和不同时期的火成岩，地质构造比较复杂，海淀区凤凰岭自然景区就属于这种地质构造。平原部分，大多被第四纪沉积物覆盖，近年来，随着地震地质、工程地质和地热地质的物探，钻孔资料积累分析，人们对平原的基岩和地质构造有了初步的了解。

北京的地层发育比较齐全，除缺少震旦系、上奥陶统、志留系、泥盆系、下石炭统、三叠系及上白垩统外，其他的层都有发育，总厚度达 6 万多米。岩石类型也很齐全，包括各种沉积岩、变质岩和火成岩。大部分岩石露出在西部和北部山地，平原区则广泛分布着第四纪松散沉积物，从而奠定了今日北京地区的山脉、盆地和平原。

华北平原是怎样形成的

华北平原是由黄河、淮河、海河冲击形成的，又称"黄淮海平原"。它西起太行山和伏牛山，东至黄海、渤海和山东丘陵，北起燕山，西南到桐柏山、大别山，东南到苏、皖北部，与长江中下游平原相接。面积约 31 万平方千米，是我国第二大平原。

华北平原地势低平，除平原边缘山前地带海拔在 50 米以上外，大部分地区海拔在 50 米以下。地面坡降很小，山前冲积扇一带在二千分之一到四百分之一，淮北平原在六千分之一，海河平原在万分之一，到沿海低地小到十万分之一以下。地表相当平坦，一望无际。华北平原为什么那么平坦呢？这要从它沧海变良田的形成历史说起。

大约在距今 1.3 亿年的地质时期，地壳发生了强烈的燕山运动。河北西部边境隆起为东北—西南走向的太行山脉等，东部则断层下陷，为海水淹没，形成一个大海湾，海岸线一直迫近到太行山麓一带。到了新生代的喜马拉雅运动时期，河北西部的山地再次上升，东部继续下降。西升东降的现象一直延续到今天。现在太行山麓仍是个小强烈地震带。

同时，这个长期下沉区正是各大河流堆积的理想场所。多年来，由于黄河从黄土高原上带来大量泥沙，再加上从边缘山地、高原上流出的海河及滦河等河流带来的泥沙，山前河口一带形成一系列大小不等的冲积扇，且不断伸展扩大。后来，由于黄河的多次改道，当它改道向东北流入渤海时，黄河三角洲迅速向东北伸展，并逐渐与漳河、滹沱河、永定河等河流的冲积扇相连接。当它改道向东南流入黄海时，黄河三角洲又迅速向东南伸展，并逐渐在东面与山东丘陵相连，在南面又与淮阳丘陵相接，终于形成了今日的华北平原。

黄河流经黄土高原，含沙量特别大，所形成的冲积扇规模最大，地势较高，向东突出，横贯在平原的中部。它使整个华北平原地势向北、南、东三面微微倾斜。冲积扇的北翼属海河流域，称为海河平原，南翼属黄淮流域，称为黄淮平原。高出地面几米的黄河竟成了它们之间的分水岭。

海河平原主要分布在河北省境内，亦称"河北平原"，位置大致在太行山冲积扇东缘以东，大运河以西，主要由黄河及海河等冲积而成，地势低平，洼地和淀泊面积较广。比较著名的有山东临清西洼地、聊城北洼地、禹城大黄洼地，河北白洋淀、文安洼、运河西的黑龙港洼地等。这里地下水位较高，夏季不少地面有临时性积水。

新中国成立后，按照毛主席"一定要根治黄河"的指示进行了治理。从根本上改变了五河（永定河、大清河、子牙河、卫河、北运河）来水汇集于天津出海的局面。从前，洪水季节，五河来水达5000立方米/秒，而海河排水能力只有1500立方米/秒。现在开了多条直通入海的人工减河，即增加洪水的排洪河道，如子牙、永定、漳卫等新河，捷地、独流、青龙湾等减河，使排洪能力增加7倍，大大减轻了天津和海河平原的洪水威胁。

黄淮平原位于河南东部、山东西部黄河以南及安徽、江苏两省淮河以北，主要由黄河、淮河下游泥沙冲积而成，地面平坦，仅徐州附近略见小丘。黄淮平原向南倾斜，南部被淮阳丘陵所阻，使淮河主流偏向平原南缘，下游被黄河夺淮的泥沙所堵，壅流积水，形成大量湖泊，如洪泽湖、高邮湖等。

新中国成立前，这里洪、涝、旱、碱等自然灾害交相侵袭，特别是淮河的洪水给人民带来深重的灾难。那时到处流传着这样辛酸的歌谣："淮河洪水哗哗响，穷百姓泪汪汪；官家财主逼人命，卖儿卖女去逃荒。"新中国成立后，毛主席发出"一定要把淮河修好"的号召，中央制定了"蓄泄兼筹，以达根治的目的"的方针。抓住治洪这一中心，采取了在上游修建水库，拦蓄洪水，建成大型水库30余座，中小型水库4900多座，在中游利用洼地修建了几十处蓄洪滞洪工程，在下游开辟入海入江水道，扩大洪水出路，开辟了新沭河、新沂河和苏北灌溉总渠等三条人工入海通道，完成了淮河入长江通道的扩大工程和分淮入沂工程。今日淮河两岸大地渠道纵横、林带交错、稻麦飘香，展现了一幅新的图画。

华北平原地势平坦，土壤肥沃，河湖众多，夏季炎热多雨，为农业生产提供了有利条件，是我国的一个重要农业区。这里盛产小麦、棉花、黄麻、花生、烟草等。新中国成立后，水稻栽培面积显著扩大，京津地区、淮河流域以及一些滨湖洼地，都是稻谷产区。

首都北京坐落在永定河的冲积扇上。重要的工业城市和北方最大的贸易港天津濒临渤海，位于海河五大支流的汇合处，河北的石家庄、河南的郑州、山东的济南都位于华北平原的边沿地带，它们和唐山、保定、邯郸、安阳、新乡、徐州等都是华北平原的重要工业城市。

渤海，古称沧海，总面积约8万平方千米，由四部分组成，分别是北部的辽东湾、西部的渤海湾、南部的莱州湾以及介于其间的渤海中央盆地。中央盆地是渤海的主要部分。

渤海是一个半封闭的大陆架浅海，海底地势微微倾斜，海深平均约20米，最深处70米。渤海三面为陆地包围，水文性质受大陆影响，主要是由于大陆河川入海，有大量淡水注入，形成低盐特征。水温变化也受大陆性气候影响，2月在0℃左右，8月达21℃。严冬来临，除秦皇岛和葫芦岛外，沿岸大都冰冻，3月初融冰时还带有大量流冰。又由于黄河、海河、滦河、辽河等河流携大量泥沙注入，海盆之间淤浅、缩小。

古代海河水系是怎样形成的

海河是流经我国北方工业城市天津的一条古河道，也是华北地区的重要水系。它起自天津市西部金钢桥，东到大沽口入海，全长近73千米，但它的上游却连接着北运河、永定河、大清河、子牙河及南运河五大干流及300多条较大的支流，纵横交错，从而像一把巨大的扇子分布在华北平原上，扇柄自天津至大沽，组成我国北方重要水系——海河水系。

然而历史上的海河流向并不是这样的，据《汉书·地理志》记载，今天津附近有一小海湾，沽水（今北运河）与治水（又称"灅水"，中游即今永定河）、清水（今南运河）互不相汇，独流入海，而虖池河（今滹沱河）、泒河（今大清河支流）、寇河（今大清河支流唐河）等分别在东平舒（今大城县）、文安等县各自独流入海，故在西汉时，今海河水系的五大支流北运河、永定河、大清河、子牙河及南运河各自独流入海，没有形成海河水系。

西汉以后至三国时期，海河水道形势发生很大的变化。中原人民开凿的几条运河对运河水系的形成也起了重大的作用。曹操在统一北方的战争过程中，为了从河南进攻袁绍的重要根据地邺（今河北临漳），满足军需品的供给，建安九年（204）开凿了白沟水渠（这是采纳富有实践经验的石匠建议），在淇水流入黄河处，用大枋木筑成堰，阻止淇水向南流入黄河，而改道向东北进入清水的支流刘白沟，这就是当时著名的白沟运河，此段运河相当于今天河南省淇河口至河北大名附近的卫河上游。白沟水渠凿成后不仅使淇水脱离黄河而归入海河水系，且使白沟从淇水获得充分的水量，从而提高了运输能力，使船舶从白沟可直接进入洹水直达邺城，为曹操统一北方创造了条件。值得注意的是白沟运渠工程中筑有三个堰，使用的材料都经过精心选择，其中两个是石堰，而在淇水口入黄河处采用了以枋木为主的堰，另加铁、木、石等材料，充分表现出当时水利工程所达到的技术水平。继白沟运河工程后，为了对付北方的乌桓（当时北方少数民族），曹操又于建安十一年（206）起，组织军民相继开凿平虏渠和泉州渠。平虏渠是沟通虖池河和泒水的人工水渠，故河道相当于今天青县到静海县独流镇之间的南运河。平虏渠凿成后，虖池河可直接与泒水相通，清河也可沿平虏渠进入沽水。泉州渠则是沟通沟河到沽水的人工水渠，南起泉州县（今河北武清县东），北至沟河与沽水相汇处。

由于白渠运渠的完成，淇水丰富的水量源源不断地供给清水。又由于开凿了平虏渠和泉州渠，清水北流与沽水相汇而入海。这样原来独自入海的滹沱水和漳水被清水拦截而北上，它们在清河以东的故道也就逐渐成了支脉，最后湮灭，从此海河五大支流互相通连，出现了历史上海河流域水系第一次纵横交错的局面，汇总于今天津附近的"泒河尾"，而同归于海，从而形成海河水系。因此，北魏郦道元（466—527）所著的《水经注》中记载："清、淇、漳、洹、滱、易、涞、濡、沽、滹沱，同归于海，故曰泒河尾。"这时的海河水系已形成，泒河尾即今海河。

海河水系具有支流多、扇形水系的特征，多达 300 多条的支流经五大干流直接汇入海河而入海，海河本身河道狭窄，最窄处仅 100 米，因此河道的泄水能力仅 4000 立方米/秒，上游众多的支流受水量每秒达几万立方米。因此，一到山洪暴发，上游湍急的流水全部汇总到天津的海河，不能及时排泄，经常造成水灾。就河床而言，上游河床坡度大，而下游河床坡度小，形成海河河道淤塞、窄而弯曲的特点。就地势而言，海河水系西、北部为太行山、燕山山脉，海拔高达 2000 多米，而东南部则是冲积平原，海拔仅 50 米左右，故由山区而来的河流一下子进入平原，水流突然缓慢，容易阻塞，加上汛期，上游的水势如破竹，下游狭窄而弯曲的河道，根本无法排泄，造成巨大的灾害。海河另一特点是几条主要干流的含沙量大，如永定河又名"浑河"，亦称小黄河，含沙量达 70%，每年输沙量达 6000 吨以上，其他如滹沱河等含沙量也很大，加之海河流域地区的大陆性气候，降水量集中，全年 3/4 的降水量集中在夏天，故夏季河水暴涨，上游来势凶猛的水往往破堤二处，造成水灾。

上述是造成海河成灾的自然因素，然而在历史上造成海河水灾的还有更直接的人为因素。据史书记载，在宋代，太行山一带还有着茂密的森林，但历代统治阶级滥伐森林造成严重的水土流失，这是形成支流含沙量高的直接原因。在北宋时期（960—1126），宋、辽对峙，它们的势力范围大致以海河沿岸为界，因此海河又有"界河"之称。为了抵御辽的进攻，宋在界河沿途设寨屯兵，又沿着今保定，东经雄县、霸县，直到青县附近地区开辟许多塘泺，利用这里地势低洼的特点，把一些河流与淀泊连接起来，引水灌溉，"广开水，以限戎马"，构成一条西起今满城县北山，经过青苑、高阳、涿州、雄、霸一带，东达大沽口，绵延九百里，"深不可舟行，浅不可徒涉"的河湖防线，它沟通了滹沱、滱阳、漳、卫、易、白沟等河及 30 多个淀泊，同归于界河入海，更增加了海河的泄水压力，这是北宋以后海河水患严重的人为因素。

由于上述自然和人为因素，古代海河水系灾害频繁，据记载，自明初至新中国成立前夕，海河水系发生特大水灾达 387 次，严重旱灾 407 次，又遇旱涝交替，使海河流域土地大面积的盐碱化越变越劣，以致洪、涝、旱、碱成了海河的历史性四大灾害，这种情况直至新中国成立后才得到改变。

大运河是怎样形成的

说了永定河，还须说南北大运河，因为北方的北京是政治中心，经济中心在南方，所以，在元、明、清时期，大运河就是沟通南北的经济命脉。三朝不间断修凿，终于沟通南北运河。

南北大运河，也称京杭大运河，全长 1794 千米，是世界上最长的一条人工运河，是苏伊士运河的 16 倍、巴拿马运河的 33 倍。它北起北京，南至杭州，经过北京、天津、河北、山东、江苏、浙江六省市，沟通了海河、黄河、淮河、长江、钱塘江五大水系。现在，京杭大运河的通航里程为 1442 千米，其中全年通航里程为 877 千米，主要分布在黄河以南的山东、江苏和浙江三省。

京杭大运河与万里长城一样，是中国历史文化的"金名片"。前者是凝固的历史，后者是流动的文化。

"汴水流，泗水流，流到瓜州古渡头，吴山点点愁……"唐代诗人白居易在《长相思》中，描绘了一幅当时从中原大地到烟波扬州的水上交通图。的确，京杭大运河至今还保持着生命力，是研究中国政治、经济、文化、社会等方面最好的实物资料。它是我国古代劳动人民几千年来的伟大创举，也是世界闻名的伟大工程，与万里长城一样驰名世界。

大运河最早的两端是邗沟和鸿沟。春秋时期，吴国建都姑苏（今江苏苏州），在兼并战争中，先后打败了南方的越、西方的楚，企图进一步讨伐北部的齐、晋，称霸中原。于是在公元前 486 年（鲁哀公九年），吴王夫差下令开凿长江与淮河之间的运河，由广陵（今江苏江都）引江水东北行，一直引到射阳湖中，再由射阳湖通到末口（今江苏淮安北五里北神堰）入淮河，同时把都城从姑苏迁往邗（扬州）。因这条运河由邗城城下流过，所以称为邗沟。

战国时期，魏国定都大梁（今河南开封），公元前 361 年（魏惠王十年）开凿鸿沟，引河水循汴水东至圃田泽（今河南中牟县西），又从圃田泽东北至大梁城北，折南循沙水入颍，形成鸿沟水系。

公元 6 世纪末，隋朝统一了中国。为了加强对江淮地区的控制，吸收江淮地区的财富以巩固统一，急需沟通南北运道。同时为了便于东北用兵，也迫切需要凿通运道。于是隋炀帝先后开凿了通济渠、山阳渎、江南运河及永济渠，形成全国的运河系统。

通济渠起于洛阳城，西引毂（即涧水）、洛水入黄河，又从板渚（今河南荥阳县汜水镇东北）引黄河水东行到汴州（今河南开封），再顺汴水流经商丘，折向东南接通蕲水，经皖北至淮阴入淮水。这段运河又称"御河"，大业元年（605）3 月，由隋炀帝征调河南淮北郡民 100 多万人开凿，主要是在旧有浪荡渠（战国时的鸿沟）和其下游的汴河二水的基础上加以疏浚的。

山阳渎是在开皇七年（587）开凿的，以春秋时期的邗沟为基础，但又不完全相同。它北起山阳（今江苏淮安），引淮水南流，经江都（今扬州）至扬子（今江苏仪征县东南）入长江。而春秋邗沟由山阳至江都要绕道东北的射阳湖，隋朝将山阳渎改成直道，较春秋邗沟偏西。

江南运河，在长江以南，是在大业六年（610）开凿的，起自邗沟南端江都对岸京口（今江苏镇江），绕太湖之东，直至余杭（今浙江杭州），全长 400 多千米，宽十余丈。

通济渠、山阳渎和江南运河首尾相接，组成一个有机的运河系统，把中原地区与江淮地区紧密地连接起来。

为了东北用兵之需，隋炀帝另凿永济渠。据《隋书》记载，大业四年（608），隋炀帝发河北诸郡男女100多万人，开永济渠，从河南引河水入沁水，使沁水与卫河上游丹水相连。沿卫河向北行与白沟河沟通直到涿郡（今北京市西南），其中经现在的汲县、滑县、内黄、临清、德州、天津等地。这是隋朝北方运河系统干渠。

这样，隋朝运河形成以东都洛阳为中心，西通关中盆地，北抵河北平原，南达太湖流域的运河系统，从而密切了南北经济文化的交流，促进了社会经济的发展，有利于统一国家的巩固。这一重大成就，是千百万劳动人民辛勤劳动的结果，充分体现了人民群众在历史上的伟大作用。

到了元朝时期，首都由中原地区移到北方，定都北京。然而经济财富中心仍在江淮一带，旧有纵横辐射形的运河系统已经不能适应建都北京的需要。为了连接北方政治、军事中心与南方的经济中心，运河的方向由纵横向转向南北向，这使运河布局上有了很大的变化。

元朝的运河是以北京为中心，南自太湖流域杭州起，越过长江、淮河、黄河向北直通都城——元大都（今北京）。其渠道除了沿袭旧有的干诸外，又于山东境内开凿了泗水与卫水之间200多千米的运河和通州到北京的80多千米运河。

元朝开凿山东境内的运河分两段，第一段在灭宋后不久至元二十年（1283），开凿济州运河，自济州（今山东济宁）到西北须城安山（今山东东平县），长75千米。南流入泗水，北流入大清河。第二段是在至元二十六年（1289），采用寿张县尹韩仲晖的建议，发动民工3万人开会通河，自安山（今山东东平县）西南，北至临清125千米，引汶绝济（大清河）合卫，河上建闸31座。

从通州至元大都的运河叫通惠河，是由水利工程学家郭守敬主持开凿的，起自今北京市昌平区附近。修堤筑堰截温榆、白浮诸水，循西山山麓向西折南转入瓮山泊（今昆明湖）东南，流经大都城中至通州入白河。

这样，由杭州来的船只经江南运河进入扬州运河，经过济州可通到会通河，再由卫河最后进入通惠河直达元大都，奠定了今天南北大运河的基础。但由于会通河引用汶水水源处理不当，形成岸窄水浅，不能顺利行驶，故元代的漕运只能冒风浪之险，以海运为主。

明朝运河主要解决元朝会通河水源不当和因黄河泛滥而中断漕运两大难题。元朝会通河因汶水水源选择地势不当，终年只能北运几十万石粮，明朝采用白英老人"南旺导汶"的方法（在《明朝是怎样治理大运河的》一文专述）。即使汶水流入南旺湖（今山东汶上县西南），充分利用南旺湖这一南北水脊的有利地势，把汶水分成两道，十之六向北流入临清，十之四流入泗水，使南北运河畅通无阻，江南400多万石漕粮，源源不断地运往北京都城。

明朝运河遇到的另一问题是黄河经常泛滥。由于自淮安至徐州一段直接利用黄河作运道，故黄河一泛滥运道就被阻。为了保持运河畅通，明朝治水者想方设法避开黄河，相继开凿成南阳新河及泇河运河。南阳新河自南阳起沿昭阳湖东经夏镇（今山东徽山县东）到留城。泇河运河自夏镇始，经韩庄（今山东徽山县东）合泇、沂诸水出邳州（今江苏宿迁县）直河口，泇河运河全长130多千米，避开黄河运道150多千米。

清朝运河主要沿袭明代，但完成了明朝未竟事业，避开黄河作运道。明朝虽开凿泇河运河，目的是避开黄河运道，但至明末这一计划始终没有实现，自邳州至河口至清河（今江苏淮阴西）仍借用黄河运道，至清康熙二十年，开凿中河，中河自邳州至河口起经马骆河过宿迁、桃源（今江苏泗阳）直达清河，避开黄河运道90多千米，至这时黄河运河二水各自分离，自成体系，形成了今天的南北大运河。

（资料来源：《中国古代史常识·历史地理部分》，中国青年出版社1983年3月第2次印刷）

大禹治水

大禹治水的传说故事从远古至今影响着我们中华民族的历史文化。

近年来，经考古发现，"遂公盨"证明了大禹治水的真实存在。铭文共计10行，98字。"天命禹敷土，随山浚川"，记载了大禹治水。这与史书《尚书·禹贡》记载的"禹敷土，随山刊木，奠高山大川"完全相符。意思是，禹治理土地事，在经过的路途上顺着山岭砍削树木作为路标，并且为高山大川命名。盨（guǐ），古代盛食物的容器，两耳或四耳，如盨廉，盛酒的瓦器。"遂公盨"现藏北京保利艺术博物馆。

夏，会意字。金文的形体像一个人，两侧是手，下面是足，以人赤足露臂的形象来表示夏天。夏季是洪水泛滥的季节，也是禹最忙的时候，所以，禹以夏建国。

禹，冀州人，生活在4000多年前，是一个非常能干的人。禹是黄帝的玄孙，颛顼的孙子，名叫文命，姓姒，氏族部落族长，夏朝建立者。因为他是夏朝第一个君主，为治水立下了伟大功勋而闻名，所以，历史上称他为夏禹或大禹。

禹，象形字。金文和小篆均像虫形，上面是头，左边是足，下面是尾，本义是虫（蛇），即龙的形象。禹是远古夏部落领袖，虫是他们崇拜的小动物，即图腾。

早在夏禹之前，尧、舜都曾派人治过泛滥各地的洪水，但都没有成功。夏禹接受了舜分配给他的治水任务之后，认真总结了父亲鲧治水的失败教训，并经过实地调查和测量，采取了修堤堵水与疏通河道相结合的办法，前后用了十三年的时间，终于使江河畅通，水流大海，把汪洋的泽国，变成了富饶的良田。他在治水过程中，"劳身焦思"，克勤克俭，居外十三年，三过家门而不入，表现了公而忘私、一心为民的崇高品德。因为这种精神符合广大人民的愿望，也就世代传颂，有口皆碑。

《尚书·禹贡》是战国时代的作品，《禹贡》是《尚书》的一篇，把大禹治水的传说发展成为一篇珍贵的古代地理的记载，全书文字简明、体系完整、内容翔实。禹，即大禹，是古代夏王朝的开国君主。贡，即制定贡法。禹贡，就是在大禹平定水土后制定的贡法。

《尚书》说他为了管理和征收贡品的方便，把全国分为九州，即冀州（今河北、山西、辽宁）、兖州（今河北、河南、山东交界一带）、青州（今山东、渤海、辽宁一部分）、徐州

（今山东南部、江苏北部）、扬州（今淮河以南）、荆州（今湖北南部、贵州、广西）、豫州（今河南、湖北北部）、梁州（今陕西南部、四川、贵州和云南的北部）、雍州（今陕西、甘肃、新疆、青海）。记载夏禹"划九州"的《禹贡》，也就成为我国最早的地理志。

洪水的治理，给社会带来了安定和繁荣。这个时期出现了很多的创造与发明。伯益发明了凿井，奚仲发明了车，仪狄用粮食酿成了酒，禹还用青铜铸了九个大鼎，象征着九州。这九个鼎后来就成了国家政权的象征，有"禹铸九鼎"之说。可见，我们的祖先在夏朝时就能生产铜器了。

夏禹治水的传说告诉我们：水灾是历史上严重的自然灾害。在生产力还很低下的远古时代，人们为了战胜水灾，曾经作出了巨大的努力。人们希望有一个像夏禹那样关心群众疾苦且又能干的领袖，来领导大家同水灾做斗争。

这个传说又告诉我们：在远古时代，人们就能够认识水的特性，了解洪水泛滥的规律，并且用原始工具战胜了它，变水害为水利。

夏禹完成了治水的任务后，被指定为虞舜的继承人。过了十七年，舜死了，夏禹正式做了部落联盟的领袖，这就是夏朝的开始。夏朝是我国历史上第一个朝代，夏禹是夏朝的第一个国君。那是公元前2200年到公元前1700年的时候。

这时，原始社会逐渐瓦解，开始向奴隶社会过渡。禹也就一步步地变成了名副其实的"天子"。《韩非子》说，夏禹在会稽召开部落联盟会议时，防风氏的首领来迟了，他就把这个首领杀死，俨然成了阶级社会中的君主。

禹在东巡中死于会稽（今浙江绍兴），儿子夏启继位。至此禅让制度告终，开始了子继父位和家天下的世袭制度。

北京自然地理——北京湾

北京雄踞华北大平原北端。西、北和东北，群山环绕。地势西北高，东南低。西部为属于太行山山脉的西山，北部为属于燕山山脉的军都山，两山在南口关沟相交，形成一个向东南展开的半圆形大山湾，人们称之为"北京湾"，它所围绕的小平原即为北京小平原，东南则是缓缓向渤海倾斜的华北大平原。北宋范镇之《幽州赋》称"右拥太行，北枕居庸"。俯瞰北京湾，自然风光无限，人文历史璀璨。

北京湾有5座国家级地质公园，延庆硅化木地质公园、密云云蒙山地质公园、平谷黄松峪地质公园、房山十渡地质公园、房山石花洞地质公园。2006年，经联合国教科文组织地质公园国际会议评审，房山被评为世界级地质公园。2013年，延庆入围世界地质公园网络名录。作为首都，这在世界上是唯一的。

北京湾有4座山峰均在2000米左右。"京都第一峰"灵山为2303米、有"植物王国"之称的百花山为1991米、有"华北天然动植物园"之称的百草畔为2161米、国内十大"非著名山峰"之一的海坨山为 2198 米，还有"京都第一山"盘山、景色秀丽的妙峰山及九龙山、云峰山、松山、香山、凤凰岭等自然风景区，这些巍巍山峰使得绿色北京绿上加绿。

北京湾有 200 多条河流，属五大水系。有北京的母亲河永定河、大清河、潮白河、蓟运河、北运河；有"小桂林"之誉的十渡、有"小三峡"之誉的龙庆峡、风景秀丽的青龙峡等；北京湾有大中小水库 80 多座，如官厅水库、斋堂水库、白河堡水库、怀柔水库、密云水库、十三陵水库、黄松峪水库等；有黑龙潭、白龙潭、金海湖、珍珠湖、雁栖湖、野鸭湖、稻香湖、东湖等。这么多的河、库、湖使得绿色北京锦上添花。

北京湾有泉、瀑、溶洞、峡谷。房山孔水洞是北京最大的地下泉水之一，还有丰台南宫温泉"中国地热第一村"，密云"京都第一瀑""千尺珍珠瀑"，延庆的滴水壶，怀柔的天池峡谷，平谷的京东大峡谷、京东大溶洞、京东石林峡，房山的石花洞、银狐洞、千古河床，门头沟的龙门涧等自然景观。

北京湾的森林植物资源丰富，有京南的阴山嘴、半壁店森林公园、上方山森林公园，京北的延庆松山森林公园、云蒙山森林公园、京西小龙门森林公园、天门山森林公园、鹫峰森林公园、百望山森林公园、我国北方最大的植物园北京植物园等。

北京湾有古代长城。北京有明长城约 629 千米，有敌台 1510 座。八达岭长城、居庸关长城、九眼楼长城、云蒙山长城、金山岭长城、古北口长城、司马台长城、慕田峪长城、箭扣长城、黄花城长城、响水湖长城、水关长城等形形色色。漫步长城，触景生情。长城是中华民族的纽带，也是中国与世界各国交往的纽带。

北京湾有古代宫殿园林，如金碧辉煌的故宫博物院、美景如画的颐和园、原皇家园林北海公园、景山公园以及天坛公园、地坛公园、日坛公园、月坛公园、中山公园、劳动人民文化宫、莲花池公园等。

北京湾有古代寺庙道观。有"石经长城"之称、被誉为"北京的敦煌"的云居寺，有1700 年历史的潭柘寺、全国驰名的戒台寺、闻名遐迩的卧佛寺、元代的碧云寺、北京最大的喇嘛庙雍和宫及妙应寺、西黄寺、五塔寺、广济寺、法海寺、法源寺、白云观等。

北京湾有纪念馆、博物馆、古墓葬。纪念馆如宏伟壮观的毛主席纪念堂、曹雪芹纪念馆等，博物馆如首都博物馆、地质博物馆、自然博物馆、军事博物馆等，古墓葬如金陵、十三陵、景泰陵、山戎墓陈列馆、大葆台西汉墓博物馆等。尤其是周口店北京人遗址博物馆，是学习了解人类起源的钥匙，房山琉璃河西周燕都遗址是北京都城起源之地。

古地质构造、新构造运动的长期影响和作用，决定了北京地貌的基本轮廓。据地质及古生物学家研究，北京的西北山地在 30 亿~40 亿年前曾是一片大海，到了距今约 1.4 亿年的中生代时期，地壳逐渐隆起，发生了造山运动，形成了燕山。随着海水的退却，诞生了北京西部的大山。地质年代把这一时期称为"燕山运动"时期。从那以后，一方面是断裂升降，其中西山和北部山区大幅度上升，另一方面是伴随着大规模的岩浆侵入活动，原先趋于下降的平原地区继续下降，并经过了非常厚的沉积，奠定了今日北京地区的山脉、盆地和平原。

综观北京地形，依山襟海，形势雄伟。诚如范镇之《幽州赋》所言，幽州之地"左环沧海，右拥太行，北枕居庸，南襟河济……诚天府之国"。

（此文系本书作者文章，刊登在《中国电视报》2013年11月21日）

北京市简介

北京，中华人民共和国首都，简称京，为历史悠久的世界著名古城，位于华北平原西北边缘，东南距渤海约150千米，面积16410平方千米。北有军都山，西有西山，山地占全市面积的62%；东南是永定河、潮白河等河流冲积而成的、缓缓向渤海倾斜的平原。山地有煤、铁等多种矿物和花岗石、大理石等优良建筑材料。

北京城市副中心，承接中心城区功能和人口疏解功能，以行政办公、商务服务、文化旅游为主导，形成配套完善的城市综合功能，建成国际一流的和谐宜居之都示范区、新型城镇化示范区、京津冀区域协同发展示范区。大运河文化带也是北京文化中心的组成部分。

土地面积

北京市土地面积16410平方千米，其中平原面积6338平方千米，占38.6%，山区面积10072平方千米，占61.4%；城区面积87.1平方千米。北京市东西宽约160千米，南北长约176千米。

气候特点

北京气候为典型的暖温带半湿润大陆性季风气候，夏季炎热多雨，冬季寒冷干燥，春、秋短促。年平均气温10℃~12℃，1月-7℃~-4℃，7月25℃~26℃，年平均降水量680毫米，以7月、8月所降较多，约为全年的75%。极端最低气温-27.4℃，极端最高气温42℃以上。全年无霜期180~200天，西部山区较短。年平均降水量600多毫米，为华北地区降水最多的地区之一，山前迎风坡可达700毫米以上。降水季节分配很不均匀，全年降水的75%集中在夏季，7~8月常有暴雨。

行政区划

北京作为中华人民共和国首都以来，市辖范围逐渐扩大。1952年，将河北省宛平县划归北京市；1956年，将昌平县划归北京市；1958年3月7日，将通县、顺义、大兴、良乡、房山五个县区划归北京市；同年10月20日，又将怀柔、密云、平谷、延庆四个县划归北京市。

市辖区：东城区、西城区、海淀区、朝阳区、丰台区、门头沟区、石景山区、房山区、通州区、顺义区、昌平区、大兴区、怀柔区、平谷区、延庆区、密云区。

市树：侧柏、国槐

侧柏，亦名扁柏，柏科，常绿乔木，耐寒耐旱，其高可达20余米，在北京可弥补冬季绿色不足，宜山宜水、宜城乡宜庭院，有很强的适应性。

国槐，又名紫槐、家槐、豆槐、白槐，大乔木豆科，是长寿树种之一，生命力极强。在北京地区，其树龄有高达千年以上者。

市花：月季、菊花

月季简介：

月季，别名长春花、月月红、四季蔷薇、斗雪红、瘦客等。月季属蔷薇科，原产于我国江苏、浙江、山东、河北等地，现各省都有栽培。月季花对环境适应性较强，喜温暖凉爽的气候和充足的阳光，耐旱、耐寒。

月季花为我国原产品种，已有千年的栽培历史。月季花在世界上被誉为"花中皇后"，经过二百多年创造了两万多个园艺品种。这些品种归纳起来分为中国月季、微型月季、十姊妹月季、多花月季、特大型月季、单花大型月季和藤本月季。月季花的根叶、花可供药用，有活血、解毒、消肿之效；有香气的品种还可提取香精、食用。

月季为常绿或半常绿灌木，具钩状皮刺。羽状小叶 3~5 枚，花常数朵簇生，微香，单瓣，粉红或近白色。月季的应用非常广泛，可种于花坛、花境、草坪角隅等处，也可布置成月季园；藤本月季用于花架、花墙、花篱、花门等。月季可盆栽观赏，又是重要的切花。

菊花简介

菊花是花中四君子之一，别名菊华、秋菊、九华、黄花、帝女花。菊花属菊科类。

菊花有 30 余种，中国原产 17 种，主要有野菊、毛华菊、甘菊、小红菊、紫花野菊等，为多年生草本植物。菊花喜凉爽、较耐寒，在微酸性至微碱性土壤中皆能生长。菊花为短日照植物，在每天 14.5 小时的长日照下进行营养生长，每天 12 小时以上的黑暗与 10℃ 的夜温适于花芽发育。菊花株高 20~200cm，茎色嫩绿或褐色，基部半木质化。单叶互生，卵圆至长圆形，边缘有缺刻及锯齿。头状花序顶生，舌状花为雌花，筒状花为两性花。舌状花分为下、匙、管、畸四类；筒状花发展成为具各种色彩的"托桂瓣"，花色有红、黄、白、紫、绿、粉红、复色、间色等色系。菊花为园林应用中的重要花卉之一，广泛用于花坛、盆花和切花。

北京自然历

月份	物候现象	平均日期	最早日期	最晚日期	多年的变幅（天）
初 春					
1 月	土壤表面开始日消夜冻	2 月 25 日	2 月 13 日	3 月 13 日	28
	榆树芽开花	2 月 27 日	2 月 18 日	3 月 9 日	19
3 月	冬小麦返青	3 月 2 日	2 月 14 日	3 月 11 日	25
	野草发青	3 月 7 日	2 月 20 日	3 月 13 日	21
	土壤完全解冻	3 月 8 日	2 月 24 日	3 月 10 日	14
	北海冰融	3 月 12 日	2 月 24 日	3 月 29 日	33
	垂柳发芽	3 月 12 日	3 月 5 日	3 月 23 日	18
	蜜蜂群飞	3 月 13 日	2 月 24 日	3 月 27 日	31
	雁北飞	3 月 14 日	2 月 18 日	3 月 27 日	37
初 夏					
5 月	洋槐盛花	5 月 8 日	5 月 3 日	5 月 14 日	11

月份	物候现象	平均日期	最早日期	最晚日期	多年的变幅（天）
	冬小麦抽穗	5月11日	5月8日	5月15日	7
	小叶杨飞絮	5月11日	5月6日	5月15日	9
	冬小麦开花	5月16日	5月12日	5月19日	7
	布谷鸟初叫	5月23日	5月12日	5月28日	16
桑葚成熟	5月29日	5月25日	5月31日	6	
	枣树始花	5月31日	5月24日	6月7日	14
仲　夏					
6月	板栗始花	6月4日	5月23日	6月11日	19
	枣树开花盛期	6月6日	6月1日	6月10日	9
	冬小麦黄熟	6月11日	6月6日	6月16日	10
	合欢始花	6月12日	6月8日	6月20日	12
	蝉始鸣	6月16日	6月1日	6月25日	24

北京市自然保护区基本情况一览

序号	自然保护区名称	行政区域	占地面积单位(hm²)	批准文号	批建时间	保护对象
林业主管自然保护区						
1	松山国家级自然保护区	延庆区	4660	国务院国发〔1986〕75号	1986年7月	金钱豹、兰科植物、油松天然林
2	百花山市级自然保护区	门头沟区	21743	市政府纪要〔1985〕4号	1985年4月	褐马鸡、兰科植物、落叶松
3	喇叭沟门市级自然保护区	怀柔区	18480	市政府京政函〔1999〕147号	1999年12月	天然次生林
4	野鸭湖市级湿地自然保护区	延庆区	9000	市政府京政函〔2000〕202号	1999年12月	湿地、候鸟
5	云蒙山市级自然保护区	密云区	3900	市政府京政函〔2000〕202号	1999年12月	次生林自然演替
6	云峰山市级自然保护区	密云区	2230	市政府京政函〔2000〕202号	2000年12月	天然油松林
7	雾灵山市级自然保护区	密云区	4150	市政府京政函〔2000〕202号	2000年12月	金钱豹等珍稀动植物
8	四座楼市级自然保护区	平谷区	20000	市政府京政函〔2002〕107号	2002年12月	
9	玉渡山县级自然保护区	延庆区	9820	市政府京政函〔1999〕168号	1999年12月	野生动植物

序号	自然保护区名称	行政区域	占地面积单位(hm²)	批准文号	批建时间	保护对象
10	莲花山县级自然保护区	延庆区	1470	市政府京政函〔1999〕168号	1999年12月	野生动植物
11	大滩县级自然保护区	延庆区	12130	市政府京政函〔1999〕168号	1999年12月	野生动植物
12	金牛湖县级自然保护区	延庆区	1000	市政府京政函〔1999〕168号	1999年12月	湿地
13	白河堡水库县级自然保护区	延庆区	8260	市政府京政函〔1999〕168号	1999年12月	湿地
14	太安山县级自然保护区	延庆区	3470	市政府京政函〔1999〕168号	1999年12月	野生动植物
15	蒲洼自然保护区	房山区	5397	京政函〔2005〕17号	2005年3月	褐马鸡、中华蜜蜂等珍稀动植物
16	汉石桥湿地	顺义区	1600	京政函〔2005〕17号	2005年3月	湿地及候鸟
小　计			127310	占市国土面积的7.6%		
农业渔政主管自然保护区（也属湿地类型）						
17	拒马河市级水生野生动物自然保护区	房山区	1125	市政府九十三次常委会	1996年11月	水生动物
18	怀沙河—河九河市级水生野生动物自然保护区	怀柔区	111	市政府九十三次常委会	1996年11月	水生动物
小　计			1236			
国土地质主管自然保护区						
19	石花洞市级自然保护区	房山区	3650	市政府京政函〔2000〕202号	2000年12月	溶洞群
20	朝阳寺市级木化石自然保护区	延庆区	2050	市政府京政函〔2001〕117号	2001年12月	木化石
小　计			5700			
合　计			134246	占市国土面积的8.2%		

资料来源：北京市生态环境局网站。

第二章　永定河畔的地质文化

　　历史自然地理，研究人类历史时期地理环境的变化及发展规律。据地质勘探资料可知，北京的地层发育比较齐全，除缺少震旦系、上奥陶统、志留系、泥盆系、下石炭统、三叠系及上白垩统外，其他地层都有发育，总厚度达6万多米。岩石类型也很齐全，包括各种沉积岩、变质岩和火成岩。大部分岩石露出在西部和北部山地，平原区则广泛分布着第四纪松散沉积物，从而奠定了今日北京地区的山脉、盆地和平原。

永定河畔的地质构造

　　话说永定河河畔的地质构造，这要从中生代北京地区几次造山运动说起。

　　北京地区从地质构造单元来说，无论是山地或平原皆属华北平原的一部分。

　　最新地质研究表明，北京的"母亲河"——永定河至今有300万岁了。在北京市地勘局纪念建局50周年学术交流会上，北京市地质调查研究院透露，技术人员通过对永定河冲积物的研究发现，永定河最早的沉积物——泥砾岩为上新世形成，距今约300万年。

　　北京现在的地貌格局，基本上是由地质时期的中生代末的燕山运动形成的。由西北山地和东南平原两大单元组成，西北高、东南低，西北部山脉绵延，山峰林立。

　　虽然，西山和北山都为燕山运动的产物，但两山地质发育历史不同，北山断裂作用突出，褶皱作用不明显，而西山历史时期中以柔性褶皱作用明显，线性褶皱占优势，断裂作用不如北山显著。西山山脉都作北东—南西走向，山体绵亘成脉，谷脊相间分布。河流与构造线垂直或斜交（如永定河、拒马河），河谷较狭窄，常成峡谷，河流与构造一致（如清水河），谷地开阔。北山山地，走向以近东西向山体为主，也有北东和北西向，河谷多沿北东向和北西向两组断裂发育（如潮白河、怀河等）。由于差异性块状升降，形成一些山间盆地。

　　西北部山地自燕山运动以来一直在上升过程中，隆起阶段与宁静阶段交互出现的地壳活动与外力作用相配合，形成了北京现代山区多层性地貌。在山间河谷两岸都发育有数级阶地。由于河谷不同高度均分布着第四纪砾石层，说明北京山地在地质时期还在不断上升中。

北京平原从中生代以来，就一直在下沉过程中，其平原区的下沉幅度，一般是从西北向东南逐步增大。永定河、潮白河、温榆河、大石河等大小河流将山区剥蚀的物质携带到这个下沉的基底上堆积，冲积成今日的北京小平原，冲出了一个都城——北京。

平原深厚的堆积层是长期山区剥蚀搬运来的，它一方面遵循着流水堆积的一般规律，进山口处物质粗，越向平原物质越细，形成了有规律的地貌组合系列。另一方面与平原堆积物质的性质和物质的来源有关，来自火山岩、厚层沉积岩的物质多砾质堆积，而来自花岗岩质结晶地区的物质，则砂质堆积占优势。

2007年至2008年，笔者每天乘车路过西苑被一种堆积的小山似的砂卵石所吸引。这是北京地铁4号线西苑段地下20米挖出的一些古地质物质堆在地面。穿越地质多为粉质黏土、粉砂土、粉土、砂卵石层及大部分强风化岩石。

北京降水量多集中在夏季，降水强度和变率都很大，但春、冬两季普遍干燥，这对北京地貌的形成和发育的影响是很显著的。北京地区夏季降水量大体占全年降水量的75%，而7月、8月则又占全年平均降水量的65%以上。降水形式常以暴雨出现。多数地区在24小时内最大降水量可达200毫米，个别地区可达500毫米以上，这说明降水集中，暴雨强度大。

2005年7月23日，北京出现大范围降水，除平谷为小雨，古北口、密云为中雨，通州、延庆、佛爷顶、顺义、观象台是大雨外，其余所有站的降水量都在50毫米以上，达到了暴雨，最多的站是霞云岭，为158毫米。出现这样的强降水是正常现象。

这一时期降水的特点是：降雨频繁、来势凶，雨量分布不均匀。有些年份，因降水过于集中也出现了洪涝灾害。

洪水时河流含沙量高，特别是永定河，当它进入平原后，逐渐将河床淤高形成地上河，这种自然现象在房山区、大兴区都有分布。所以，在第四纪的全新世时期永定河常迁移的故道有浑河故道、无定河故道、漯水故道、古金钩河故道、清河故道等。

西山最高山峰与平原最低处相差2295米，这就引起了垂直气候的变化，一般每升高100米，平均气温降低0.6℃~0.7℃，导致气温随高度增加而下降。地势由西北向东南倾斜，永定河、潮白河、温榆河、大石河、拒马河，各从山地流向平原，贯穿整个东南部，并构成北京地势最低地段，平原地带一般不超过100米，大部分为30~50米，天安门广场海拔44.4米。

西山是较为柔性的古生界、中生界凹陷部分，遭受的褶皱影响大。特别是门头沟地区，沉积了深厚的古生界、中生界，因为造山运动的影响，使岩层褶皱成为许多条状排列的背斜与向斜（背斜在形态上是向上弯曲，岩层自中心向外倾斜。向斜在形态上是向下弯曲，岩层自两侧向中心倾斜）。现在的山脉就是沿着这些北东—南西向的构造线发育而成的，这些褶皱构造，一般具有向斜较宽背斜较窄的形式。向斜中又沉积了中生界坚硬的火山岩，在后期山地的抬升和接受剥蚀的过程中抵抗力比较强，发育的结果为在地貌上凸出成为山峰。西山最突出的两条向斜是九龙山和髻髻山—庙安岭向斜，向西延为百花山向斜。西山很多著名的高峰就分布在这两条向斜构造轴线上，香山和九龙山跨越永定河，成为一条北东—南西向的连脉，它们在构造上同属九龙山的向斜。九龙山以西、妙峰山、清水尖、庙安岭以至向西南延伸到百花山，这一高峰也构成一条连脉，峰线与髽髻山—庙安岭向斜轴相符合。

西山山地中的河流，是顺着北东—南西方向的构造发育成较宽阔的河谷，如永定河在官厅以下的最大支流清水河，它自西南向东北流，发育在髽髻山—庙安岭向斜轴线以北，沿河的宽谷为山区主要农耕和居民点。而另一些河流，如永定河、拒马河干流的流向与构造不符，也就是发育成横谷，常称为峡谷。所以，西部山地是北京西山的核心部分，山体高大，层峦叠嶂，海拔 1500 米左右的山峰有 160 多座。灵山海拔 2303 米，有"京都第一峰"之称，另有百花山、妙峰山、清水尖、黄草梁等山峰。门头沟区的村庄多数在海拔 500 米以上。

（资料来源：《北京自然地理》，霍亚贞主编，北京师范学院出版社 1989 年 9 月第 1 次印刷）

永定河溯源

永定河是由洋河、桑干河和妫水河在河北省官厅地段汇合而成。

洋河上有三源，即东洋河、西洋河、南洋河。东、西洋河发源在内蒙古高原的南缘兴和县，南洋河发源于山西省阳高县，三条河在河北省怀安县汇合，汇合后东流，在张家口以南又汇入清河及洪塘河，继续向东南流，经宣化盆地在涿鹿县朱官屯与桑干河汇合入官厅水库。

桑干河发源于山西省宁武县管涔山北麓的桑干泉。向东北流经大同盆地接纳了浑河、御河，东流入河北省，在阳原县钱家沙洼纳入来自蔚县的壶流河，然后在朱官屯与洋河相汇入官厅水库。

妫水河发源于延庆县东北珍珠泉乡黑山岭的大吉祥，向西南流，在香村营以南接纳古城河，在延庆县西南大路村入官厅水库，迤逦 50 多千米，连缀众多美景，尽得山川神韵。

洋河、桑干河均从西往东流向官厅，而妫水河则从东往西流向官厅。三条河水汇入官厅，水库以下称永定河，全长 680 千米。官厅至三家店为永定河山峡地段，河流蜿蜒于高山峡谷之中，沿途接纳了湫河、清水河、清水涧、苇甸沟、樱桃沟等支流，三家店以下进入平原，经丰台、房山、大兴等区县，在大兴区石佛寺附近入河北省，在安次县接纳了北京大兴区的龙河，到天津西郊屈家店与北运河相汇，经海河，入渤海。

永定河官厅以上为上游，地处高原山区，绝对高程较大，相对面积较小，多为中山丘陵及盆地，河谷开阔，地势自东南向西北逐渐抬升。上游地区 74% 的流域面积为黄土覆盖及石质山区，植被覆盖度不到 30%，土质疏松，下切较深，两岸冲沟发育，水土流失严重，是我国多沙的河流之一，故有"浑河""小黄河"之称。1954 年建成官厅水库后，起到拦沙、蓄洪作用。

官厅至三家店之间为中游，是中山峡谷区，两岸山势雄伟、山坡陡峭、谷深岸窄，水在峡谷中迂回前进。天然落差 340 米，平均坡降 3.1‰，水流湍急，水能资源丰富，占全市水能蕴藏量的 20.4%。雁翅以下，落坡岭至三家店，河道在上苇甸穹窿和九龙山向斜之间，组成山体的岩性为寒武、奥陶系灰岩，溶洞较多，岩层破碎，节理发育，岩层倾向与河水流向一致，此段河水渗漏严重。山峡地区多暴雨，植被覆盖度较差，支流河短坡陡，每遇暴雨洪水猛涨，受洪水及泥石流的威胁较大。

三家店至河口地段为下游。永定河在三家店出山进入平原，地势变缓，河床比降 0.5‰左右。水流速度减慢，所带泥沙大量沉积，河床淤高，自卢沟桥以下的地段形成地上河，河床高于地面 5 米左右，河宽 2~3 千米。河床摆动不定，历史上称为"善淤""善决""善徙"的无定河。永定河的洪冲积平原由三家店向东南呈扇状展开。在平原地区河道发育在第四纪松散沉积物上，河水渗漏较强，枯水季节往往断流。

永定河在门头沟区境内全长 548 千米，山峡地段全长 110 千米。在京西群山中左冲右撞，冲出了百里官厅山峡，从三家店出山，流向北京平原。永定河美在官厅山峡，两岸峡谷纵横、群山耸立、峭壁陡崖，岩层裸露，纹理清晰，层次分明，被誉为"百里地质长廊"。河道时宽时窄，水流时缓时急，平缓处静如明镜，湍急处形似奔龙。永定河畔的许多景区傍河而建，以河借景，以水造景，水绿、山青、房秀、景美。沿河两岸，构成了一条百里旅游带。

永定河古称灅（lěi）水。又名治水，即桑干河。古籍《水经注·卷十三》首句经文为"灅水出雁门阴馆县，东北过代郡桑乾县南"，篇中记载了永定河的历史地理和人文景观。可见，永定河是一条古老的河流。

人类文明最初的发祥地，往往是趋于水之利和水之害相交的地方。

人类文明总是在具有肥沃的土壤、充足水源的地方首先发展起来。

河流孕育了人类文明，也孕育了代表人类文明的城市。永定河，她养育了河畔的北京人，她诞生了一座都城——北京。

北京西山

说完永定河，再说北京的西山。有山有水，山水相连，西山与永定河，构成北京美丽的自然景观。

太行山脉绵延千里，横穿北京西部，因此俗称"西山"。这里群峰突起，北京屋脊——灵山 2303 米，百花山、百草畔、妙峰山、凤凰岭……山连山，峰连峰，层林葱郁，白云缭绕。有山有水，山水相连，西山与北拒马河、永定河，构成京西的山水景观。西山庙宇棋布，著名的潭柘寺、戒台寺、云居寺、灵岳寺……犹如"远峰悬落日，绝壑响春涛"。

北京西山，地跨门头沟、石景山、海淀、房山四区，是北京西部山脉的总称。西山属太行山余脉，由一系列东北—西南向山脉组成。西山一名，历史悠久，古书称"西拥太行，北枕燕山"。金明昌年间胪选"燕京八景"时，"西山晴雪"是其一，元代冯子振《鹦鹉曲·燕南八景》有"玉泉边一派西山"一句，明代蒋一葵的《长安客话》称："西山，神京右臂，太行第八径"。近代以后，常见西山这一称说。

西山春夏之交，晴云碧树、花气鸟声，秋则乱叶飘丹，冬则积雪凝素，种种奇致，皆足赏心，而雪景尤胜。

西山水源较充沛，其间有众多时令小溪和山泉，草木覆盖率达90%以上，植被多为次生落叶阔叶林木及灌木丛。

海淀区位于京城西北部。海淀作为聚落的名称，已有700多年了，系古代永定河冲积扇的一部分，地势西高东低，西部为海拔100米以上的山地，东部和南部为海拔50米左右的平原。区内最高峰为阳台山妙高峰，海拔1278米，有大小山峰60余座，整个山势呈南北走向，只有香山北面的打鹰洼主峰山峦向东延伸，至望儿山止，呈东西走向，把海淀区分为两部分，以此山为界，山南称为山前，山北称为山后。

境内有大小河流10条，主要水系有高粱河、清河、万泉河、南长河、小月河、南沙河、北沙河及人工开凿的永定河引水渠和京密引水渠，还有昆明湖、玉渊潭、紫竹院湖、上庄水库等水面，湖泊数量和水域面积均列北京市各区县之首，昆明湖是北京市最大的湖泊，水域面积1.94平方千米。

门头沟区位于京城正西偏南，由明清时的京西矿区演变而成，其前身历史久远。其东部与海淀区、石景山区为邻，南部与房山区、丰台区相连，西部与河北省涿鹿县、涞水县交界，北部与昌平区、河北省怀来县接壤。属太行山余脉，地势险要，"东望都邑，西走塞上而通大漠"，自古为兵家必争之地。

门头沟区西北高，东南低，地形骨架形成于中生代的燕山运动。境内98.5%为山地，平原面积仅占1.5%。西部山地是北京西山的核心部分，山体高大，层峦叠嶂，海拔1500米左右的山峰160余座。西北部的灵山有"京都第一峰"之称，另有百花山、髫髻山、妙峰山等山峰。区内3条主要岭脊均呈东北向平行排列，自西北至东南依次为：黄花梁—黄草梁—棋盘山复背斜；百花山—清水尖—妙峰山复向斜；铁坨山—九龙山—香峪梁复向斜。由于山地切割严重，各岭脊之间形成大小沟谷300余条。

石景山区位于京城西部，因燕都第一仙山——石经山而得名。东抵玉泉路，与海淀区相连；南至张仪村，与丰台区接壤；西濒永定河，与门头沟区相邻；北倚克勤峪（曾称荐福山），与海淀区搭界。

石景山属西山余脉，高度不超过800米，其余的是由西北缓缓向东延伸的平原。石景山区地处永定河冲积扇上，砂石多、土层薄，中部平原上则散布着许多孤丘，在这片平原上隆起的虎头山（387米）、石景山（184米）、金顶山（140米）、老山（130米）、八宝山（103米），都是这种成因的结果。这些孤丘的高度，除虎头山外，其余均在海拔200米以下。从西山最高峰灵山，沿门头沟顺势至这几座低山的姊妹峰，逐渐下斜，最后没入甚至不能称为丘陵的平坦地区。

房山区位于京城西南部，古时因有防山作为军事屏障而得名，已有700多年了。2019平方千米的区域内有近一半的面积是碳酸盐岩结构，是中国乃至世界温带半干旱地区岩溶景观典型代表。2006年，房山、涞水、涞源三区县八大园区整合一体，被联合国教科文组织评定为"中国房山世界地质公园"。

房山山奇水秀，引人入胜。华北地区最大的岩溶峡谷——十渡国家地质公园，被誉为"青山野渡，百里画廊"；上方山国家森林公园集山、林、洞、寺诸景为一体，久负"南有苏杭、北有上方"之美称；白草畔、百花山、圣莲山等自然景观，令人流连忘返。

房山溶洞众多，别有洞天，溶洞有100多座。石花洞多层多支，银狐洞水旱洞连通，以及仙栖洞、云水洞等，共同组成了中国北方最大的岩溶洞穴群，地质遗迹丰富，独具特色。

西山，巍峨的西山，构成了一幅山水北京的美丽画卷。

北京四座高峰

巍巍高山，雄伟壮观。北京有四座高峰海拔均在2000米左右，它们是灵山、海坨山、白草畔、百花山。桑田变沧海，沧海变桑田，演绎着海陆变迁。

灵山海拔2303米，为北京第一高峰，位于门头沟区西部清水镇双塘涧村之北，是个集高原、草原风光为一体的自然风景区。灵山以其海拔最高、气温最低、亚高山草甸、西藏牦牛和白桦林构成了北京独特的旅游景区。尤以1500米以上的高山草甸最为著名，仿佛厚茸茸的地毯在万亩山坡上。每年这里举办西藏风情节，被誉为北京的"小西藏"。

海坨山海拔2198.388米，为北京第二高峰，位于延庆县西部张山营镇西大庄科村之北。景区以自然风光为主，有丰富的动植物资源及保存完好的天然松林，百瀑泉、八仙洞、三叠水、松月潭、雄狮饮水、飞龙壁等景观各具特色。其温泉古今闻名，是沐浴疗疾的理想场所。

白草畔海拔2161米，为北京第三高峰，位于房山区西部的霞云岭乡堂上村之北。这里夏季环境优美，气候凉爽，景区以百花争艳的高山草甸为特点，古树众多，怪石嶙峋。一年中花开三季，清香四溢，是唯一可乘汽车直达山顶的森林花园。

百花山海拔1991米，为北京第四高峰，位于门头沟区西部黄塔乡黄花坨村之南。百花山环境独特，生物资源十分丰富，风景优美，可分为四大景区，百花山主峰景区、百花草甸景区、望海楼景区和十八大自然景观，有"华北天然植物园"之称。

这四座山峰的高度超过或接近2000米，为北京市的最高点。平原地带一般不超过100米，大部分为30~50米，比如天安门广场海拔44.4米。由此可知，地势由西北向东南倾斜，永定河、潮白河、温榆河、大石河、拒马河，各从山地流向平原，贯穿整个东南部，并构成了北京地势最低的地段，其海拔近8米。最高峰与平地相差2295米，这种差别引起了垂直气候带的变化，一般每升高100米，平均气温降低0.6℃~0.7℃，使得气温随高度增加而下降。灵山顶部5月积雪开始融化，夏至时仍可降雪，年平均气温为2℃~8℃。

它们为什么都分布在北京的西北部山区呢？这要从太古代北京地区几次造山运动说起。

在距今1.3~1.4亿年的中生代时期，这是地壳发生重大变化的时期，其表现为最强烈的褶皱断裂运动和差异性升降运动，以及与褶皱断裂相伴生的、历史较长的、次数频繁、范围较广且又表现得十分强烈的火山活动和岩浆的上升和侵入作用，尤其是断裂上升山地的剧烈冲刷最为明显。所以，地质年代把这一时期的造山运动称为"燕山运动"。从那以后，一方面是地壳内部经过长时间缓慢挤压，断裂升降，其中西山和北部山区大幅度上升；另一方面是伴随着大规模的岩浆侵入活动，原先趋于下降的平原地区，则继续大幅度下降，并经过了厚重的沉积，奠定了今日北京地区的山脉、盆地和平原。所以，北京现在的地质地貌格局，基本上是地质时期中生代末开始的燕山运动形成的。

根据构造和沉积的特点，北京地区位于燕山沉降带范围之内，在中、上元古界特别发育，是一套基本上没有变质的沉积岩系，呈明显不整合关系覆盖在变质岩系之上，成为古老变质岩系之上的第一个盖层，属于华北平原一个狭长下陷地带。但北京西北部山地仍有较大的差异，大致是北部的昌平、延庆、密云、怀柔、平谷一带，属于刚性且自早古生代以来长期抬升。西部门头沟、房山一带则属于中生界，有一定幅度的下沉接受沉积而较为凹陷部分。这两部分所表现的构造形式、活动情况均有不同，其地貌上的特征也各异。

北部刚性的突起部分褶皱比较缓和（褶皱是指岩层由于地壳变动而形成的波状弯曲，但未失去连续性的变形构造），但断裂（断裂也叫断层，它是岩层失去连续性的断裂变位构造）比较发育。山地走向以东西向为主，构造上表现的是若干宽阔的北向斜、穹窿构造和两组近于直交的断层：一组北东—南西走向，另一组北西—南东走向。北部山地在外形上呈段块状，少有绵长的连脉，而且有大小的山间盆地，山麓线平直，山地与平原的分界线明显而规则，由于各断块在抬升量方面略有差异，各地山地的剥蚀面也有起伏变化。北部山地的河流，往往有上述两组断层发育现象。如妫河、潮河、潮白河干流都取北东—南西流向，而怀河、汤河则是北西—南东流向，这些河流都显著受构造线的控制。

北京地区的岩石性质多种多样，而且西山和北山颇有差异，因此岩性不同，地貌也不一样。岩性是西北部山地的地质基础，对形成北京山区地貌特点和区域差异有着重要意义。

西山山地，分布着广泛的上中元古界和奥陶纪石灰岩，中生界的砂石岩也占了很大的面积，但花岗岩的出露却很零星，只有房山区北部有小规模的花岗岩闪长岩体，它在物理风化的作用下，形成了浑圆低丘，成为较典型的花岗岩丘陵地貌。

北山山地，出露在地表的主要是元古界的片麻岩、元古界和下寒武纪坚硬的石英岩和硅质灰岩。因为北山断裂发育，沿着断层线在中生代有大规模花岗岩侵入，经过长期剥蚀后，花岗岩体广泛地出露地表，特别是延庆区、密云区、昌平区之间，花岗岩出露面积比西部山地大得多。

不同性质的岩石，在外营力的作用下，常常表现为不同的形态。如质地坚硬的元古界长城系石英石，在差别侵蚀的作用下，常突出于周围地面之上，特别是岩层具有较大倾角时，往往形成墙垣状特殊地貌。若河流切割石英岩石，则构成为峡谷。而较软的薄层砂页岩地区，则形成较为宽大的谷地。侵入岩和结晶岩山地，因为具有显晶、复矿物成分、块状结构、不透水等特点，可以产生宽谷与缓坡。

西山门头沟、房山地层主要由下古生纪的寒武系、石炭系、二叠系，上古生界的侏罗系和第四纪的冰期堆积所构成。经过漫长的地质变迁，形成了多种类型的矿床，现已探明的有煤矿、石灰岩、玄武岩、辉绿岩、大理石、花岗石、紫砚石、白云岩、硅石、白花玉、紫页岩、石棉、铜、锌、铝、铁、金、银等。其中以煤、石灰石储量大、分布广。

北山山区主要产生在北山隆起的太古界变质岩系中，矿藏有锰矿、铁矿、铬矿、铜矿、钨矿、钼矿、金矿，多分布于延庆、昌平、密云、怀柔。

北京地貌是由西北山地和东南平原两大单元组成，西北高、东南低，西北部山脉绵延、山峰林立。古地质构造、新构造运动的长期影响和作用，决定了北京地貌的基本轮廓，是大自然造就了今日北京四座各具特色、雄伟秀丽的山峰。

永定河畔的矿藏资源

永定河畔的矿藏资源很丰富，大多数蕴藏在占全市总面积的 2/3 的群山之中，平原区也有分布。在矿产种类上，也比较齐全。到目前为止，全市已经探明储量并列入矿产储量表的矿产有 43 种，产地 289 处，其中金属矿产占 15 个矿种，产地 80 处；非金属矿产占 27 种，产地 178 处；燃料矿产 1 种，产地 31 处。它们为首都北京的建设提供了优越的物质基础。

一、金属矿产

（1）铁矿：矿石为磁铁矿、赤铁矿、褐铁矿、铬铁矿以及钒钛磁铁矿等。按成因类型有以下几种：①鞍山式。产于太古界变质岩系中。②接触交代式：产于中、酸性侵入岩与灰岩接触带，多分布于北山区。③宣龙式：矿体产于长城系串岭沟组中。矿石多为鲕状铁矿。④四海式：矿体产于蓟县系铁岭组中。⑤下马岭式：主要产于房山、门头沟区的清白口系下马岭组底部。⑥山西式：产于奥陶系顶部侵蚀面上，为风化残余型。

铁矿以变质型（鞍山式）为主。在已探明总储量中占 96.4%。主要在北山隆起区的太古界变质岩系中，矿体多分布在密云水库周围。已开采的矿区有密云沙厂铁矿和霍各庄铁矿。

（2）锰矿：按成因类型有：①接触交代式。产于昌平西湖村，又产蔷薇辉石，可做工艺品原料。②蓟县式：沉积型锰矿，产于高于庄组。③瓦房子式：属沉积锰矿，产于铁岭组。

（3）铬矿：按成因类型属岩浆矿床类型。产于密云放马峪一带的超基性岩体，矿石为铬铁矿。还有铂族稀有元素，但质量不高，Cr_2O_3 含量低，矿床规模有限，现可利用的储量不多。目前只有放马峪和平顶山两个矿区。另外，延庆红石湾也有含铂和钯元素的岩体。

（4）铜矿：①热液脉状填充型铜矿：分布于延庆区石青洞、怀柔区东仓、密云区水峪、门头沟的斋堂及平谷区大华山一带。②接触交代矽卡岩型铜矿：分布于房山古峒坡、延庆千家店的石槽和东三岔、昌平禾子涧一带。

（5）铅锌矿：①接触交代矽卡岩型铅锌矿：主要分布于花岗岩与白云质灰岩的接触带附近。②低温热液脉状填充型铅锌矿：多沿白云质灰岩或片麻岩构造裂隙或破裂带形成，矿脉有含铜、铅、锌石英脉和方解石脉，含铅锌重晶石脉等。

（6）银矿：开采历史悠久，有较好的地质条件，矿石常与铅、锌、金等共生。密云银冶岭矿区矿石就是含银方铅矿，平均品位 173.22 克/吨，是一大型银矿床。具有类似成矿条件的密云荆园圣水头，也有较好前景。

（7）钨矿：①石英脉型黑钨矿，多产于密云仓术会、沙厂、水峪一带，东庄禾、昌平下苑也有零星分布。②钨砂矿产于原生矿下游的冲积层中。

（8）钼矿：主要为伟晶岩及热液石英脉型辉钼矿床。矽卡岩型多金属矿中呈次要共生矿物产出。主要矿区集中分布在八达岭杂岩带，该区具有较好的成矿地质条件和成矿远景。已经开采的有石湖峪钼矿。

（9）金矿：北京的采金历史悠久，据可查资料，在唐代平谷地区就开始采金，清末昌平县采金最盛，当时年产可达万两。根据成因分为两种类型：①热液含金石英脉型（山金）：主要分布于八达岭花岗岩体南部、昌平分水岭和果庄、密云区和怀柔区北部变质岩区及平谷一带。②砂金：产于原生金矿下游的近代和古代河床及阶地的沉积物中，目前已知的矿点较多，主要分布在密云、平谷、怀柔和昌平等地，但一般品位较低，规模不大，适宜民采。

（10）铝矿：以沉积铝土矿为主，产于中石炭统底部，分布于房山和门头沟一带。

二、非金属矿

（1）黄铁矿（制硫酸）：分布较广，主要以中温热液脉状铁矿及含金黄铁矿石英脉型为主，在矽卡岩中与磁铁矿共生者次之，还有煤层中沉积类型的黄铁矿。

（2）萤矿：热液充填萤石矿，以怀柔区兰营矿最为著名。

（3）重晶石矿：以低温热液型重晶石脉为主，产于高于庄组灰岩中。分布在昌平区上口村及昭陵一带。

（4）滑石矿：主要为热液交代矿床，分布于房山区黄山店一带。围岩是铁岭组、雾密山组和高于庄组的灰岩或白云岩。

（5）石棉：①蛇纹石化蚀变带类型，产于昌平禾子涧和延庆永安堡。②脉状者产于片麻岩或高于庄组灰岩中，分布于怀柔县、密云县一带。

（6）耐火黏土：①沉积型耐火黏土：产于中石炭统本溪组铝土矿层之上（硬质黏土），主要分布于门头沟区斜河涧及赵家台一带，产于石炭二叠系和侏罗系（软质黏土），分布于门头沟及密云蔡家店一带。②风化型耐火黏土：为次要类型，是中生界火山岩、花岗岩中长石类矿物风化后形成的。

（7）红柱石和叶蜡石：高级耐火材料。红柱石产于石炭二叠系炭质页岩与侵入岩体的接触带上，形成放射状红柱石集合体（菊花石）。叶蜡石是红庙岭组页岩受变质作用而成，产于西山地区，其中以赵家台最著名。

（8）玄武岩：是新兴铸石工业的原料，产于西山南大岭组，储量丰富。

三、建筑材料

（1）石灰岩和白云岩：用途广泛、储量丰富。产地有30多处，主要分布在密云、怀柔、昌平、房山、门头沟等区县的寒武—奥陶纪地层中，层位较稳定，质量也好，其中大部分矿区开采条件好，交通也方便。

（2）大理岩：高级建筑材料。北京市的大理岩分布广泛，储量丰富，品种较多，花纹色彩美观、均匀，质地好，开采历史悠久，品种闻名中外，著名的有汉白玉、螺丝转、艾叶青、芝麻白等多种。

（3）砂、卵石、砾石等：是目前建筑业用途最广、用量最大的材料，主要产于古代或现代河床中。

（4）陶粒页岩：新型超轻质建筑材料，特点是容量小（可以漂浮于水面，俗称"水上漂"），具有耐高温、防火保温、隔音、防震等优点，既可做轻质骨料代替砂石，也可做屋板等构件。该矿主要产于侏罗纪窑坡组中。

四、燃料矿产

煤矿：北京的煤以无烟煤为主，储量约有25亿吨，占总量的96%，烟煤较少。煤质一般，系高变质低硫分高碳无烟煤，发热量不高，灰分不一。京西无烟煤热稳定性差，有热爆性，不利于气化。斋堂地区的风化煤，腐植酸含量高达40%，可制腐植酸肥料。京西煤田主要分布于髻髻山向斜含煤区、九龙山向斜含煤层和北岭向斜含煤区。京西煤田主要产于松各庄向斜含煤区。

永定河畔的冰川遗迹

永定河畔的冰川遗迹。在第四纪发生了地质史上最近的一次大规模冰川活动，通过地质资料说明永定河畔有过寒暖交错的气候变化，再加上差异性的升降运动所造成的地形起伏，自然地理环境的复杂化和多样化，在永定河畔留下多处第四纪冰川遗迹。

石景山区模式口村北的冰川擦痕遗迹是于1954年夏由我国著名地质学家李捷发现、经地质学家李四光考察确认的。此发现得到国际地质学专家的认定。这块冰川有三处擦痕遗迹，痕迹幽深，又细又长，非常清晰。它和山坡的倾斜方向一致，一般呈鼠尾状。由于此地较偏僻，因此保存得较好。它是我国唯一一座"中国第四纪冰川遗迹陈列馆"。

还有，在八大处公园里，从龙泉寺到香界寺的山路上有一座白石桥，那里也有一块冰川漂砾，是 1962 年地质学家李四光先生发现的，确认是第四纪冰川的漂砾。该漂砾属大型漂砾，呈长圆体，岩性与下部的砂岩截然不同，而且有两组明显的冰溜面及清晰的冰川擦痕。

据最新发现，2007 年在门头沟区妙峰山镇斜河涧村白龙沟发现第四纪冰漂砾及冰川擦痕，冰川漂砾位于永定河大峡谷下游，距永定河河床直线距离约 2000 米。冰川漂砾高 5.5 米、长 7 米、宽 6.1 米，重约 500 吨，矗立在沟谷中，十分抢眼。这块漂砾的岩性是砾岩，顶部十分平整，擦痕面积大约有 40 平方米。这块漂砾上的擦痕十分清晰，深度、方向存在众多差异，不仅擦痕密布，而且有两条纵穿漂砾的擦沟，因而很有科学价值。

2010 年，地质学家在延庆大庄科乡，昌（平）赤（城）公路边的白龙潭发现一个巨型大石坑，直径有 20 米，深度 18 米，全部由坚硬的花岗岩组成。这个巨型的深潭是距今二三百万年前冰川时期的"冰臼"，而且是我国目前已发现的数以万计的冰臼中保存最完好、规模最大、最为壮观和完美的冰臼。经过鉴定证实，这还是世界上目前发现的最大冰臼之一，堪称冰臼王国中的极品。

大自然在漫长的岁月中不断变化，在二三百万年前，该地层是冰雪世界。随着气候变暖，冰川便从山顶向下滑动，在冰川流动的巨大力量作用下，山岩被划出道道痕迹，这就是冰川擦痕。被冰川驮走的岩石碰撞后形成的物质称为漂砾，被冰川冲积起的大量岩石堆积物则被称为冰帻。由于地质年代非常久远，很多遗迹被自然或人为破坏了。因此遗留下来的极少，这几处遗迹也就弥足珍贵了。它为北京西山存在过第四纪冰川活动提供了有力的证据。

永定河畔的"垡"

永定河河畔叫垡（fá）的村庄很多。

垡，形声字。土表意，表示耕地翻土；伐表声，伐是砍。因此垡表示耕地翻土。

在永定河畔的北京郊区一些地方，有许多叫"垡"的村庄，尤其是在卢沟桥渡口至十里铺渡口一带。如房山区有葫芦垡、闫仙垡等，大兴区有东黑垡、西黑垡、西黄垡、西芦垡、加禄垡、狼垡、石垡、榆垡等。这些村镇为何要带上一个"垡"字呢？

原来这些村镇地处永定河下游的冲积平原上，历史上永定河素有"无定河"之称，河道迁徙无常，泥沙淤积，人们在这里居住垦荒。田野中翻耕过的土地叫作"垡"。垡的字义为耕田发土之意。据《考工记·匠人篇》记载："两人耕为耦，共一尺，一尺深者谓之畎，畎上高土谓之伐。""伐"今作"垡"。这几句话的意思是，两人一组在田间耕出一尺宽、一尺深的垄沟，沟上翻掘的土块就叫作"垡"。所以，在永定河畔的北京郊区垦荒耕田形成的居民点就带有垡的称呼。

京东通州区也有许多叫"垡"的村庄，如东垡、西垡、大松垡、小松垡、大耕垡、北头堡等。通州区地处永定河、潮白河冲积洪积平原，地势平坦，自西北向东南倾斜，海拔最高点 27.6 米，最低点仅 8.2 米。其土质多为潮黄土、两合土、沙壤土，土壤肥沃，质地适中。境内大小河流 13 条，运河蜿蜒，势若游龙，潮白河碧波千顷，渔歌唱晚。

永定河畔的山泉

永定河河畔的山泉多。泉是地下水的天然露头，是在一定的地质条件下巧妙结合的产物。泉水是山区地下水资源的重要组成部分，多是溪流的源头。有泉水出露的地方，山区居民点多数坐落在泉的附近，山区的庙宇、寺院也多修建在有泉水、林木的好地方。

在地质年代的石炭系、二叠系、侏罗系下统岩层，岩性为砂页岩互层夹煤层，水量比较丰富。主要分布在西山，组成向斜构造的两翼，地下水存在于裂隙发育的砂岩中，多位层间水，具有承压性，在有利的部位可自流。由于受页岩阻水，泉水出露较多，但流量不大，一般小于 300 立方米/日，沟谷中往往汇成小溪，终年不干。如门头沟区斋堂一带，侏罗系下统砂岩含水层承压水水头可自流，水头高度不等，最高可达 7~9 米，水量为 100 立方米/日。在九龙山向斜的南翼，主要为石炭二叠系砂页岩，井泉普遍，水位埋藏浅，仅有 10 米左右，在煤系地层中地下水也较多。再如房山区，石炭、二迭、侏罗系下统的地层组成北岭向斜构造。该处裂隙发育，泉出露较多，流量一般不小于 100 立方米/日，在大安山、秋林铺等地均可见到。

泉的分布：主要分布在山区，平原区只在冲积洪积扇地下水溢出带地势低洼处能见到少量的泉，如昌平旧县、念头一带，百泉庄的小百泉，平谷区南山北侧西高村龙泉务及北山南侧许家务附近。多作为灌溉、饮用水的水源。

有资料统计，在山区分布在海拔 300~500 米的泉有 582 个，占总数的 46.71%。在这一高程范围内，地形较陡，沟谷发育，含水层被切割，泉水分布密集。500 米以上，有泉 429 个，占总数的 34.43%，这里地形陡、切割强烈、沉积物少，泉水从基岩裂隙中流出，虽然泉的数量不少，但流量小、季节变化大，不易利用。300 米以下，有泉 235 个，占总数的 18.86%，多出露在山脚下的坡洪积物中，坡度小，易开发利用，所以也是山区居民点分布较多的地区。

泉水径流量：有资料统计，北京山区干旱季节能测流量的有 1246 个，年径流量为 2.018 亿立方米。怀柔区有泉 772 个，径流量 6730.16 万立方米/年，占年径流量的 33.35%。房山区有泉 97 个，径流量 5716.73 万立方米/年，占总量的 28.33%。门头沟区有泉 112 个，径流量 3270 万立方米/年，占总量的 16.21%。昌平区有泉 28 个，径流量 1641.51 万立方米/年，占总量的 8.14%。平谷区有泉 33 个，径流量 1104.93 万立方米/年，占总量的 5.48%。密云区有泉 105 个，径流量 381.71 万立方米/年，占总量的 1.89%。海淀区有泉 16 个，径流量 72.75 万立方米/年，占总量的 0.36%。

西山山泉的数量少而流量大，尤其是房山区，泉的数量占总量的 7.8%，而流量占总量的 28.33%。北山区泉的数量多而流量小。由于西山山区是以沉积岩为主，寒武、奥陶系灰岩即雾迷山组矽质灰岩及白云岩大面积出露，岩溶比较发育，透水性强，大气降水补给地下水，沿着溶洞溶隙向深处循环，在地下水排泄区及含水层被切割的沟谷地带有大泉出露，而且流量比较稳定。

《永乐大典·顺天府志》卷十四记载，北京历史上著名的泉有汤山温泉、神山泉、玉泉、七渡水泉、虎眼泉（清水泉）、龙泉、白浮泉、一亩泉、马眼泉、南安泉、沙涧泉、冷泉……这只是较大者，小的则不计其数。人们所熟知的还有黑山扈温泉、黑龙潭以及碧云寺、卧佛寺、潭柘寺、戒台寺、大觉寺、鹫峰等地的泉水。凡是名胜古刹都有泉。

然而，北京最著名的还是玉泉，该泉元代就为皇宫所垄断，除独流引入御苑点缀风景外，也供宫廷生活之需，当时有"金水河濯手有禁"之说。明代以后，白浮堰断流，城内河湖水源主要靠玉泉。清代皇宫有专用水车，从玉泉源头装上水，经西直门运进宫内。乾隆还曾经把玉泉"封"为"天下第一泉"。他还为玉泉写了《御制天下第一泉记》，下令特制了一种小型银斗，称量过国内一些名泉的重量，结果是：

玉泉重一两；塞上伊逊泉重一两；济南珍珠泉重一两二厘；扬子金山泉重一两三厘；惠山虎跑泉重一两四厘；平山泉重一两六厘；清凉山、白沙、虎丘、碧云寺诸泉重一两一分。

经过这番考察，玉泉名列第一。评定泉水的优劣，一般都以品茶为根据，讲究"甘美"和"质轻"。论甘美，元代《一统志》里就说，玉泉"泉极甘冽"。论质轻，玉泉有分量为证，是最轻的。玉泉水沏茶确实清香甘美，非同一般。

其实，泉水的品位，并不限于饮茶。它对酿酒也起着决定作用，名泉出名酒，北京的莲花白、绿豆烧以醇香和润、晶莹澄洁著称，得惠于玉泉。此外，矿泉有营养价值，温泉有医疗作用。还有，北京城里打出一些温泉，或引为浴池，或提供热源，为民造福。

泉水资源是山区供水的水源，随着山区建设的不断发展，泉水的利用范围越来越大。除生活用水之外，有的泉眼附近修建小水库或塘坝拦蓄泉水，扩大水源，增大灌溉面积，并解决下游地区的缺水问题。门头沟知名的山泉有：

1. 皇家寺院潭柘寺附近的泉水，近代由于附近煤炭的开采，将水源损害，造成泉水断流，目前尚存的泉水一般认为较好的要算寺西北龙潭的泉水了。这个地方离寺院的距离较远，游人很少走到那个地方。若论在寺内的泉水，则当推西观音洞寺院里的那一眼井泉。这眼泉，四季不干涸，总是离地面一米多，水质极佳，甘甜可口，用于冲茶，更显色香浓郁。

2. 在戒台寺饭店院内的古槐附近有一眼不知有多少年历史的古井，这眼井的泉水，夏日极凉，而冬天尚温，无论怎么烧煮均不见水碱。

3. 樱桃沟北面的仰山寺是当年金章宗的行宫，据说历史上寺内就有井泉。现在仰山的左右山间均有多股泉水在山上流淌，其状与龙门涧相仿，泉水涌流入樱桃沟村。从樱桃沟村就可品到清凉甘甜的山泉水。

4. 在明代被称为"宛平八景"之一的"灵岩探胜"的滴水岩的泉水，是从岩洞顶端的石缝间，一滴滴垂落下来，阳光中，似一条银线飘拂，落地叮吟有声。明代徐霞客曾有文专论此处景观，当年的滴水岩比现在水流大得多，有"水帘洞"之称。

5. 妙峰山南面的西小寺遗址有山泉。现在游人很少光顾，如在娘娘庙处眺望，可见到已经落在地下的古钟，如再仔细观察，可见遗址附近有一处灌木特别茂盛，草丛中，有一汪泉水，静静的，无声无息，与地面持平。如近前观之也是情趣盎然的，掬一捧泉水品尝亦十分可口。

6. 灵山的顶峰传说有一古老的道观，其遗址旁有泉水涌出。但灵山的半山腰有一名为东流水处，在一山峡的出口石缝中涌出多眼泉水，泉水四季不断，且水质极好。据说，喝东流水的生水不会闹肚子。

7. 百花山林场附近的山泉，也就是林场职工所饮的泉水，游人品后皆认为是百花名泉，可以与名山大川的泉水媲美。而半山腰的马家铺的数眼泉水皆是没有任何污染的清泉。

8. 龙门涧水的源头。在石峰下涌动的水源，有人称可与济南的趵突泉、杭州的虎跑泉媲美。泉水量很大，形成两股水流，恰似二龙戏珠，环抱龙门涧外的燕家台村。

9. 清水村的泉水，大体与龙门涧属一个水系。此泉的水质经过有关部门化验，属高质量的矿泉水，韩国人经反复论证，认为是最好的泉水，已在这里成立了独资企业——北极安矿泉水厂。据说凡在中国工作和生活的韩国人，均饮用这里的矿泉水。

10. 军饷乡的灵水村，在历史上是十分有名的泉水之村。在明代，因这村内的泉水对某种疾病有较明显的治疗作用，因而此村被称为灵水村。据说，这个村的风水好，以至在历史上出过数名进士和举人，在民国时曾有多人考上燕京大学。近年来，由于该村的煤炭开采将地下的泉水线破坏，不再有泉水流出。

11. 王平地区的安家庄村南的山间有众多山泉，并由泉水羁留成一组组的水潭，山势越高，泉水量越大。进入山间，就可听到山泉悦耳的流淌声。现被王平地区开发为"京西十八潭"游览区。

12. 门城地区的九龙山下，蕴藏着丰富的矿泉水，经权威部门检验为北京地区最好的矿泉水之一，含有对人类十分有益的硒等稀有的矿物质。因之这里有了闻名遐迩的九龙山矿泉水和蓝涧矿泉水等多家矿泉水厂。

13. 龙泉镇的中门寺村西山坡上有一南官园，现在为首钢的绿化基地。明代时该山称为宝瓶山，清代称为丹凤山，乾隆年间为贵族的山庄园林，民国时称"枫桥别墅"，有景致多处，尤以樱花闻名。山林间有三处泉穴，泉水四季不竭，清冽甘甜，现仍有很多人长途跋涉，不辞辛苦，前去取水。

14. 雁翅镇饮马鞍村，有山泉名为"饮马潭"，因历史上往来客商大多在此饮马，后人则称此村为"饮马鞍"。

15. 上苇甸乡蜜泉村，因其村内有山泉，大旱之年泉涌不衰，且香甜可口，故得村名。

16. 田庄乡的泗家水村明代时称为"寺家水"，因当年村口有"柏瀑寺"，寺前有清泉而得名。抗战时期改为"泗家水"。

永定河峡谷中的两条龙

话说永定河峡谷中有两条龙：一条是水龙，即永定河；一条是铁龙，即丰沙线铁路。犹如两条龙在弯曲的峡谷中流淌及穿行，是自然景观与人文景观的巧妙杰作。

永定河大峡谷位于官厅至三家店之间，永定河全长 548 千米，山峡地段全长 110 千米，由向阳口村至官厅水库全长 35 千米。峡谷内山势陡峭宏伟，山下水流湍急，峡谷内风景秀丽，风光迷人，古村落建在峭壁上，相当壮观，河道中巨大的五颜六色的鹅卵石，经过冲刷镶嵌在永定河之中更显得气势宏大、惊险迷人。

官厅至三家店之间为中游，是中山峡谷区，两岸山势雄伟、山坡陡峭、谷深岸窄，水在峡谷中迂回前进。天然落差 340 米，平均坡降 3.1‰，水流湍急，水能资源丰富，占全市水能蕴藏量的 20.4%。雁翅以下，落坡岭至三家店，河道在上苇甸穹窿和九龙山向斜之间，组成山体的岩性为寒武、奥陶系灰岩，溶洞较多，岩层破碎，节理发育，岩层倾向与河水流向一致，此段河水渗漏严重。山峡地区多暴雨，植被覆盖度较差，支流河短坡陡，每遇暴雨洪水猛涨，受洪水及泥石流的威胁较大。

永定河水弯弯曲曲地由高处向低处流，沿途还要接纳若干条支流，支流同时又由更多更小的沟涧水流组成。河流里的水，除了天上下雨供给外，它在沿途经过的峡谷里，还接受着各地的地表水和地下水。在河流开始形成的时候，河道就不是笔直的，河水所经之处，由于多种原因，水流流速的分布不是左右两边完全相等。这里河岸坍塌了一些，那里掉下来一棵树，在另外一些地方有一股水从旁边流进来，诸如此类的现象都能使河流的流速发生加快或减慢的变化。同时，两岸的岩石物质也有差异，有的容易被破坏，有的比较坚固。所有这些，都会导致河床变得弯曲。弯曲一经发生，就要继续发展。因为水流方向直指凹岸，而且还有表层水从凸岸流向凹岸，底层水从凹岸流向凸岸的横向运动，使凹岸受到的破坏强烈，因而在凹岸一方，泥沙比较容易被冲走，河床较深，河岸也较陡，在河水的长期作用下，凹岸会因不断受到破坏而变得越来越凹。凸岸水流较缓，泥沙非但不会被冲走，反而在这里堆积了起来，越堆越多，使凸岸越来越凸。整个河道就变得非常弯曲了。

河流流动不息，它的力量比水滴大得多。河流的弯弯曲曲，就说明了河水具有多么强大的力量，这就是河水时时刻刻冲刷侵蚀的结果。

丰沙铁路，新中国成立后，铁道部决定修通丰沙线。1955 年 6 月 30 日全线铺轨并正式通车，1972 年丰沙铁路复线建成通车，即从丰沙铁路桥桥墩遗址到丰沙复线铁路桥，犹如一条铁龙沿着永定河弯曲的峡谷行驶。现在，每天的客货列车运输非常繁忙，十几分钟就有一趟列车呼啸通过。一桥飞架两岸，天堑终于变通途。

永定河畔的考古发现

在北京平原的永定河流域洪积冲积扇地下，近几十年发掘出许多更新世晚期的动物化石，如披毛犀、原始牛、纳玛古象、德水象臼齿、赤鹿、獾、青羊、羊鹿等。

1955 年在扩建北京饭店工地时，在地下 10 米砂层出土德水象臼齿；

1972 年在建设西城区阜成门地铁槽时，在地下 17 米砂砾层出土披毛犀下颌骨；

1972 年在建设原崇文区永外安乐林人防工程时，在地下 6~8 米砂砾层出土原始牛头骨；

1973 年在建设朝阳区建国门地铁槽时，在地下 12 米砂层出土赤鹿遗骸；

1974 年在建设西城区阜成门地铁槽时，在地下 8~9 米砂层出土披毛犀牙齿；

1976 年在建设朝阳区建国门地铁槽时，在地下 10~15 米砂层出土象门齿；

1984 年在朝阳区南湖渠砖厂地下 30 米砂层出土扁角仲骨、鹿头骨（残）；

1976 年在海淀区羊坊店北蜂窝人防地下 6.5 米砂层出土原始牛头骨；

1956 年在海淀区羊坊店永定河引水工程地下 6.5 米砂层出土原始牛头骨；

1996 年 12 月，在王府井大街施工的东方广场工地的地下 12 米处发现了古人类遗迹，并且发掘了石核、石片、石器、木炭等。这是在北京平原地区发现的一处古人类遗址。它表明大约在 2 万年以前旧时器时代的晚期，永定河畔的古人类已经逐渐脱离洞穴生活进入平原，成了这里最早的北京人。

这些出土的化石（1996 年除外）都是发生在地质年代的更新世晚期（300 万年前），永定河洪积冲积扇的深层地下，由第四系松散沉积物组成，从西向东，厚度从 20 米到 80 米，再一次说明永定河是一条古老的河流，是适宜人和动物生存的家园。当时，北京地区降水较多，北部和西部山脉环抱之势更使得古代北京平原的水资源比较丰富。由永定河、潮白河等洪冲积作用形成的北京平原，沉积物松散、厚度大，构成了蓄存地下水的天然储仓。山区潜水在山麓地带以泉水形式涌出，平原地区地下水从自由水面流向承压水面的交界处以自流井形式涌出，形成河流、湖泊、沼泽。

西山的温泉与冷泉

永定河河畔有温泉和冷泉。沿颐和园西北颐阳路向西北 8 千米至 14 千米就是海淀区的冷泉村和温泉村。因有冷泉和温泉而得村名，既是地名，又是泉名，享誉京城。

冷泉村位于颐和园西北 8 千米，坐落在天光寺、三钊山、亮甲店山北麓。据《日下旧闻考》记载："而附近之地如冷泉村、石窝村一带，灵渊神瀵（音奋，地底喷出的水），随在涌现，不可枚举。"村因泉水凉而得名。据传，村形成时只有山东省迁来的潘、赵、徐、马姓几户。

冷泉村是京城经红山口路去妙峰山进香的重要路站，因而庙宇较多，茶棚也多。村境内曾有寺庙七座。村委会就位于福泉寺院内，有树龄几百年的国槐。村西有一名为"柏抱椿"的古树，是关帝庙遗址所在地。山上天光寺、观音寺、菩萨庙和不知名的庙都已倒塌，有的已无遗迹。

温泉村位于颐和园西北14千米，曾名石窝村。因村东有温热泉水而改今名。泉已干涸，但附近有眼井的水温在36℃左右。辛亥革命诸先烈纪念碑屹立在村东小山岗上，山下东侧是老年医院和温泉苗圃，温泉路有禹行桥（建于1930年，以西北军将领孙岳之字命名），村西有1922年比利时人贝大夫出资建造的大桥。

温泉位于温泉镇温泉村内，辽代因此泉设温泉乡。泉眼多处，水质为硫酸钾钠型，水温34.5℃，流量2.5升/秒，pH值7.4。明代已辟为浴所，泉心用花岗岩石砌成方池，然后将池水引入诸室供洗浴。明诗有"泉到兹泉异，温然熟水窝。影峰生暖地，入亩早秋禾"的描述。温泉一带之山，石灰石裸露，因此又有"石窝村"之名，所产之桃称石窝蜜，甘甜异常。

泉是地下水的天然露头，温泉和冷泉均出露在地质年代第四系黏砂中，其下隐伏中生代花岗岩与奥陶系灰岩接触带，是地质条件下的产物。所以，居民点多数坐落在有泉水出露的地方，山区的庙宇、寺院也多修建在有泉水、林木的地方。两泉于20世纪70年代中期断流。

泉的形成与地质构造有密切关系。一般来说，地下含水层都是不同程度倾斜的，当含水较多的含水层出露地面时，就会有泉水流出。泉水从地下流出时，温度有很大差别，有的高达100℃，热气腾腾，有的仅几摄氏度，清澈冷凉，犹似冰水。

一般将水温高于当地平均气温的泉，称为温泉，水温不高的泉称为冷泉。按照我国的情况，华北地区超过15℃，华南地区超过25℃的泉就是温泉。温泉温度大多超过人的体温。

温泉的水为什么会是温水呢？这要从地热谈起。地下深处的温度，主要来自以放射热为主的地内热。地下深处温度的增加是有规律的，每增加一定深度，就增加一定的温度。一般用地温梯度表示这种地热增温的大小，即深度每增加100米，在地球内部70千米的范围，地温梯度为2.5℃~3℃，在靠近火山等有较高的热源的地区，地温梯度要大得多。

在地下高热的环境下，那里的岩浆呈熔融状态。炽热的岩浆如果冲出地面，便造成火山喷发。有些岩浆还可以冲入地壳中的一些裂隙，在那里慢慢地散发着热量。地下水如果靠近这些高温的岩浆，便容易被它们"烤"热，变成热水。在火山活跃的地区常常伴有大量温泉。在没有火山的地区，也会有温泉出现，只是这种温泉的地下水常常是受热于地下较深处的岩浆，它们大多是沿着很深的断层涌出地面的。

温泉不但水热，一般还具有较多的矿物质和气体，有的还含有一定的放射性元素。用这种温泉水浸浴或食疗，可以治疗许多疾病。在许多有温泉的地方，都建立了疗养院。由于它对某些疾病有疗效，而颇受人们的欢迎。所以，温泉也是宝贵的自然资源。

门头沟的溶洞

永定河河畔溶洞多。门头沟山多洞多，既奇且险，故而很多地方尚未有游人光顾。作为旅游景点，除了潭柘寺开放了东西观音洞之外，就很少有公开对游人开放的溶洞了。

八奇洞长 1350 米，有三个大厅，沿途 28 个景点，与古天文学家"三恒二十八星宿"的宇宙观完全吻合。三个厅依次为"逍遥厅""至乐厅""宇宙厅"，三个厅各具特色，逍遥厅恢宏，至乐厅空灵，宇宙厅空阔。其中，"褶皱8""神锅""龙潭""奇险""飞龙在天""济公""前龙后虎""中国奥运"等八大奇观令人叹为观止，故得名"八奇洞"。

八奇洞景区位于潭柘寺镇平原村，毗邻潭柘寺景区，是大自然鬼斧神工和开发商的独具匠心结合形成的神洞奇观。游览八奇洞，沿途曲折多变，空间繁简交杂，境界层层深入。全洞景物有序曲，有高潮，有低谷，有尾声，节奏分明，像交响曲中不同的乐章，使人产生不同的情感和美感。洞中奇景连连，洞中有洞，龙潭清澈透底，蓝如海，平如镜。水深不可测，滋润人间，永不枯竭；石锅虽未经火，却锅底发黑，置身其中还会感到身体发热；济公活佛栩栩如生。经洞中暗河泛舟出洞，令人感到别有天地。

现将十几个比较知名的溶洞介绍如下：

（1）原北岭乡的瓜草地村附近有一不知何年发现的古老幽深的溶洞。

（2）潭柘寺镇的南村有一名为牛毛洞的天然溶洞。洞内滴水石、钟乳石形态各异，色彩斑斓。

（3）妙峰山桃园村附近山崖间有岩洞 20 余处，有的筑有矮墙遮挡，似古人的避难之所。其景致很像开放景点中的"古崖居"。

（4）军庄镇灰峪村北 1 千米处有仙人洞，为天然石灰岩洞，洞多钟乳石，半透明，洞底有一穴，投石如敲鼓声；因附近就是有多年历史的采石场，洞内景观有些已被开采，对原洞历史上记载的风貌有较多破坏。

（5）妙峰山南庄村西有滴水岩洞，为天然岩石洞，洞内有石像，有山泉水从洞内岩石滴下，长年不断。有人讲当年这是一座山寨，传说这里曾是一座很有名气的寺院；有人讲，原来洞内现在滴水的地方，曾往下滴米，在这里看守的一位和尚嫌米往下滴得太慢，就用棍子去捅，结果，滴米岩被捅成了"滴水岩"。据说，徐霞客曾游过这里。史书记载，这里曾为明代宛平县著名的八景之一"灵岩探胜"。

（6）妙峰山乡下苇甸村南山上有一天然溶洞，名为昆仑山洞。

（7）永定镇秋坡村西南有观音洞，洞旁山顶有极乐洞，人称"庞涓洞"，洞下有小洞为"朝阳洞"。

（8）马鞍山的大鞍口有"孙膑洞"。

（9）黄塔办事处龙王村西有一洞，名为龙王湖口洞，该洞为天然石灰岩洞，洞内长年滴水。石笋和钟乳石有的长达一尺余。该洞长度未有人测量过，据说该洞可通梯子村。

（10）王平地区办事处的韭园村东北山上有一天然岩石洞，口小腹大，可容上千人，该洞在抗日战争时曾发挥了重大作用。

（11）斋堂镇王家山村东北山上有一天然岩洞，该洞因经常有鸽子光顾而知名。抗日战争时，该洞曾是我军战地指挥所。

（12）清水镇田寺村西南的山坡上有一天然岩洞，洞内原有佛像和庙房均已毁。洞外有一较大泉眼，泉水旺盛，战争年代曾是游击队藏身之所。

门头沟的涧与沟

永定河河畔有涧与沟。进入京西门头沟，一个熟悉的"涧"字映入眼帘，这显然与本区地质地貌有关。涧字的意思是：两山之间的水沟。山多、沟多、涧多，门头沟区的名称由此而来。地名村名与涧有关，如双塘涧、木城涧、斜河涧、清水涧、青龙涧、南涧、涧沟、双涧子……尤其著名的龙门涧风景区以其奇险、惊妙、清幽、灵秀的自然景观，厚重的文化底蕴成为北京市级风景名胜区、新兴的旅游观光、休闲度假胜地。

龙门涧号称京西"燕京小三峡"，位于门头沟清水镇燕家台，距市中心约100千米。龙门涧包括东、西两涧，由于西涧景象不及东涧雄奇多彩，所谓游龙门，实际上指的是游东涧。

从燕家台村向北一拐，哗哗的流水声就把你迎进了龙门涧。那两侧对峙的石壁险峻陡峭，高耸碧空，直上直下，宛如刀斧劈成，连绵延伸数里，仿佛巨大的天然围屏。峡谷间，溪水潺潺，奔流不息，清澈见底。状若长河的蓝天上白云飞动，山鹰盘旋。幽谷、绝壁和清泉，和谐地交织一体，令人心旷神怡。有不少电视剧外景都在此拍摄。

走进"大山门"，"将军石"矗立眼前，这块奇特的巨石高耸水边，同石壁上分下连，活像一位威风凛凛、锐不可当的勇士，颇具"一夫当关，万夫莫开"的气势。

"石围屏"的最窄处，叫"一线天"。头顶上的两侧石崖相隔咫尺，其间露出蜿蜒曲折的一线天。石围屏的尽头，有个高达丈余的小瀑布。它虽不宽阔磅礴，但却悬腾奔跃。

瀑布旁边的高坡上，那块平整的青石台过去叫"祭天台"。每逢"赤日炎炎似火烧"的旱季，水断河涸，老百姓就聚在这里杀牛宰羊，祭天求雨。如今，这里成了游人休闲的地方。坐在石台上，用脚戏水，悠然环顾山间葱郁林木和坡下的小瀑浪花，真可谓其乐无穷。

再往前行，能找到溪水的源头。那清泉分明是从山根的石缝里涌出来的。看到这源头的涓涓细流，回想下游的奔腾水势，发人深思。喝一口清洌的山泉，清甜爽口。

门头沟区地处北京西部，地势西北高、东南低，地质构造形成于中生代的燕山运动。面积 98.5% 为山地，平原仅占 1.5%。西部是北京西山的核心部分，山体高大，层峦叠嶂，海拔1500 米左右的山峰 160 余座，多数村庄在海拔 500 米以上。西部的灵山海拔 2303 米，有"京都第一峰"之称，另有百花山、髫髻山、妙峰山等。各山峰之间形成大小沟涧 300 余条，如大地沟、龙王沟、西沟、南沟、田寺沟、达摩沟、小北沟、火村沟、法城沟、黄岩沟、湫沟、下马岭沟、苇甸沟等，著名的樱桃沟、门头沟名扬天下。

区内河流有三大水系，永定河水系流域面积 1368 平方千米，清水河水系的白沟河流域面积 73 平方千米，北运河水系流域面积仅为 13.82 平方千米。永定河全长 100 多千米，主要支流有刘家峪沟、湫河、清水河、下马岭沟、清水涧、苇甸沟、樱桃沟、门头沟等，大小支流有 300 余条。由于流量不稳定，境内流域坡陡，河道坡降大，入境处海拔 373 米，出境处为 73 米，水流湍急。平原地区的河道易发生淤积，迁徙不定，故史有"无定河"之称。

1954 年 5 月建成河北官厅水库后，永定河上又建有三座大型水库，珠窝水库、落坡岭水库和三家店水库，逐渐稳定了永定河的流向。清水河是永定河官厅峡谷最大支流，为区内第二大河，史称清水河。清水河水系的白沟河流程较短，出境后入房山区。北运河水系，境内有两部分：一在雁翅镇泗家水、白瀑寺一带，出境入昌平区；一在军庄镇北四村，出境入海淀区。

区内地下水分为 4 个区：一是田庄—雁翅—青白口—石河村一线以北，以灰岩裂隙水溶洞水为主；二是髫髻山—妙峰山地区，均为火山岩、砂岩裂隙水；三是千军台—清水涧—黄岭村一线以东地区；四是清水河流域，水资源较丰富。门头沟区的森林覆盖率为 40%～60%。

门头沟区地层主要由下古生界的寒武纪、石炭纪、二叠纪、侏罗纪和第四纪冰期堆积构成。经过漫长的地质变迁，形成了多种类型的矿床，已探明的有石灰岩、大理石、花岗石、硅石、石棉、铜、锌、铝、铁、金、银等。其中以京西煤、石灰石储量大、分布广。

门头沟区历史悠久，在远古曾是北京人类文明发祥地之一，这里发现了距今 11 万年的"前桑峪人"和距今 1.1 万年的"东胡林人"。东胡林人离开了洞穴，来到门头沟的清水河涧居住、生活、繁衍，人类的历史从旧石器时代进入新石器时代。正是门头沟山峰多、沟涧多、植物茂盛、涧水充足的地理环境，才孕育了我们今日北京小平原。

延庆的妫水河

话说永定河，永定河畔妫水河。沿八达岭高速路直通京城北部的延庆，一进入县城，人们就看到一个陌生的"妫"（guī）字。仿佛进入一座历史古城。即使是延庆本地人不少人也说不清"妫"字的来历。

延庆解放前属察哈尔省，1952 年改属河北省张家口市，1958 年 10 月划归北京市。延庆在2000 多年来先后被称呼为居庸县、夷舆县、妫川县、缙山县、永宁县、四海县和延庆县，并曾先后设置过儒州、镇州、妫州、龙庆州、隆庆州和延庆州。延庆有一条古老的河流叫妫水河，以水得名，所以，历史上的城名曾叫妫川、妫州。即使信息时代的今天，延庆仍处处散发着古色古香的气息，妫水南北大街、妫水公园、妫水文化广场、妫水女塑像、妫川宝塔、妫川购物超市、妫川路（八达岭至延庆）、妫河漂流……这些带妫的称呼笼罩着延庆。一个古文字——"妫"在城市中充满生机。

"妫"字，古水名。《说文解字》中释："虞舜居妫汭因以为氏，从女为声。"妫汭（ruì），古水名，在今山西永济县，源出历山，西流入河。《尚书·尧典》："釐降二女于妫汭。"一作两水。《水经注》："历山，沩汭二水出焉。南曰沩水，北曰汭水。"说的是远古时尧把自己的两个女儿娥皇和女英嫁给了舜，住在妫水和汭水（两水在今山西永济县）河边。两水异源同归，实为一水。

《辞海》中释："妫州，州名。唐贞观八年（634）改北燕州置。置所在怀戎（今涿鹿西南。长安中移治清夷军城，今怀来县东南旧怀来)。"据《天府广记》载："涿鹿现属河北怀来，与延庆县紧邻。"可视为北京地区。唐《括地志》载："阪泉今名黄帝泉，妫州怀戎县（古怀来旧城，官厅水库下）东五十六里。"这便是延庆最早的称呼，也是北京地区最早的名称。悠悠历史，上下五千年。

妫州以水得名，历史上亦有清夷水、苍河、牤牛山水、妫水等名。妫水河发源于延庆东部黑汉岭西北的大吉祥，向西南流，在香村营以南接古城河，在县西南大路村入官厅水库（永定河由洋河、桑干河和妫水河在官厅汇合而成），全长50多千米，是延庆最大的河流。沿途有金牛山、暖泉口、官营湾、荻花滩、柳林激水等景观，两岸环境清幽，风光秀美，酷似江南。最精彩的还是漂流，一叶轻舟顺流而下，时而平缓时而湍急，妙趣横生。妫水滋润着延庆人，让人们深深热爱着这块土地，也吸引着中外游人。

妫水河贯穿延庆东西，流经城区，妫水河是延庆的母亲河。延庆属小盆地，东西长40余千米，南北宽16千米。四面环山，自然风光无限，人文景观迷人，有水则灵。明代称隆庆州时即有八景：永宁县八景和居庸关八景。最著名的是岔道秋风、妫川积雪、榆林夕照、独山月夜、海坨飞雨、古城烟树、缙阳晴岚、红门春晓。到了清代时的八景是海坨飞雨、妫川积雪、神峰列翠、荷池夕照、古城烟树、独山月夜、缙阳远眺和珠泉喷玉。

"妫"字除作为河流的水名和地名外，也作为姓氏，如春秋时陈国夫人妫氏，汉代有妫昌，汉尚书郎妫皓，三国吴妫览，传说舜姓妫，名重华。"尧舜禅让"说的就是虞舜继位的故事。

（此文系本书作者文章，登载在《中国电视报》2008年10月第42期"京华杂谈"版）

房山世界地质公园

永定河畔的地质构造，诞生了一座世界地质公园。2006年，经联合国教科文组织地质公园国际会议评审，北京市房山区与河北省涞水县、涞源县联合创建的北京房山世界地质公园被联合国教科文组织评定为"世界地质公园"。北京由此成为世界上首个创建世界地质公园的首都城市。

北京房山世界地质公园位于北京市西南约40千米，地跨北京市房山区和河北省保定市涞水县、涞源县。公园总面积953.95平方千米，划分为8个园区：涞水野三坡、涞源白石山两个国家地质公园以及北京房山周口店北京人遗址、石花洞溶洞群、十渡岩溶峡谷、上方山—云居寺、圣莲山、百花山—白草畔生态旅游区，其中房山区490平方千米。野三坡园区和白石山园区属地为保定市的涞水县与涞源县。

北京房山世界地质公园拥有丰富的地质遗迹资源，它展现了中国华北地区数十亿年以来地球演化发展的历史画卷，记录了自太古代—元古代—古生代—中生代—新生代各个地质年代桑田变沧海、沧海变桑田的海陆变迁，俨然是一座浩瀚的天然地质博物馆。

房山世界地质公园主要包括两个行政区部分，即北京市房山区的部分乡镇与河北省保定市涞水县、涞源县的部分乡镇，海拔26~2161米。地质公园主体区域东西长130.80千米，南北宽75.09千米，总面积953.95平方千米，其中房山区490平方千米、涞水县403.95平方千米、涞源县60平方千米。园区有八大区域。园区地质遗迹有五大特点：一是周口店北京人遗址是研究人类发展进化的重要场所；二是陆内造山带形成的遗迹让人们告别地球在中生代时期激烈的构造岩浆活动历程；三是地表岩溶地貌与地下岩溶景观是中国北方的地下岩溶殿堂和岩溶地貌的典型代表；四是地学精英荟萃之地，中国地质工作的摇篮；五是拥有悠久古建与丰厚人文积淀。突出体现在六个方面：

（1）典型性：以十渡、石花洞园区为代表的峰丛、溶洞群是中国北方岩溶地貌的典型代表。

（2）稀有性：周口店古人类遗址、房山溶洞地质遗迹景观国内稀有，世界罕见。

（3）自然性和原始性：主要地质遗迹都是自然生成，保持了原始风貌，没有人工雕琢，是大自然的杰作。

（4）系统性和完整性：本园区地层出露齐全，经历了多期构造运动，留下了一系列不同时期的地质遗迹，体现了地质历史发展的系统性和完整性。

（5）很高的美学价值：园区内地表奇峰林立，峡谷幽深；地下溶洞景观奇特；动植物资源丰富；人与自然和谐共存，构建了一处优美的生态环境。

（6）极高的科学价值：是研究古人类演化、陆内造山带、北方岩溶发育的最典型地区之一。

公园地处北东向燕山构造带与北北东向太行山构造带衔接区内，是我国陆内造山带的典型地区之一，具有复杂的地质背景。园区集中国北方典型地表岩溶地貌、地下溶洞群、壮观的花岗岩与大理岩地貌、古人类和古生物化石等地质遗迹精粹之大成，记载了数亿年来公园内漫长而动人的沧海桑田演化历史，构成了地质历史长卷中的壮丽画卷。

功能分区：世界地质公园标志与管理服务中心（一个主中心，两个副次中心），世界地质公园八大功能园区。

1. 世界地质公园标志与管理服务中心

公园设立一个集中的世界地质公园标志与管理服务主中心，其功能除安排世界地质公园标志碑外，还具有地质博物展示、科普服务、游客信息咨询服务等功能，选择在房山。另外在河北省涞水县、涞源县分别设立标志与管理服务副中心。

2. 世界地质公园八大功能园区

（1）北京人遗址科普功能园区（简称"周口店北京人遗址园区"），总面积25.52平方千米。

周口店北京人遗址，原是一个天然石灰岩溶洞，从1929年开始发现了古人类牙齿、骨骼和头盖骨，并找到了"北京人"生活、狩猎及使用火的遗迹，证实50万年以前北京地区已有人类活动，以后又陆续发现了10万~20万年前的"新洞人"、1.8万年前的"山顶洞人"。现已建有约1000平方米的周口店遗址博物馆。此园区还有典型的孤山口褶皱构造景观及花岗岩球形风化蘑菇石景观等，是研究和传播人类起源、地质环境与人类进化关系的科普区。

（2）石花洞溶洞群观光园区（简称"石花洞园区"），总面积36.5平方千米。

石花洞位于房山区河北镇低山丘陵地区，为洞穴十分发育的岩溶地貌，现已被批准为国家地质公园。以石花洞为核心，周边已发现包括银狐洞在内的有科考价值的洞穴16个，现已对外开放的有石花洞和银狐洞。规划定位本区为科普与观光结合的景区。

（3）十渡岩溶峡谷综合旅游园区（简称"十渡园区"），总面积313.68平方千米。

十渡岩溶峡谷综合旅游区，是华北地区典型的构造—剥蚀—岩溶峡谷地貌景观，主要包括张坊、十渡和蒲洼三个乡镇，拒马河流经全境，也是本地质公园占地最大、接待规模最大的集观光、休闲、娱乐、度假为一体的综合中心景区。

（4）上方山—云居寺宗教文化游览园区（简称"上方山—云居寺园区"），总面积31.37平方千米。

上方山—云居寺园区位于房山区偏南部，十渡风景区东侧，包括从上方山森林公园至云居寺石经山连片岩溶地貌，还包括云水洞等九个岩溶洞穴群，是以云居寺石经山中所藏万余块石经（"国中之宝"）为主要特色的宗教文化游览区。

（5）圣莲山观光体验园区（简称"圣莲山园区"），总面积28.1平方千米。

圣莲山园区位于史家营乡柳林水村北，主要地质景点有圣米石塘，在沿裂隙溶蚀而形成的岩溶洞穴中，沉积了流水搬运滚动的石英砂，构成了神秘的"圣米"；有地质构造形成的神牛岭、翠屏山、岐祥居断层等，总体生态环境良好，还有其他明清民国时期留下的宗教文化遗迹。规划定位本区为壮观神奇的地质观光体验景区。

（6）百花山—白草畔生态旅游园区（简称"百花山—白草畔园区"），总面积113.95平方千米，其中房山54.83平方千米，涞水野三坡59.12平方千米。

百花山—白草畔园区位于房山、涞水、门头沟三县区交界处高山自然风景。该区生态环境良好，夏季山峦间云雾缥缈、气候凉爽，是北京少有的生态旅游地。

（7）野三坡综合旅游园区（简称"野三坡园区"），总面积344.83平方千米。

龙门天关景区位于野三坡镇西北，本地质公园的西北部，其花岗岩断层峡谷造就了古代重要的关隘，山水人文有机组合，成为本地质公园的重要观光景区之一。百里峡构造—冲蚀嶂谷景区位于野三坡镇西部，也在本地质公园的最西部，由三条嶂谷组成，地质景观非常丰富，生态良好，是野三坡最重要的观光体验景区，与十渡景区一起成为拒马河上两大重要景区。拒马河休闲度假区位于野三坡镇拒马河滨水地带，该地带河床宽阔、水源充足，人工林已经初步形成，是休闲度假的上佳地带。

（8）白石山拒马源峰丛瀑布旅游区（简称"白石山园区"），总面积60平方千米。

白石山园区包括白石山大理岩峰丛景区、十瀑峡花岗岩瀑布群景区、拒马源构造泉群。

这里是燕山运动的命名地，由陆内造山带形成的地质遗迹不仅奇特险峻，而且具有很高的观赏性。区内大型褶皱、断裂、侵入岩和火山岩，都是这次造山运动的产物。

群英荟萃的地质学摇篮——中国地质工作、地质专家的摇篮。

这里是我国地质工作最早开始（1867年）的地方，是我国第一部区域地质志诞生之地，曾走出多位著名科学家，产生了上千部（篇）研究成果，其地质研究之早，培养科学家之多，不愧是"中国地质工作的摇篮"。它在古人类、第四纪、岩溶等多个方面具有极高的科学研究价值。这里是一处集地学研究之早、研究之深入、成果之丰硕、育人之多于一体的科研、科普教学基地。

延庆世界地质公园

2011年，在延庆千家店镇国家地质公园核心区内发现大批珍贵的，距今1.4亿至1.5亿年晚侏罗世的恐龙足迹化石，这是北京地区首次发现恐龙存活过的证据，也是世界上首都圈唯一的恐龙记录。延庆恐龙足迹具有很高的科研价值。

发现恐龙足迹化石点3处。其中一号点下部目前暴露出足迹30个，清晰的行迹2道；一号点上部暴露的足迹至少有几百个，成串的行迹有6~7道；二号点目前暴露出足迹15个；五号点暴露出足迹9个。更多的恐龙足迹存在于尚未揭露的岩层中，预计将有更多的科学发现。

延庆发现的恐龙足迹化石有四种类型，除兽脚类恐龙足迹化石外，还有覆盾甲龙类、鸟脚类和疑似蜥脚类恐龙足迹，这三种类型的恐龙足迹化石是在我国境内侏罗纪晚期地层中的首次发现，大大增加了这一时期恐龙的类型。

地质公园经历了亿万年沧海桑田的变迁，形成了丰富多彩的地质遗迹。有18.5亿至8亿年前形成的数千米厚的碳酸盐岩，层面上留下了类型繁多、形态复杂的波痕；有地质历史中形成的独特的角度不整合面；有燕山运动多期次的岩浆活动形成的多种侵入岩、喷发岩及其各种接触关系；还有燕山运动过程中形成的规模宏大的山前断裂、近乎直立的岩层、巨大的红石湾穹窿、六道河背斜、壮观的单斜构造等。

生活于燕山运动时期的植物和大量的恐龙在地质公园内保存了众多硅化木化石和大量恐

龙足迹化石，不仅有较常见的食肉型兽脚类恐龙，而且还有相邻地区没有发现的植食型的蜥脚类、甲龙类和鸟脚类恐龙足迹，成为地质公园中独特而珍贵的地质遗迹。自新生代以来，燕山运动造成密集的节理和断层，将出露地表的中晚元古代海相碳酸盐岩分割裁剪，岩溶作用塑造了美轮美奂的喀斯特地貌，成为北方岩溶的典型地区之一。

亿万年地质历史雕琢了奇特的地质景观和如画的自然风光，也造就了良好的生态环境和灿烂的文化历史。延庆自古物华天宝、文化灿烂。早在4万~5万年前，这里就有人类生息，出土有大量新旧石器，有多处文化遗存。古崖居，是古人利用燕山期花岗岩体中三组节理凿石筑室，为后人留下的千古之谜。战国时期这里属北燕领地，燕长城遗址现在依稀可见。明清时期修建的八达岭长城，已经成为世界文化遗产。古老的长城也与地质息息相关，它建于燕山运动晚期形成的八达岭杂岩体之上，成为地质遗迹与历史文化完美结合的典范。

延庆是著名的燕山运动命名地之一，留存有距今1.4亿年至8000万年间形成的与燕山运动相关的地质记录、1.4亿年至5000万年前的硅化木群、十几亿年前的海洋沉积遗迹、新生代喀斯特地貌等丰富多彩的地质遗迹资源。但在发现恐龙足迹化石之前，这里并没有发现任何类型的脊椎动物化石。恐龙足迹化石的发现让这里在有水、有山、有森林的基础上，更有了动物，完整还原了整个生物链，同时为深入研究侏罗纪晚期之后的"热河动物群"提供了绝好的演化样本。土城子组之上为举世闻名的白垩纪"热河生物群"，以带羽毛的恐龙、最早的开花植物、原始哺乳动物等珍贵化石而闻名世界古生物学界。

延庆正在申报世界地质公园，公园由四个园区构成，分别是西部的古崖居园区、龙庆峡园区、东部的千家店园区，以及南部的八达岭园区。整个园区面积620.38平方千米。千家店园区位于地质公园东部，沿白河河谷分布，面积272.85平方千米，以1亿多年前中生代燕山运动形成的构造地质遗迹、恐龙足迹化石、硅化木、十几亿年前寒武纪海相沉积地层和沉积构造遗迹以及4000万年以来新生代典型的北方岩溶地质遗迹为特色。

2013年9月9日加入世界地质公园网络名录，2017年8月8日接受首次再评估。

2018年2月1日，联合国教科文组织地球科学与地质灾害风险防控处正式通知延庆联合国教科文组织世界地质公园"绿牌"通过首次再评估验收。

延庆世界地质公园现在保护与建设、科研与科普、旅游与发展、网络与宣传等方面开展扎实工作，聚焦冬奥、世园两件大事，促进延庆区域旅游的可持续发展，为世界地质公园网络做出自己的贡献。

2019年，中国北京世界园艺博览会就在延庆，又称为"长城脚下的世界园艺博览会"。4月29日至10月7日，会期162天。博览会紧邻八达岭长城，园区横跨妫水河，与森林公园、海坨山、湿地公园野鸭湖、地质遗迹龙庆峡、四季花海等自然美景融为一体，是天然山水大花园中的园中之园。

2022年，冬季奥林匹克运动会延庆赛区将承办高山滑雪、雪车、雪橇等项目。

第三章　历史上的永定河

历史上，永定河穿过西山，在北京平原上多次改道，留下众多故道和河名。永定河在新石器时代后期到商代，从八宝山以西和颐和园一带通过，而后，沿今温榆河方向流动。在西周时，永定河主流从八宝山以北向东流过紫竹院、什刹海，沿今坝河方向而行。春秋到西汉时，永定河的主流从什刹海向南，经今三海，至天坛东出外城，向东南流。东汉到隋朝时期，永定河是从蓟城南今凉水河方向通过的，此时叫㶟水、湿水、清水河。隋代，平原上的永定河叫桑干。唐、五代十国时，永定河沿今凤河方向而行，也称桑干河。

永定河与北京城

永定河是一条古老的河流。历史上，永定河穿过西山，在北京平原上多次改道，留下众多故道和河名。

古代北京城河湖溪流密布，因此留下了300多个与"水"有关的地名，其中含"河"字的有北河胡同、河泊厂胡同，含"池"字的有莲花池、金鱼池和南池子、北池子，含"海"的有滨海胡同，含"淀"的有川淀胡同，含"洼"的有兵部洼和前泥洼、后泥洼胡同，含"井"的有铜井大院、三眼井胡同、前红井胡同等，双沟沿则是古河道留下的地名。

永定河穿官厅山峡经三家店出山进入平原，自卢沟桥起为地上河，从梁各庄以下，进入泛区，至屈家店与北运河汇流后，小部洪水循北运河至天津入海河，大部洪水穿越北运河至放淤区后由金钟河入海。

在新石器时代后期到商代，永定河从八宝山以西到颐和园一带通过，而后，沿今温榆河方向流动。

在西周时期，永定河主流从八宝山以北向东流过紫竹院、什刹海，沿今坝河方向而行。

春秋到西汉时，永定河的主流从什刹海向南，经今三海，至天坛东出外城，向东南流。

东汉到隋朝时期，永定河是从蓟城南今凉水河方向通过的，此时叫㶟水、湿水、清水河。隋代，平原上的永定河叫桑干河。唐、五代十国时，永定河沿今凤河方向而行，也称桑干河。

三国魏时，公元250年，征北将军刘靖屯兵幽州，为解决军粮和发展农业生产，组织军士1000余人，修建车箱渠（引水渠）和戾陵堰（拦水坝），在三家店处引灢水（永定河）入高梁河，使蓟城南北灌田2000顷。这是北京历史上第一个大型水利工程。

北魏郦道元著《水经注》时代的灢水与今永定河河道并不完全一致。郦道元所记的河道在今永定河河北，东南流至渔阳郡雍奴县西（今武清县附近）入潞河（经文称为笥沟，是潞河的别名），也就是今北运河。灢水并非大河，但此篇不仅单独成为一卷，而且篇幅不小。在首句经文"灢水出雁门阴馆县，东北过代郡桑干县南"之下的这篇注文，长达六千字左右，是《水经注》全书中的长篇之一。这是因为此水流经北魏旧都平城（今大同市东侧），附近有许多旧都文物，而且均为郦道元所亲见，所以记载特详。其中注文"又迳平城两郭内"以下一段，记载了许多平城及其近郊的自然和人文景观，是今天研究北魏政治、经济、文化等各方面的重要资料。

辽和金前半期，永定河继续南移，在凤河和龙河之间流动。此时改称卢沟河，"以其黑故呼卢沟，燕人以黑为卢"。"卢沟河亦谓黑水河，河色最浊，其急如箭"，也有人称为"芦菰河"。从金代的后半期到元代，永定河南至礼贤而入龙河。元代也称卢沟河和浑河，还称小黄河，"以其浊流故也"。明清时，永定河只在今河道南北摆动。明代亦称卢沟河。

永定河历史上曾给北京带来过辉煌。金建都时曾以此运送木料石料，搬运物资。它也曾带来灾难。由于官厅一带河床与北京城区落差高达340米，每当暴雨袭来之时，它携带的大量泥沙顺流而下，淤积河床，使水患泛滥无常。从古至今永定河一直威胁着北京的安全。

卢沟桥渡口，从战国时代开始，就是北京地区沿太行山脉东麓通往华北平原的要津。据史籍记载，金代以前卢沟桥是木桥或浮桥，但因河水湍急，经常泛滥改道，木桥或浮桥也就随着河道的变迁而移动，引渡极为不便。

金定都中都后，为了便于各地的粮税、财富集中到中都，曾把瓮山泊（今昆明湖）的水引到高梁河，再向东开凿运河至通州，与潞水相通。金的统治者为了南下用兵并加强对河北地区的控制，1189年开始建联拱大石桥，1192年建成，定名广利，就是今天的卢沟桥。

元、明、清以来，虽动用数万两白银沿河修堤，但因封建政府腐败、战乱等，始终未能根除永定河下游水患，仅石景山段大规模决堤就有6次：元仁宗延祐二年（1315）麻峪段、明成祖永乐十三年（1415）衙门口段、明宣宗宣德九年（1434）衙门口段、明孝宗弘治二年（1489）养马场段、明弘治十八年（1505）衙门口段、清仁宗嘉庆六年（1801）衙门口段。每次决堤都给沿岸人民的生命财产造成巨大损失。

据文献记载，南惠济庙（石景山庞村南）是一座历史悠久、规模宏大的庙宇。初建于金大定十九年（1179），比卢沟桥还要早，因卢沟桥河水泛滥，而封平安侯神号。明代正统年间，在狼窝口处决堤又复建龙神庙，并派宛平县农户二十人于石景山至卢沟桥往来巡视。由于此处是交通要塞，河神庙又建在卢沟桥南，所以各代朝廷特别重视。

永定河为什么在历代统治者心目中占有那么重要的位置？金章宗对它封官许愿，封它为安平侯。哪条河有王侯的官衔？1698 年，康熙帝亲自御制碑文并特命抚臣于成龙负责治理河务，康熙帝对它寄予厚望，并赐名"永定河"。后来由于朝廷的重视，还刻过修永定河堤的堤记。其中《杨荣修卢沟河堤记》为："天下之难治者莫逾水，而治水之先者莫逾京师。故大禹之绩首在冀州，岂非以水之利害所系者大。而畿甸之内宜慎其以为宏远之图也。"以上数语道出此庙位置的险要及河堤防务的重要。

永定河洪水具有突发性强、洪峰尖陡等特点，并且挟沙居海河水系各河之首，素有"小黄河"之称。历史上永定河溃决迁徙为害至烈。仅清代自 1644 年至 1911 年的 268 年间，决口漫溢即达 78 次，平均每 4 年左右遭灾一次。自公元 17 世纪以来的 1626 年、1668 年、1801 年、1890 年、1893 年 5 次洪水均波及北京市区。如 1801 年，永定河石景山左堤漫决 5 处，计长 90 余丈，卢沟桥下南北两岸决口 18 处，总长达 3200 余丈，卢沟桥孔宣泄不及，洪水将桥栏石狮冲毁。北京城右安门外大桥被冲断，永定门、右安门外灾民多至两万余人，"人多避树上巢居"。《清宫晴雨录》载，当年 7 月只有四个晴天，一个月内降雨 600 多毫米，"宫内水深数尺，屋宇倾圮者不可数计"。又如 1890 年，大雨淋漓，"彰义门（即广安门）南西门（即右安门）外一带，平地水深丈许，洪流淹浸之处，室庐十不存一"。（御史何福奏折）而北京城内，"家家存水，墙倒屋塌，道路因以阻滞，小民无所栖止，肩挑贸易觅食维艰"。"大清门左右部院寺各衙门，亦毕浸灌水中"，"深则埋轮，浅亦及于马腹，岌岌可危"，"难以办公"。"并闻外城之永定、左安、右安各门，雨水灌注不能启闭，行旅断绝。一切食均不能进城"。（御史周天霖奏折）《天津县新志》载："永定河盛涨，天津受群流贯注，城不没者三版。"类此历次洪灾记述，史不绝书。

有一首歌谣：同治三年发大水，京西一代水连天。房倒屋塌牲畜死，妻离子散太可怜。黑豆用线穿串卖，树皮树叶也卖钱。……京西全被大水淹，皇上没给一文钱。

永定河原名"无定河"，经常泛滥成灾。清康熙皇帝试图靠自己的"金口玉言"改变其"无定""多灾"的状况，特地赐名"永定河"。但是，这并没有改变永定河泛滥的状况。

民国时期，华北水利委员会曾对永定河的含沙量有监测记载。

永定河含沙量最高纪录为民国十八年（1929）7 月 18 日，以重量百分比，在官厅者为 29.00%，三家店者为 38.67%，卢沟桥者为 32.67%。全年平均输沙量为 28 兆立方公尺，其间七、八两月为最多。

永定河之含沙量，随流量而消长，最大之含沙量多在洪水之时。较之低水之含沙量有大至数十倍乃至数百倍者。盖以洪水多为暴雨所致，童山峻扳，冲刷至易，而流量既增，速率亦大，故含沙特多。

含沙量与洪水流量之关系，似甚薄弱。例如民国十八年 8 月 3 日三家店测站之含沙量为 12.9%，其时流量为 2000 立方米/秒。而 8 月 5 日流量仅 1320 立方米/秒，含沙量反为 22.5%。同年 7 月 21 日流量在 850 立方米/秒，含沙量竟大至 30.7%。此二者，殆因水退复涨，土岸既经饱和，岸脚又受冲刷，坍陷特多所致。若在低水，流量与含沙量，颇有密切之关系，大致则流速越大，沙量越增。

新中国成立后，为了尽快减轻永定河流域的水旱灾害，未待流域规划完成，1951 年 10 月开工、1954 年竣工的官厅水库，把永定河拦腰截断，才使其真正变成永定河。下游又完成了整理工程，加强了两岸堤防与险工，固定了泛区。近 40 年来，又相继加高加固了卢沟桥以上左堤，修建了卢沟桥枢纽工程，整修了两岸堤防和险工，进行了泛区整治。并自屈家店以下新辟了永定新河，构成保卫北京和天津防洪安全的北部重要防线。

北京地区最早的水利工程

话说永定河最早的水利工程。北京平原地区的农业，已有长期发展的历史，虽然气候干燥，但年均降水量为 640 毫米左右。因降水多在夏季，适合农作物的自然成长。但是每年之间的实际降水量变化很大。雨多之年可超过 1000 毫米，极易造成水灾。雨少之年，有时不过 100 毫米至 200 毫米，又造成旱灾。特别是遇到长期春旱，影响极为严重。因此，为了保证农业的良好收成，就有赖于农田水利，特别是灌溉事业的发展。

早在三国时代，北京近郊就出现了较大规模的人工灌溉工程，这就是戾陵遏的建造和车箱渠的开凿。戾陵遏是一座拦水坝，建造在今日石景山（古梁山）南麓的永定河（古㶟水）上。车箱渠是一条引水渠，因所凿渠道呈矩形断面，形似古代车箱故名。它的开凿，则是把由戾陵遏分出的河水，平地倒流，经过现在的八宝山以北，向东偏北，只注入蓟城西北高梁河的上源，沿高梁河两岸再开支渠，使受益的土地面积多达 2000 顷。同时，在山洪暴发时，还可以疏泄猛涨的河水，减少洪水对下游的威胁。

最初倡导戾陵遏和车箱渠工程的，是曹魏时代驻兵蓟城，负责防御北边的"征北将军"刘靖。当时刘靖为了就地解决军队用粮的需要，计划在蓟城郊外屯田种稻。为此他亲自跋涉，寻找水源，勘查地形，规划工程，终于在公元 250 年组织军士千人修建了戾陵遏和车箱渠。

戾陵遏修在石景山（梁山）山麓，山上有个陵墓称作戾陵，拦水坝因此而得名。戾陵据称是汉武帝的儿子刘旦的坟墓。旦曾受封为燕王，驻蓟城，因谋反未成，自杀国除（即取消燕国）。他死后的谥号（即死后的封号）是燕刺王，"刺"（là）乃是"暴戾无亲"的意思。所以他的坟墓就叫"戾陵"。

戾陵遏的修建和车箱渠的开凿，对解决古代北京的水源和郊区的农田灌溉，很有成效。因此，在公元 262 年（魏景元三年），樊晨又出动兵士 2000 人，用工 4 万多个，重修了戾陵遏，从而把更为丰沛的河水注入高梁河，并在高梁河的上游，自西而东，增辟了一条水道，东趋潮白河（古潞河）。这一水利设施，不但大大增加了农田灌溉面积，而且沟通了蓟城东西相距 40 千米的两大天然水系。这在北京近郊水道网形成的历史上，是值得注意的一件事。

公元 295 年（西晋元康五年），戾陵遏因为年久失修，被山洪冲毁了 3/4。领工修缮这一工程的，正是刘靖的儿子，晋朝的骁骑将军刘宏，于是车箱渠和高粱河沿岸灌区终得恢复。

200年以后，公元516年（北魏熙平元年），裴延俊任幽州刺史。当时水旱灾害频繁，人民生活十分困苦。裴延俊认为疏通车箱渠的旧渠道，便可以避免水旱灾害。他亲自勘查地形，测量水道，因势利导，终于成功，灌溉农田达100余万亩，收到了很大的效益。

公元565年（天统元年）北齐的幽州刺史斛律羡又一次组织民工把高粱河水导入温榆河（旧易荆水），然后东注白河，以资灌溉。

戾陵遏和车箱渠的最初修建，开创了北京地区大兴水利的先声，也是历史上北京的劳动人民有计划、有目的地利用自然、改造自然的一个先例。虽然戾陵遏由于年代久远，早已湮废，但在北京西郊八宝山北麓仍有干河床一道，已为大量河卵石所淤填，这就是古代车箱渠的遗迹。因为元、明两代都曾利用过它，所以也还残留到今天。

值得注意的是，经过了1700年，在新中国成立以后，北京的永定河引水渠，就是在这条古代渠道的干河床的北岸开凿的，大致与之平行，引永定河水经玉渊潭注入城区。这项工程的胜利完成，又是和官厅水库的兴建分不开的。

（此文来源于侯仁之、金涛著《北京史话》）

永定河历史上的水利工程

要想在永定河畔的冲积平原上建造一座城市，历朝历代，永定河的治理都受到高度重视。

三国曹魏齐王嘉平二年（250），魏镇北将军刘靖主持修戾陵遏，开车箱渠。戾陵遏在今石景山附近，车箱渠沿今八宝山北麓开凿。自戾陵遏引永定河（当时称㶟水）水经车箱渠入高粱河，灌溉蓟城以北大片农田（故事详见永定河历史上第一个水利工程）。

曹魏元帝景元三年（262），樊晨主持改造戾陵遏，并延伸高粱河水道，灌溉面积为初建时的5倍以上。

西晋惠帝元康五年（295），六月，戾陵遏被洪水冲毁。镇守幽州的刘靖少子刘弦继承父志，主持修复工程。仅用五六个月即完工，恢复了戾陵遏和车箱渠的功能。

北魏孝明帝正光二年（521），时任平北将军、幽州刺史的裴延俊主持修复督亢渠（在今涿州）、戾陵遏。此前，戾陵遏已废毁多年。

北齐后主天统元年（565），镇守幽州的斛律羡主持修建蓟城高粱河灌区。该灌区引高粱河水，北合易荆（今温榆河上游）、东汇于潞（今潮白河），灌溉农田，促进当地农业的恢复和发展。

金世宗大定十二年（1172），三月，开挖金口河工程竣工。自金口（在今石景山发电厂内）引卢沟（今永定河）水经今石景山、海淀区南部一带至中都城，东至通州北入潞水，以利漕运。大定二十七年（1187）堵塞金口（今金沟河即金口河遗迹）。

金章宗泰和五年（1205），正月，调山东、河北、中都等地军夫改治中都漕运。据今人考证，是年前后，经今海淀镇西南一带台地开凿引水渠，引瓮山泊（今昆明湖）水入高梁和上源（今紫竹院一带）。这是北京历史上自西北郊玉泉山方向引水入城的开端。

元世祖至元二年（1265），著名水利科学家郭守敬建议重开金口河旧渠，以漕运燕京西山的木石材料，兴建元新都城宫室。为防止卢沟（今永定河）洪水，他还建议在金口西侧预开减河。至元三年十二月（1267年1月）该工程竣工。元成宗大德五年（1301）复将金口堵闭。

元世祖至元二十九年（1292），秋八月，通惠河工程开工。该工程由郭守敬设计并主持施工，至翌年八月竣工。这项工程自昌平白浮泉起开渠筑堰、引水西行，途中又汇集多股泉流，沿西山山麓转向东南，入瓮山泊，再向南经高梁河入海子（今积水潭）。同时整治金代旧闸河，自海子引水向东南经闸河入运河。通惠河上游昌平白浮泉村至瓮山泊一段称为"白浮瓮山河"，其走向与今京密引水渠昌平至昆明湖段的走向大体相同。当时主要目的不是济漕，而是利用这条水道运送西山采集的木料和石料，以供应大都城的建设之需。但是后来因为水灾的威胁，金口河又被堵塞了。

元惠宗至正二年（1342），五月，又兴工开凿金口新河，取水口上移至三家店附近。9月完工后，试水即告失败（故事详见三家店开运河）。

永定河历史上的洪涝灾害

水资源是一种动态资源，总是处在变动之中，趋于地区分布不均匀和时间变化大的特点，在短时间内，降水太猛、太多，或河流上游来水量过于集中，会发生水灾。人类的历史，在一定程度上可以说是同水做斗争的历史。人类文明最初的发祥地，往往就是趋于水之利和避水之害相统一的区域。

古人有"水可载舟，亦可覆舟"的至理名言，永定河同样如此，它可以造福于京城，如果对其掉以轻心，它若泛滥，也将对京城形成一定的威胁。据资料统计，北京历史上发生过许多次洪涝灾害。

晋、唐

晋惠帝元康五年（295）夏六月，西山洪水暴发，毁损（庆陵遏）3/4，乘北岸70余丈，上渠车箱，所在漫溢。

晋愍帝建兴元年（313），幽州洪水暴发，冲毁农田，人不粒食。

唐德宗贞元八年（792）秋，大暴雨，幽州平地水深二尺。

唐宣宗大中十二年（858）八月，幽州大水害稼。

辽、金

辽圣宗统和九年（991）六月，南京霖雨伤稼。

辽道宗大康八年（1082）七月甲午，南京霖雨，沙河溢。

金世宗大定二十一年（1181）九月，中都水灾。

元

至元九年（1272）六月丁亥，京师大雨。九月顺天淫雨。

至元二十六年（1289）八月辛酉，大都霖雨害稼。

皇庆二年（1313）六月，宛平县雨水害田稼。

延祐二年（1315）七月，京师大雨。

延祐三年（1316）七月，大水，自石经山金口经宛平、大兴至武清，浑河决口十几处。

元统元年（1333）六月，京畿大霖雨。

元统三年（1335）六月，大霖雨凡十三日。

（后）至元二年（1336）八月，大都至通州霖雨大水。

（后）至元六年（1340）二月，京畿五州十一县大水。

至正十八年（1358）秋七月，京师大水。

明

洪武十年（1377）七月，北平八府大水。

洪武十五年（1382），北平大水。

永乐元年（1403）三月，京师淫雨，坏城西南隅。

永乐二年（1404）八月，京师淫雨，坏城五十余丈。

洪熙元年（1425）闰七月，京师大雨，顺天水。

宣德三年（1428）六月，浑河水溢，决卢沟桥河堤百余丈。七月，北畿七府俱水。

宣德九年（1434）六月，浑河决东岸，自狼窝口至小屯厂，顺天水。

正统元年（1436）闰六月，顺天大水。

正统四年（1439）五月，京师大水，五月壬戌大雨雹。

正统九年（1444）闰七月，北畿七府大水。

正统十一年（1446）六月，两畿大雨。

景泰五年（1454）七月，京师久雨，九门城垣多坏。

景泰六年（1455）闰六月，顺天大水。

天顺六年（1462）六月，北畿大水。

成化六年（1470）六月，淫雨浃旬，潦水骤溢，京城内外房舍冲倒，损伤人命不计其数。

成化九年（1473）五月以后，骤雨连绵，水势泛滥，平陆成川，稼禾淹没，人畜漂流，庐舍沉打深渊，死者不可胜数，皆谓数十年未尝有。

成化十三年（1477）七月，京城霖雨连旬，坏民居室，京都民之被水患者，凡2200余家。

弘治二年（1489）三月十八日，大雨，远近沾足。六月，淫雨为灾，京城内外，房屋多有倾颓。

弘治十八年（1505）六月至八月，淫雨蔽翳，天雨连绵，京畿内外房舍倾颓，田禾淹没。

正德十二年（1517）四五月后，各处水患非常，京师内外顺天等府骤雨，为数十年来未有。

嘉靖十六年（1537），京师雨，自夏及秋不绝，房屋倾倒，军民多压死。

嘉靖二十五年（1546）六月底，北京连雨，西山水发，涌入都城数尺，坏九门城垣。

嘉靖三十三年（1554）六月乙未，京师大雨，平地水深数尺。六月戊戌，京师淫雨，漂没城垣庐舍。

嘉靖三十五年（1556）十月，以水灾免宛平等县秋粮有差。

万历十五年（1587）六月，京师大雨如注，官民墙屋所在倾颓，人口被溺、被压。

万历三十二年（1604）六月，昌平州雨水暴涨。七月，京师大淫雨。淫雨连绵，二月不休。

万历三十五年（1507）闰六月乙酉，京师大雨，沟洫皆壅闭，昼夜如倾，坏庐舍，溺人民，东华门内城垣及德胜门城垣皆圮。决沙河桥。

万历三十九年（1611）夏六月，京师大雨水。都城内外暴涨，损官民庐舍。昌平四月淫雨经旬，水深五六尺许，苗稼尽损。

万历四十一年（1613）六月，通惠河决。七月，京师大水。

天启六年（1626）闰六月，久雨，卢沟河水、西山洪水同时暴发，从京西御河，穿城经五闸至通州，城内水深五六尺，民多溺死，新旧房屋倒塌，不计其数。

崇祯五年（1632）六月，京师大雨。八月，又雨。九月，顺天府27县淫雨害稼。

清

顺治十年（1653）夏六月，北京淫雨月余，都城内外积水成渠，房屋颓坏。

康熙七年（1668）七月，昌平大雨七日，屋舍多浸没，禾稼尽淹。宛平水灾。

雍正三年（1725）七月，进京各地桥梁道路多被潦水淹没，六、七月间，京师雨水较多，城内积水。

乾隆二年（1737）六月，京城内外，因雨水坍塌房屋共644间。

乾隆三十六年（1771）七、八月，大雨连绵，河流盛涨、漫决，宛平县被淹220村。

乾隆四十五年（1780）七、八月，山水陡涨，永定河、北运河决口，低洼地亩秋禾被淹，房屋间有倒塌，宛平、昌平等县受水灾。

嘉庆六年（1801）六月，北京大雨连绵，只有4日晴天，北京西北部受灾重。

嘉庆二十四年（1819）七月壬午，永定河水漫溢，宛平村庄被淹。

道光三年（1823），昌平淫雨，稼禾尽伤。

道光十四年（1834），六月下旬，大雨连绵，诸山水骤发，宛平等6县俱因永定河漫溢被淹。

道光二十八年（1848）六月，昌平大雨伤人。

同治十二年（1873），闰六月甲午，京畿久雨。

光绪九年（1883），顺直属六月二十四日后，连旬大雨，势若倾盆。

光绪十二年（1886），京畿洪涝。

光绪十六年（1890），近畿淫雨成灾。卢沟桥下左岸决口，西山洪水自旱河南浸，阜成门、西便门一带洪水陡涨。京城外西、南、东三面均成泽国。

光绪十九年（1893）五月二十八日至六月初二日，永定河水陡涨。初八日以后，通宵达旦，大雨如注。十三日寅刻，雨势益疾，西山洪水暴发，进袭京城西南诸门。

中华民国

1922年7月26日，直隶、京兆突发大水，涉及40余县，南北铁路中断。

1924年7月4日起华北淫雨，15日、16日倾盆大雨，昼夜不息，京畿一带一片汪洋。

1925年8月5日，京畿大水成灾，宛平、昌平等20县被灾。

1939年7月，大雨成灾。南沙河、北沙河、南旱河、清河沿河村庄土地被淹。

1942年6月26日晚，雷雨交加，西北城一带雨势甚大，为近百年间所未有。

1949年8月上旬，降大到暴雨，今海淀范围47个村庄遭水灾，积水历时24小时至48小时，水深25厘米至70厘米，受灾农田1.33万亩，倒塌房屋3467间，死亡12人。

（资料来源：《北京市海淀区志》，北京出版社2004年4月第1版）

门头沟三家店开运河

元朝最后一个皇帝元顺帝（1320—1370）时期，中书参议李罗帖木尔和管理大都水利的官员傅左向皇帝提议，将麻峪附近开凿于金代的金口（闸）重新打开，恢复元初郭守敬开凿的运河，以运输西山的物资，发展灌溉，还可以用浑河（永定河）水补充通州大运河，把粮食直接从通州运到大都。

这个建议一提出，立即在朝廷引起激烈的争论。有的说不行，有的说行。反对派中，中书左丞相许有壬（1286—1364）言辞最为激烈。他说，当年金代开运河失败了，虽然郭守敬太史至元年间开成了运河，但30多年后因为浑河水势浩大，郭太史恐其冲毁沿途的村庄，威胁大都的安全，将他亲自设计、指挥开挖的运河又堵死了。即便运河开挖成了，如不设闸，水流湍急，会将堤岸冲毁；若设闸，泥沙淤积，难以行船。如果用人挖泥沙，终年累月永无休止，劳民伤财，徒劳无益。

丞相脱脱（1314—1355）是个年轻人，时年28岁。他27岁就当了中书右丞相，上任后革除弊政，深得民心，是元末有名的政治家，史称"脱脱更化"。脱脱年轻有为，一心想为朝廷办大事。重开金口、恢复漕运的巨大利益使他十分神往。他非常认真地听取各方面的意见。

当他得知民间有巧妙的排沙技术后，断然决定重开金口，恢复元初修建的运河。

至正二年（1342）五月，重开金口的工程开始，元政府从各地调集了数万民工，仅仅用了四个月时间就把运河挖通了，而且把麻峪孟家山原有的铁闸换成了铜闸，使闸门防锈能力提高，起闭闸门更加方便。还将原来设在麻峪村西的取水口，上提到三家店，使取水口更加安全可靠，运河的长度由原来的120里增加到130里。脱脱丞相非常高兴，可是他毕竟年轻，没有到工地认真检查工程质量，同时还做出了一个错误决定，让反对派的头面人物左丞相许有壬去主持放水工作。

80年前，郭守敬时任大都水利官员，他提议并亲自主持了那次运河的开凿工程。郭守敬是元代著名的科学家，曾经专门学习过水利，有很深的造诣，他主持过很多水利工程，经验丰富，巧思绝人。郭守敬做事十分严谨，经过充分的调查研究，他了解了浑河（永定河）的脾气秉性，进行了缜密的设计，然后从全国各地调集了大批石匠，参加这项水利工程的建设。取水口是用大块的石材浆砌成的，相邻的大石头之间有铁榫铆固定，险工险段都增加了石工，工程十分坚固，整个工程延续了两年。同元初郭守敬主持的工程相比，这次重开金口，无论是勘测设计，还是技术力量，都远逊于郭守敬时代，而且工期过于仓促，留有很多隐患。

许有壬对于脱脱不顾自己的坚决反对重开金口这件事，一直耿耿于怀，这次终于有了报复的机会。许有壬趁着下大雨，命令将闸门全部打开，渠水汇合沿途的雨水，向下游袭来，大都告急，朝野震动。此时，官民对重开金口一片讨伐之声。血气方刚的脱脱丞相也束手无策。在反对派的压力下，只好将当初提议重开金口的李罗帖木尔和傅左杀头，以平息众怒。

这次重开金口虽然失败了，但对于三家店、五里坨、高井、麻峪地区来说，意义却非同小可。就是在运河渠口工程的基础上，后来修成了兴隆坝灌渠，灌溉三家店到北辛安四万余亩土地，造就了这个地区六百余年的富庶与辉煌。现在三家店黄崖字渠口的拦水埝、大铁桥下的三道坝（闸）就是元代遗存下来的。

金朝是怎样解决漕运的

当北京城一跃而为金的都城之后，和历代封建王朝的都城一样，解决漕运便立刻成为金朝统治者十分重视的政治经济措施。

在我国封建社会时期，历代王朝为了聚敛全国农田赋税中的粮食，需要联络首都和产粮区的水道，包括河道、海道、运河等。把大批征收的粮食运到京城，用来满足封建皇帝及其家族的挥霍，以及维持庞大官僚机构和军队的开支，这就是所谓的漕运。

金朝的统治范围虽然只限于淮河、秦岭以北的地区，但还是想尽办法把从华北大平原征调的粮食，经由卫河、滏阳河、滹沱河、子牙河、大清河等河流，汇集到现今天津所在的地方，然后再循潮白河（当时称潞水，后来改称北运河），逆流而上，输送到中都城以东的通州

（今北京通州）。通州的"通"字取"通达"的意思，也就是这个时候命名的。每年漕运的数量少则数十万石，多则百余万石，在当时陆上交通运输还相当落后的条件下，不经水运，实在是很难完成这样庞大的运输任务。

不过，金代的漕运虽然沿途都是利用天然河道，但是在这条运输线的末端，即从通州以西至中都城约 25 千米的距离，没有天然河道可以利用，必须开凿一条人工运河接运，才能使这条水上运输线畅通，直抵中都城。但是由于中都城的地势比通州高出约 20 米，致使流经通州的潞河治水不能西引，为此必须在中都城一端另外寻找水源，才能顺地形高低开凿运河以接潞水。

但是中都城附近缺乏足够的水源，这就成了当时必须解决的一大难题。

早在三国曹魏时代，刘靖曾在今石景山以南，建戾陵遏，开车箱渠，这是北京城历史上最早的以灌溉为主的水利工程。金代为了解决漕运问题，也曾重开车箱渠，下游引水入中都北护城河，叫作金口河，然后又从北护城河开渠直达通州以接潮白河，沿河建闸，以节流水，名曰闸河。这样沿着潞水北上的漕船，就可以经过闸河转运到中都城下。但是金口河开凿后，每遇卢沟河洪水暴涨，波涛汹涌，直接威胁到中都城的安全，因此，后来又不得不把金口河河口关闭了。

当时也曾引用城北高梁河的水源，导入闸河。但是高梁河原是一条小河，水量有限，不得不增补水源。大约就在这时，开始考虑引用另外的水源。高梁河上源的西北相距约 7 千米处，越过一片微微隆起的高地，又一座小山平地崛起，叫作瓮山。山麓有泉，潴水为湖，就叫瓮山泊。这瓮山就是今日的颐和园内的万寿山，瓮山泊就是昆明湖未经开凿以前的旧称。瓮山泊的水原来向东北流注清河，金人另开人工渠道，把瓮山泊水引向东南，以接高梁河上源，然后再从高梁河别开支渠，引水下注闸河故道。但是终因水量有限，闸河难免浅滞，不得不兼用车辆运输，十分艰难。所以，金朝一代，运河水源问题始终没有得到很好的解决。

元朝是怎样解决漕运的

郭守敬（1231—1316），字若思，元代杰出的大科学家，河北邢台人。他在青年时代曾从学于刘秉忠门下，擅长水利工程和天文历法，精于测量学，对我国古代科学技术发展作出了重要贡献。

郭守敬是位有远见卓识的学者。早在大都城修建以前，他就意识到随着元代统治疆域的扩大，新都确定在北京之后立即会面临漕粮北运的难题，因此他是把大都城的水利工程作为修建大都城的必要条件，向元朝最高统治者提出建议的。

根据《元史·食货志》记载，元朝一年的粮食征收额达到 1200 余万石。除去现在北方等地的 220 余万石以外，其余各行省共征收 790 余万石，其中最多时要有 3 万石海运到京城，最少时也要有几万石。因此漕粮运输的任务相当繁重。元初即着力开辟南北大运河，同时大力发展海运，但是无论运河或者海运的漕粮，只能先到通州，从通州到大都这一段距离，在水源问题未能解决之前，只能依赖陆上运输，耗费甚大。每年仅仅车马费用便高达 6 万缗，而且"方秋霖雨，驴畜死者不可胜计"（《元史·郭守敬传》）。

郭守敬为了引水济漕，解决大都城的漕运，亲自踏勘大都城西北沿山地区的泉流水道，进行了精密的地形测量。他发现大都城西北六十里外的神山（今凤凰山）下有一眼白浮泉，出水甚旺，其地稍高于大都，可以开渠导引至大都城。只是中间隔有沙河与清河的河谷，地势低于大都。于是郭守敬决定首先引白浮泉水西行，从上游绕过两河谷地，然后循西山山麓转而东南，沿着平缓的坡降，并汇集傍山泉流，开渠筑堰，名曰白浮堰，导水入瓮山泊。又从瓮山泊浚治旧渠道，从和义门北水关入大都城，汇入积水潭内，从而为大都城开辟了前所未有的新水源。其下游从积水潭出万宁桥，沿皇城东墙外南下出丽正门东水关，转而东南至文明门外，与旧闸河相接。同时，郭守敬还沿河建立新闸以节制流水，具体来说，就是在坡度较大的河段，设置上下双闸，交替启用，以调剂水量，便于漕船通行。

新闸河从白浮泉引水处算起，下至通州高丽庄入白河（今北运河）处，当时实测总长度为 160 里 140 步。这项巨大的水利工程在 1292 年（至元二十九年）动工，转年秋全部完工。从此河运畅通，南来船舶，结队停泊在积水潭上。当时正值忽必烈从上都归来，"过积水潭，见舳舻蔽水，大悦"（《元史·郭守敬传》），遂命名为通惠河。

通惠河的开凿成功，在北京城市建设史上是一件大事。但是通惠河的上源，自白浮泉以下至瓮山泊这一段引水渠与西山大致平行，每当雨季，山洪暴发，引水渠道必为所毁。因此终元一代，通惠河的运输，仍难免遭到水源不足的困难。

此外，在大都城建成之前，因郭守敬的建议，还曾一度恢复了金口河（从大都城西 20 多千米的麻峪村（在今石景山西北）开凿的一条运河），当时主要目的不是济漕，而是利用这条水道运送西山采集的木料和石料，以供应大都城的建设之需。但是后来因为水灾的威胁，金口河又被堵塞了。

郭守敬不仅为解决大都城的水源作出了卓越的贡献，他在科学技术方面的创造发明，更为大都城增添了异彩。

明朝是怎样治理大运河的

公元 1402 年（建文四年）明成祖朱棣登基，第二年，把北平改为北京；公元 1420 年（永乐十八年）把首都从南京迁到了北京。

明朝迁都以后，北京就成了政治和军事中心，可经济的中心仍然在南方。为了满足日益增长的官俸、军饷和宫廷糜费的需要，只有把南方的财物和粮食源源不断地运到北京来。因此，交通运输成了迫切需要解决的问题。那时候，陆路运输全靠肩挑车拉，运输线长，时间久，耗费大。明太祖的时候，沿用元朝的办法，从海路运输。可海运的风险太大。一来海船常被风浪掀翻，二来沿海时有倭寇（日本海盗）出没，船队也不安全。这样，靠海运供应辽东（今辽宁南部）和北京的军需都非常困难，更不用说还要供给大批官员和行在（皇帝出巡时暂住的地方）的各项需要了。于是，南北大运河就成了连接北京和江南的命脉。

当时，人们把大运河分为南河、中河、北河三大段。北河中，从徐州北的茶城到临清（今山东临清县）的这一段叫会通河。元朝末年，会通河有些地方已经淤塞了。公元 1391 年（洪武二十四年）黄河在河南境内决口，大水漫过山东安山湖（今山东平县安山镇西），东入大海，把北起临清、南到济宁这段运河淤成了平地。

公元 1411 年（永乐九年），济宁州同知（副知州）潘叔正给明成祖上了一道奏折，说：旧会通河总共长四百五十余里，现在淤塞的有三分之一。如果疏浚好这段河道，不仅山东的老百姓可以免除转运的劳苦，而且对国家有无穷的利益。明成祖采纳了潘叔正的建议，下令让工部尚书宋礼负责调山东、直隶、徐州民工 16.5 万人疏浚会通河。

宋礼到了山东，首先勘查地形。那时候，黄河从河南兰阳（今河南兰考）向东南经徐州东流入海。从临清到济宁这段运河只有汶水（今山东大汶河）的水可以利用。元代的时候，为了解决这段运河的水量问题，在汶水边的堽（音钢）城筑大坝，使汶水南流，汇合泗水，在济宁南注入会通河。又在济宁以北修建一座水闸，提高济宁以北这段运河的水位。由于济宁以北的南旺是个南北狭长的小丘陵，地势比济宁高出好几丈。所以，水向北流不动，反而向南倒灌。元代一直没有解决这个问题，转运的漕粮数量很小。

宋礼察看完地形之后，反复思索着怎样才能解决汶水倒灌的问题，常常彻夜难眠。他一边想，一边在纸上画，一连好多天也没有想出什么好办法来。

这一天，夜幕低垂，宋礼借着烛光边看着地图，边伏案思考。突然门卫禀报有个农村老头儿前来求见，说他有疏浚运河的办法要和大人交谈。宋礼想，自己想了这么久，也没有想出个办法，一个乡下老头儿能有什么好主意？转念一想，反正自己想不出个头绪来，叫他进来聊聊天，休息一下也是好的。老头儿进来后，宋礼瞟了他一眼，见他 60 多岁，须眉皆白，身板硬朗，面如重枣，二目有神，心中不觉肃然起敬。宋礼问："你有什么事吗？"老头儿说："小民本山野农夫，家住汶水边戴村，姓白名英。见大人这几天来查看汶水，想是在为疏浚运河的事费心吧？"宋礼一听这口气，觉得老人似乎胸有成竹，就连忙让座，又问："老人有何高见？"白英说："小民和乡亲们为转运官粮，备尝辛苦，都盼早日修通运河。因此，在运送官粮的时候，常留心观察各处地势高低，河流走向。从这一带看，就数南旺地势最高，如能修筑大坝截住汶水，把水引导至南旺来，沿运河分别向南北流去，南支流到济宁天井闸，北支流到张秋入卫河（现在的运河），粮船就畅通无阻了。"宋礼听完，连连击掌叫好，说："承蒙指教，这正是我多日苦思而不能得到的答案！"

白英的这个建议，就是著名的"南旺导汶"策略。宋礼送走白英以后，连忙根据这个建议制订疏浚会通河的计划。他组织人力，同时兴建四项工程：在戴村筑坝截住汶水，不让汶水北流大清河入海；从戴村挖一条100多里长的新渠，把截住的汶水导入会通河；在堽城附近的洸河上筑坝，截住汶水流入洸河的老路；在坎河口筑坝，防止汶水水位升高以后从这里绕过戴村再北入故道入海。

完成了这四项工程，就解决了会通河水量的问题。宋礼还在南旺湖的南北和运河衔接的地方各修了一个水闸，关北面的水闸，水就往南流向济宁；关南面的水闸，水就往北流向临清，起到调节南北两端运河水量的作用。又在这段运河上修了38座水闸，及时蓄水和排泄。

由于白英的"南旺导汶"策略非常切合实际，疏浚会通河的工程只用了4个月的时间就完成了。大运河中最关键也是最艰巨的一段，水流畅通了。后来朝廷又派平江伯陈瑄治理了南河，使大运河全线畅通。

大运河加强了明朝南北经济的交流，减轻了人民转运官粮的痛苦。运河沿岸出现了一批工商业城市，促进了明代社会经济的发展。

大运河修通以后，宋礼和陈瑄都受到明成祖的奖赏，而在疏通会通河的过程中，真正起关键作用的是白英老人。他表现了劳动人民高度的聪明才智，在这项工程中做出了历史性的贡献。他应该受到最高奖赏。只因为他是农民，不仅没有得到奖励，就连史书上也只有寥寥数语的记载。我们应该恢复白英这位农民水利专家应有的历史地位。

清朝是怎样治理永定河的

在元、明、清时，朝廷都很重视两大水系，南北大运河的沟通和永定河的治理，南北大运河是经济命脉，永定河关系到京城命运。所以，历朝历代都不敢怠慢。

在清朝屡屡酿成水患的永定河，从顺治年间至乾隆年间，清政府拨巨帑对永定河水患进行治理。

永定河又名无定河、浑河，素有"小黄河"之称，河水中所夹带的大量泥沙，淤积在下游的河床上，致使下游经常决堤、改道，正像乾隆帝在一首诗中所描绘的，"永定原无定，千古冲帝京"。

康熙时期曾花费大量人力、物力对永定河进行治理。筑永定大堤，固定下游并把河水引入三角淀，使河水中的泥沙得到沉淀。至雍正时期，因三角淀积沙过多，河水不能及时排泄入海，河患又日益严重，至乾隆中叶，永定河已"六改道"。

为治理永定河，乾隆多次视察永定河，他认为"永定河之所以为患，独以上游曾无分泄，下口不得畅流，经行一路，中梗磅礴"，提出在其上游蓄洪拦沙，中游疏浚分流，下游改移下口的综合治理方案。

乾隆初年，采纳治河名臣高斌的建议，在永定河上游的宣化黑龙湾、怀来和合堡等地修拦洪滞沙大坝，"就近取石，堆叠玲珑水坝，以勒其凶暴之势"，"层层拦顿，以杀其势"。

对中游的治理，则采纳鄂尔泰、方观承等人的建议，修建金门闸减水坝，改建其他草坝、土坝，疏浚河道，分流减水。

在对下游的治理上，意见最为纷纭：顾琮主张筑堤、散流、匀沙；鄂尔泰主张建闸坝、开引河；孙嘉淦主张引河南行，复其故道；方观承则主张改移下口，另寻沉积水中泥沙的处所。直至乾隆二十年（1755）乾隆才作出大规模改道的决策。当河水流经永清县贺尧营后，折向东流，挖引河20里，把永定河引入凤河，再流入沙家淀，沙家淀方圆百余里，永定河水中的泥沙在淀中沉淀后流出，使得下游不致很快被淤塞。

第四章　永定河畔的村落文化

在永定河畔有许多古老的村落，由于历史悠久，文化底蕴深厚，美丽的神话传说在民间流传。山名、地名、村名、寺庙等名称的由来，有远古的，有历朝历代的。这些传说，让人陶醉，仿佛进入一个五彩缤纷的神话世界。传说中往往会有历史的影子，还有古地理知识。永定河畔，名山荟萃，古刹错落，有着浓郁的宗教文化和丰富的民俗文化。让我们去捕捉传说中留下的历史影子。

桑干河的传说

很早以前，在古涿鹿地方有个偏僻的小山村，村前有一条半里多宽的小河，在河岸旁的一间茅屋里，住着一对年过半百的夫妻。因为茅屋前有一棵大桑树，人们唤男的为桑叔，称女的为桑婶。这一对夫妻膝下无儿无女，二人相依为命，桑叔放牧，桑婶喂些鸡鸭，换得衣食度日。两口子都心地善良，举步怕伤蝼蚁命，爱惜生灵。

一天，桑叔到山里放羊，捡到一颗小蛋，桑叔以为是鸟蛋，便揣在怀里，带回家中。桑婶一看更是喜欢，便在一个瓦罐里垫些干细草，将蛋儿放在里边。过了几天，蛋壳破了口，从里边爬出一条小蛇，老夫妻不忍将小蛇舍弃，便精心喂养起来。小蛇渐渐长大，便帮着这对老夫妻看家。黄鼬不敢来偷鸡，恶狼不敢来叼羊。

转眼之间，几个春秋过去了，小蛇也长成了大蟒，老夫妻喂养不起它了。一日清晨，桑婶就对蟒说："你现在可以独自谋生了，到外边寻东西吧！"蟒听后，昂起头来，朝二位老人拜了一拜，便告别出来，来到街门口，又回头朝二位老人拜了一拜，便摆尾去了。

蟒来到外边，开始以捕捉鸟虫为食。日久天长，鸟虫捉不到时，野性萌生，吃起猪羊来。猪羊填不饱肚子，它便来到河边，把要涉水的商人、过客吃掉。吃饱了，便喝那河里的水。它喝一次水，水落三尺，它再喝一次水，水再落三尺，喝到第三次，把河水都喝干了。从此两岸禾苗枯焦，闹得民不聊生。因此，人们称这条河叫"三干河"。

这件事传到官府里，一些狗腿子便给那官出主意。说这条蟒是龙种，如果把它捉住杀掉，它肚里有取不尽的珠宝。这个州官是个爱财如命的人，听罢立即差人去捉大蟒，把当年养蟒的人拿来问罪。

再说这大蟒，它虽然残害生灵，却不忘桑叔桑婶对它的养育之恩。每隔几日，便回到家中看望二位老人。这天，它又回来，只见桑叔和桑婶正相对落泪，便问道："二老因何伤心？"

"哎呀，孽障，只说是让你出去独自谋生，你到外边，竟伤害人命，把河水吸干！现在官府派人到处捉拿你，逮你不着，便查访养你之人，找到我们头上，限三日让我们将你捉送官府，不然就要我们老两口的性命……"说罢，夫妻二人又悲泣不止。那蟒听了，也流下泪来，乖乖地盘伏在那里，对两位老人说："二老不必难过，过去是我不好，听凭二老处置吧，只要对二老有利，我死也甘心！"两个老人听了，同时摇了摇头。桑婶道："我们只是盼你改邪归正，造福黎民百姓，怎肯为了我们老两口私利，白白让贪官挖走你满腹珍宝，如腹中有宝，那就想法给黎民百姓造福吧！"那蟒听了，感动得连连屈伸说："二老放心，我这就为百姓造福，不过，得用二老一样东西。"

"只要是为百姓造福，你要什么都可以。"二位老人说。"那就把门前这棵大桑树给我一用……"蟒说罢，便爬到那棵大桑树上去，紧紧地把树身缠住。它将头挂在大树上，时而抬起，时而低下，不住地吸那桑树汁，一直吸了两天两夜，到第三天头上，直吸得桑树叶片脱落，树枝焦黄。这时，那蟒扬起头来，朝着西方的天边喷了一道长虹。瞬时，天空彤云密布，狂风大作，下起瓢泼大雨来，直下到三干河上游波涛滚滚而来。波涛滚过小山村的河道时，忽然空中又一声霹雳。这时，只见那桑树上面，淌下一股清水，清水从茅屋前流过，直流进河里，潜进滚滚波涛，直奔东海去了。据说，那股清水就是蟒的化身。河里从此又有水了，灌溉田园庄稼，润泽两岸果树。但是那棵大桑树却再也生不出枝叶来，因为它的津液都化成虹了。

为了纪念它，人们便把三干河改称"桑干河"。

现代考古证实，200万年以前，永定河畔上游的桑干河，阳原一带是一个面积达9000多平方千米的天然湖泊，湖中螺蚌遍布，鱼虾成群。湖边有茂密的森林、广阔的草原，大量哺乳动物在这里生存，古人类也在这里繁衍生息。之后，由于造山运动，湖底上升，交错移动，湖水大部分流走，只剩下现在的桑干河。由于昔日的湖泊逐渐消退，泥河湾地层裸露出来。"泥河湾盆地""泥河湾文化遗存"已成为古人类学、古地质学、古动物学、古气候学研究的圣地，被誉为东方人类的故乡。

涿鹿的来历

很久以前，涿鹿不叫涿鹿，叫逐鹿。为啥呢？这里面有个故事。

传说蚩尤被黄帝打败后，身边只剩了几十个人。城池丢了，粮丢了，后面有追兵，跑来跑去，他们跑到长满竹林的山前。

只见这里山清水秀，鹿儿欢叫。蚩尤被黄帝追得无处躲藏，便一头钻进了竹林里，黄帝的追兵就找不见了。俗话说："人急不知饥。"蚩尤跑着不觉得饿，在竹林里一躺下，肚子里就"咕咕"叫了起来。可竹林子里，地上是青草，头顶是竹梢，飞的是小鸟，跑的是鹿，哪有粮食呀？蚩尤饿得受不了了，就琢磨开了：吃青草竹叶吧，没味；吃飞鸟吧，抓不着。琢磨来琢磨去就在四条腿的鹿身上打起主意来了，招呼了手下人，每天抓鹿吃。蚩尤和他手下的人，都是大肚汉，一吃就是许多只鹿。

鹿也不傻，一看你吃它那么多伙伴，你一抓，它就跑。好好的生灵，谁愿意叫人给吃了呀！它一跑，蚩尤就带着人追。追呀，跑呀，平平静静的竹林里就不安宁。生灵这东西，都随着环境变。鹿为了不被捉着，越跑越快，慢慢地就练成细脚长腰飞毛腿了。蚩尤为了活命，你跑到哪儿，我追到哪儿。就这样，蚩尤和鹿在竹林里越闹腾越欢了。鹿斗不过蚩尤。就成群结队地离开竹鹿山，从此，再也不回到这地方来了。

生活在竹鹿山的人们，靠着鹿生活哩。鹿一跑，人们就恨上蚩尤了，暗暗地把他藏身的地方告诉了黄帝。黄帝为了除掉蚩尤，竟放了一把火，把满山的翠竹子都点着了。结果，蚩尤没烧死，死里逃生，漫山遍野的竹子却被烧光了。就这样，竹鹿山既没有竹子也没有鹿了，成了光秃秃的石头山。人们恨这件事是由蚩尤逐鹿引起的，就将竹鹿山改名为逐鹿山。这地方也就更名叫成了"逐鹿"。

后来人们深知鹿是蚩尤逐跑的，竹林是黄帝放火烧毁的。两人都有过错。当人们见到这里水源没有让他俩给毁掉，便都原谅他们的所作所为。于是，就把逐字去掉了"走之"，加了个"三点水"。这就是竹鹿山改名为逐鹿山，逐鹿山改名涿鹿山的原因。

（资料来源：《涿鹿风物传奇》）

永定河畔的神话传说

霞云岭乡地名的由来

霞云岭乡位于房山区的西北部。霞云岭地名源自一个远古的美丽神话传说。当你立于花盆山上，仰视霞云岭村的后山时，不用联想，一眼就看到后山宛如一把巨大的太师椅。桑田变沧海，这里曾是一片汪洋大海，有一龙王坐在"龙椅"上发号施令。方圆百里都由龙王来管辖，龙宫就在今天的霞云岭。由于龙王坐过的"龙椅"是宝物，所以，每天早晚都会发出一片金色耀眼的光，远远望去，好像一片金灿灿的云霞，霞云岭由此而得名。

四马台村名的由来

四马台村也位于房山区的西北部。很久以前，霞云岭乡四马台村发生了一件奇事：在一个风雨交加的夜晚，震耳欲聋的雷声伴随着耀眼夺目的闪电，隆隆地响个不停。那情景，真使人心惊胆战，个个吓得用棉被蒙住了头，连大气都不敢出。

村子里的人都没有睡着，各自想着自己今后的命运。有些胆大的人怀着好奇心，舔破窗户纸，想看看究竟是怎么一回事。

这时天空中又响起了一个霹雳，那闪电把整个大地照得如同白昼。在光亮中，只见有四匹骏马，两白两黑，上面骑着四个勇士，正打得难解难分。地上躺满了横七竖八的尸体和受伤的战马，那情景真是悲惨极了。

忽然，两匹黑马腾空而起，把两位勇士带向高空，那两匹白马紧接着也飞了起来。四匹马在村中的平台上盘旋而上，忽而就不见了。

风停了，雨住了，四周死一般的宁静。

这一夜，人们眼巴巴地熬到天明，等赶到夜里的激战地点一看，竟什么也没有。人们连说"怪事"，个个惊诧不已。

有的说是天兵天将在操练，也有人说是阎王派阴兵在捉人犯。众说不一，都说见鬼了。但不管怎样，四匹马在村中盘旋而飞大多数人都看见了。因为这个缘故，这个不知名的小村就冠以"四马台"的大名。

雁翅镇地名的由来

雁翅镇位于门头沟区的中部。很久以前，从日出的地方飞来一只五彩缤纷的大雁，这只漂亮的大雁从天上看到草窝里有一枚大雁蛋还没有孵化，就飞下来卧在这个蛋上，想孵出大雁来。刚卧了一会儿，天气就忽然变冷了，紧接着鹅毛大雪纷纷地飘落下来。这只大雁没有飞走，卧在那儿一动不动。雪越下越大，先是把大雁的头埋没了，接着脖子和身子也被大雪覆盖住了，只有两只漂亮的翅膀露在外面。这时大雁想扇动一下翅膀活动活动，可是扇不动，翅膀被冻僵了。

就这样，大雁的左翅化为北山，右翅化为南山，身子变成了平坦的土地。后来有许多人迁移到这里，形成了自然村。人们听到这个传说，又看这里的地势很像大雁的翅膀，就管这个地方叫雁翅。久而久之，自然而然，就把这个镇叫雁翅镇了。

斋堂镇地名的由来

斋堂镇位于门头沟区的中部。斋堂作为京西古镇，兴盛于辽代。斋堂镇附近的西北方向，有一座始建于唐代的灵岳寺，该寺规模宏大，建筑雄伟。据传，当时灵岳寺香火极盛，来往僧众颇多，为解决众僧的食宿，此地逐渐成了名为斋堂的古老村镇。这座唐代所建、辽代重修的古寺，又几经夷毁，几经修葺。至今这座体现元代建筑风格、具有很高研究和观赏价值的古代寺庙仍然保存完好。

近年来，文物工作者考察发现的辽统和十年的一座经幢上，铭刻着"斋堂"字样。辽代以后，斋堂逐渐发展为京西边陲政治、经济、文化中心，这里既成了兵家征战之地，也曾是名人、隐士寄居的理想场所，留下了大量供人观览、寻幽探奇的历史遗址。

燕家台地名的传说

在门头沟区龙门涧有许多的传说，流传最广的是燕家台名称的由来。相传元朝时，一些大臣就选中了燕家台、龙门涧作为皇帝修建陵墓的地方，但当皇帝带着大队人马亲自来查看时，一进燕家台村口就看见一块青石板上写着一首民谣："晏驾台，晏驾台，王孙公子住下来；一月二月瘦成柴，三月四月买棺材；五月六月天气暖，尸体烂了没人埋！""晏驾"是皇帝死了的叫法，把燕家台改为"晏驾"台，对皇帝当然是个不吉祥的兆头，再加上民谣里对王孙公子的诅咒，皇帝就认为这里不是修陵墓的地方，怒斥了大臣们一顿便拨马而回了。其实，龙门涧的美景他们并没有看到。燕家台的群众用智慧保住了他们美丽的村庄。

龙门涧还有过山鸣的传闻。据当地老乡讲，夏日阴雨天气，山谷里有时会发出古战场厮杀的怪声，可能是山里有一种带磁性的东西，录下了古时的声音，在适当条件下还能放出来。据说北京一家电台的人，为了揭开这个秘密，曾趁阴雨之夜潜入龙门涧深谷，可惜没有遇上山鸣。秘密虽未解开，但人们不再把龙门涧看成一个可怖的魔谷，而是一个奇特美丽的游览胜地了。

房山区地名的由来

大房山，属太行山余脉，为房山平原与山区间第一道屏障。秦代称大防岭，东汉时改称大防山，隋代称防山，五代时又称大防岭。得名与古代兵事有关，因其山势雄峻，且地形复杂，沟壑纵横，易守难攻，故得名大防山。自金代起称大房山，主峰猫耳山，又称茶棚岭，海拔1307米。金大定二十九年（1189），为奉山陵，始析良乡、范阳、宛平三县边地，置万宁县。金明昌二年（1191），改万宁县为奉先县。元至元二十七年（1290），改奉先县为房山县。

石景山区地名的由来

石景山系由石灰岩构成的孤立山峰，海拔183米，占地面积约25公顷。

石景山又名骆驼山、石井山、石经山、石径山、湿经山。"骆驼山"是因此山形似骆驼而得名。清代震钧著《天咫隅闻》云："石景山正临浑河（即永定河），由西来，侧面视之正如伏驼之负物。""石井山"一名是因山上有石砌古井。据实地考察，该山东天门下30米处确有一眼石井，井口直径30厘米，井筒直径2米，井深约120米。从井旁古槐及庙宇玉皇殿推断，此井有300多年历史。"石经山"之名是因该山有石经台和存放佛经之洞穴而得。据《日下旧闻考》载："山有石经台、普观洞、普安洞、还源洞、孔雀洞……其地当石经台之阴，殆即藏经处也。"在此书之前，明人《重修净土寺添置田亩碑记》早已记述："金阁寺自晋唐以来所藏石经，碎而言断，岩穴鲜有藏焉。"今山上南天门以北的摩崖上，还隐约可辨"石经山"三字石刻。"石径山"是元代以后所易，是由"经""径"音同形似而来。关于"石景山"之名《帝京景物略》里记载："出阜成门而西二十五里，曰石景山，山故石耳，无景也。"意思是石景山上只有石头，没有其他景致，其实这可能正是此山以"石景"命名的原因。因为它"崖壁千仞""巍峨峥嵘"，雄踞永定河边，恰如一处天设地造的石景。"湿经山"一名，源于唐僧取经归来，经过山下永定河时经文落水沾湿的民间传说。

石景山独立永定河畔，对洪水之患有中流阻击之势。清著名诗人王士祯《登石景山浮图诗》中云："浑河荡山来，石壁如动摇。"清康熙帝在巡视永定河水害时亦称："永定河安流顺轨，无冲荡之虞，居民乐业，岁获有称，功之赞佑，念石景山居河上游，捍御宜。"

石景山古迹很多，主要有金阁寺、玉皇殿和碧霞元君庙、舍利宝塔等。

丰台区地名的由来

丰台是很有名的，丰台二字，与金代的京中都城有关。所谓"丰"是指金时南城丰宜门，"台"是指金大定时的拜郊台，在丰宜门外，又称拜天台。辽金时，逢重五、中元、重九三节都在此拜天。《宸垣识略》指出："丰台疑即拜郊台，因门曰丰宜，故目为丰台。"

金以后，由于城垣大幅度变迁，金代遗迹逐渐淹没，丰台的地名却流传下来了。

海淀区地名的由来

古时，海淀镇附近为一片浅湖水淀，曾名"丹棱沜"，后称海淀。元代时已成村落。至明代，水面仍然很大，有"十里荷花海淀还"的诗句。最初开发海淀的人们在淀边定居，遂以"海淀"或"海店"称呼。元初，王恽《中堂事纪》中载："中统元年赴开平，三月五日发燕京，宿通玄北郭。六日午憩海店，距京城二十里。"这是海淀地名的最早记录，至今700多年了。

海淀历史上曾是著名的鱼米之乡，水乡泽国，海淀二字与水有关。不过，它不是一般意义的海，而是历史上人们对生态环境及大面积水域的湖泊的一种俗称，如京城的北海、中南海、什刹海的称谓。据《元史·河渠志》："海子一名积水潭，聚西北诸泉之水，流行入都而汇于此，汪洋如海，都人因名焉。"海淀称谓由此而来。

中关村名的由来

今日，中关村之名享誉天下。一提起中关村，人们立刻会联想到高科技。中关村正式得名是在新中国成立以后，选择这里建中国科学院，觉得"中官"二字不好，才改名"中关村"。

关于中关村的名称来历，一说：清代某中官（宫内官僚，即太监）于此置立庄田，故名中官村，后谐音更今名。另一说：原名"中官坟"。"中官"是太监的意思。因该地葬有不少太监，故名。后来区域内居民人数增多，形成小村，人们忌讳"坟"而改称村并讹为中关村。至清末，"中关村"这个地名才流传下来。

其实不然，查查明清正史、野史、民间资料，皇宫里的太监及其他官职都没有这个称谓。因此地是荒地、坟地、菜地，又没有什么历史遗迹，也没有什么名声。所以，新中国成立前后，海淀区沿革图中没有中关村这个地名，中关村地名一直是个谜。

2003年6月，在中关村医院内建造花房时挖得一块完整的墓碑，上面清晰地刻着：御膳房钦加四品，总管张进福之墓，光绪元年四月二十四日。可见，此人给光绪皇帝当御厨，死后皇帝赐碑，享受的待遇很高。光绪元年是公元1875年，光绪当皇帝第一年，才3岁。那就是说，此人在同治帝、咸丰帝时就在给皇帝当厨师，三朝御厨。既然是皇宫里太监和御厨里的人的墓地，那这里就应该是他们养老送终的地方，也就是养老院。那么，这里应该有一座不大的寺院供他们居住养老，或因为寺院火灾而废弃，使得这里成了荒地、坟地，在它近邻的南面还有保福寺、三才堂。

总管张进福是皇宫里御膳房的文职四品，仅次于正三品的按察使，相当于地方官员的道员，级别相当于现在的区长待遇。年纪老了或病了或退休了便移居到这里，因为当过御厨总管，所以，聚集在这里的退休太监和其他人都叫他总管，因口音的差异，久而久之，便叫他中关，形成村落后，便叫中关村。但只是口传，没有记载中关村之名来源于此。

还有一个现象，北京有20多座太监养老寺庙、养老道观、养老尼姑庵都在京城西北部，尤其是海淀区居多。如八里庄、恩济庄、蓝靛厂的立马关帝庙、青龙桥的金山宝藏寺、北安河的福寿寺、香山的五花寺、海淀镇的三宫庙、南安河的云通观、北安河的秀云观、白石桥的咸兴观、巴沟村的裕华庵、青龙桥的大悲庵等。

根据古代葬俗礼仪，因为是要到幽冥的地方去，墓葬区在西北方。所以，太监们选择养老的庙、寺、观、庵绝大部分偏于京城的西郊，这是根据堪舆学选择的。西北方为乾，其象为天、为君、为父，他们希望能在此获得适量的阳气。

车耳营村名的由来

车耳营村坐落在海淀区凤凰岭脚下。明代的车营曾驻扎这一带，日久呼为今名。

明将戚继光在镇守边关时，边备修饬，蓟门晏然。继光，字元敬，"隆庆二年（1568）五月，命以都督同知总理蓟州、昌平、保定三镇练兵事"。《明史》云："继光乃议立车营。车一辆用四人推挽，战则结方阵。"他认为"寇入平原，利车战。在近边，利马战。在边外，利步战。三者迭用，乃可制胜"。于是在北京西山一带建立车营。在昌平城设"左车营参将一员，火攻营参将一员，右车营参将一员"。明末清初《昌平山水记》中称"左车营，右车营"。北魏石佛东南关帝庙碑云："于是，京都西山车儿营关帝庙第一代住持志海募化重修。"《光绪昌平州志》书载："车儿营距城四十里。东至聂各庄四里，南至山，西至山，北至山。东南至西埠头五里，西南至山，东北至台头五里，西北至山。"《光绪顺天府志》称"车儿营"。1953年修整地名册时，将"儿"换成"耳"，去掉儿化音，添耳，造成词义难解。

古老美丽的传说故事众多，不胜枚举，犹如一座"口述民俗博物馆"诉说着永定河畔的美好故事。

永定河畔的幽幽古道

在永定河畔西部、北部的崇山峻岭中，峰峦叠翠，沟谷纵横，古道蜿蜒，是京西及北部通往外界的交通孔道。虽然已被今日的109国道、108国道、110国道、丰沙线、京张线、京广线、京九线、京沪线等铁路替代，但古道遗迹，历史悠久，文化传承，源远流长。

西部及北部至今仍有许多著名的古道，如南口古道、古北口古道、灵山古道、王平古道、仓米古道等，在这些地方又有许多分支的古道，如庞潭古道、芦潭古道等。这些地方原先人口稀少。古道开通后，村落渐起，人气兴旺。有的古道旁，还建有城堡、驿站、军事隘口。

古北口古道，位于密云区东北部，地处燕山山脉，曾是南控幽燕、北捍朔漠的边关重镇，也是北京通向承德及东北地区的捷径。这里两山对峙，地势险要，有"一夫当关，万夫莫开"之势。古北口村早在春秋战国时期就有了村落，隋朝设"军镇"，唐朝设"守提"。明洪武初年建古北口关，名将戚继光曾在此驻防。清朝设顺天府。它是北京的北大门，自古有"燕京门户""京都重镇"之称。古镇由于地处边关，早期商业繁荣，各地商人带来了不同的生活习俗，各民族相互融合，使古北口民俗具有了多民族特色。古北口道又是清朝皇帝避暑承德的必经之路，使这里又增添了许多皇家气息。

清时期的古御道，全长1500米，其中有清时期保存至今的老铺面房10处，有石桥、三眼井和御封井等景观。围绕古街还有北口瓮城、老爷街、药王庙、关帝庙、城隍庙、古戏楼、琉璃影壁、杨令公庙、玉皇庙等庙宇景观，形成"一纵四横"的古街。

著名的古北口长城旅游区包括卧虎山长城、蟠龙山长城、司马台长城、古北口古镇、西沟（黄金探险）和万寿行宫等景区。古北口长城蜿蜒曲折、起伏跌宕。享誉中外的司马台长城，就是古北口长城中的一段，其惊、险、奇、特，被誉为长城之最。

南口古道，历史上称为"神京右臂"。《魏书》称"南口"为"下口"；《北齐书》称其为"夏口"；《元史》叫"南口"。八达岭以上叫"上口"，所以，它设有南北两个关口，南名"南口"，北称"居庸关"，亦称"军都关"或"西关"。其间有八条通道即所谓"太行八径"，关沟内的居庸关即为"第八径"。居庸关山势陡峻，有"绝险""天险"之称，自古为兵家必争之地，"重门天险设居庸，百二河山势转雄"，它是北京西北的门户，也是通向西北及蒙古高原的天然孔道。

古代所称的居庸关就包括八达岭和南口。早在春秋战国时，燕国就扼控此口，时称"居庸塞"。汉朝时，居庸关城已颇具规模。此后历代历朝，居庸峡谷都有关城之设。公元1449年明皇帝朱英宗领兵50万在这条道上与蒙古瓦剌军交战大败；1644年闯王李自成亲率大军进攻北京也是走的这条道；1900年慈禧太后西逃时也是走的这条道；1905年我国工程师詹天佑沿古道主持修建的第一条京张铁路贯通南北；南口古道之北的榆林堡古驿站至今还保持着清朝时的模样。

居庸关两旁，山势雄奇，中间有长达18千米的溪谷，俗称"关沟"。这里清流萦绕、翠峰重叠、花木郁茂、山鸟争鸣、风景绮丽，有"居庸叠翠"之称，被列为"燕京八景"之一。

延庆区地处居庸关和八达岭要塞，自古以来就是南北交通要道。从西汉到明代，延庆区经历了七度废兴。因战乱废弃州县建置时，居民大规模迁徙到长城以南，重置州县，居民来自四面八方，故今日延庆区居民之祖先，仅能从明代算起。由于明清以来，州县建置相对稳定，居民大部分来自明代戍守境内长城的卫屯士兵，大部分为江淮人士和山西洪桐县移民。

著名的鸡鸣驿站，位于官厅水库西北，始建于元代。1219年成吉思汗率兵西征，在通向西域的大道上开辟驿路，设置"站赤"，即驿站。到明永乐十八年（1420），鸡鸣驿扩建为京师北路的第一大驿站，相当于今天的 110 国道。鸡鸣驿这座保存基本完好的古城仍不失当年风采，有着极高的历史价值，是国家级重点文物保护单位。

沿河古城位于门头沟区狮子沟沟口的崇山峻岭中，在太行山余脉黄草梁、青水尖两山夹峙之下，汹涌的永定河水奔腾回旋，地势极为险要，自古以来就是军事重镇。

在沿河口村至洪水口村及灵山古道一带数十里山上，现存空心敌台 17 座，这是北京内长城的一部分。这些敌台，或建在绝壁隘口上，或建在群山之顶，有的还连接一段城墙，气势磅礴、雄伟壮观。

行走在门头沟区王平古道上，野草野花自长于路的石缝中，生机勃勃地点缀着不再有驼铃声声的幽幽古道。眼前的景色不由得让人想起那家喻户晓的诗句："长亭外，古道边，芳草碧连天。晚风拂柳笛声残，夕阳山外山。"

京西古道以"西山大路"为主干线，连接着纵横南北的各条支线道路，其中的中道、南道、北道为其主要组成部分。远古的烽烟、民族的交往、宗教的活动、筑城戍边以及古道、西风、瘦马等数不清的神奇故事散落或留存在古道两侧，它是那个时代经济、文化的具体象征，从中我们可以深刻感受到时代的变迁和历史的足音。京西古道距今有数千年的历史，它所蕴含的厚重文化和灿烂的永定河流域文化叠聚成辉。

京畿西山，远古时就有人类活动。古道在门头沟区蜿蜒盘旋，日久年深，给永定河畔增添了一道人文景观。从商旅通行到朝拜神庙，从攻防战守到贸易往来，从古都兴建到民族文化交流，如果有什么能够跨越时间与空间，那么只有这些掩映于山中的古道。京西古道作为一种文化，愈显珍奇，是古代文明的重要标志和历史见证。

王平古道是京西古道中最美丽、丰富的一个部分。它由西山大道、玉河古道、永定河岸古道和一些分支古道构成，背依层峦叠嶂的九龙山，俯瞰蜿蜒曲折的永定河，全长约 45 千米。其中玉河古道保存基本完好，有着上千年的历史。尤其是有着两千年左右历史的西山大路北道，是最具代表性的历史文化遗产。壮观的京西古道在王平口会集，被称为"过山总路"。漫步古道，你会依稀联想到古道悠悠、西风猎猎的远古情境以及商旅不断的古道盛况，还有古道沿边日进斗金的商户，鳞次栉比，叫卖声此起彼伏。每日五六千匹忙于长途运输的驼、马浩荡而至，驴马嘶鸣，蹄窝遍布，而且时有拥堵，构成了一幅蔚为壮观的昔日风景画卷。

王平古道两侧遗迹众多，不胜枚举，蹄窝遗存、马致远故居、关帝庙、三义庙、各种碑志刻石、关城、碉楼等。古道上的牛角岭关城是当时捕衙南乡与王平口巡检司的分水岭，也是重要的收费关隘，被称为京西古道的第一隘口。

1956 年，北京市政府修筑了门潭公路，即由门头沟的河滩经戒台寺到达潭柘寺的公路。这是新中国成立以来，北京市第一条长途公共汽车线路，也是第一条郊区旅游线路。

古人云，路是人走出来的。就是说陆地上原本没有路，有人走了路就出来了。古有古道，今有国道。后来，陆地上有了公路、铁路。如今更有环绕北京的 11 条国道往来各地，沟通四方。

永定河畔的黄金台

在古籍《东周列国志》《长安客话》《日下旧闻考·形胜》及成语故事里都提到有关黄金台的故事。

成语故事"千金市骨"或"千金买马",意思是比喻重视人才,渴望求得人才。成语来源于《战国策·燕策》:臣闻古人之人君,有以千金求千里马,三年不能得。

公元前332年至公元前320年,齐国两次攻打燕国,燕王哙和相国子之死于战乱中。燕国人不愿做亡国奴,纷纷起来反抗。他们找到燕王哙的庶子职,拥戴他为国君,就是燕昭王。燕昭王公元前311年至公元前279年在位,原来流亡在韩国,后被赵国护送回国。公元前284年(燕昭王二十八年),联合五国攻齐,派将军乐毅攻破齐国,占领齐国70多城,这是燕国最强盛的时期。

燕昭王即位以后,眼看国家受到很大破坏,田园荒芜,民生凋敝,非常痛心。国破家亡的惨痛教训时时激励着他。于是,他积极改革政治、整顿军事、发展生产,决心要报亡国之恨。为了招聘更多有才能的人跟他一起筹划富国强兵的大计,他先去拜访了一位名叫郭隗的先生,推心置腹地对他说:"我知道我们燕国现在十分弱小,要向强大的齐国报仇雪恨,当然不是一件容易的事。可是我们不报这个仇,怎么对得起我们的祖先和燕国的百姓呢?老百姓吃够了齐国军队的苦头,报仇心切,如果能得到许多有才能的人来辅佐我,使国家迅速强起来,那就好了。先生,请你指教,哪里有这样的人才呢?"

郭隗笑了,说:"大王,我先给您讲一个故事吧。据说古时候有一种骏马,名叫千里马。这种马跑起来跟飞一样,可快啦,骑上它,一天就能跑一千里,所以叫作千里马。可是这种马非常稀罕,很难找到。有一位国王听说有这么一种马,很想弄到手,就贴出告示说,愿意拿出一千两金子来买这种马。可是等了三年也没有买到,国王很着急。他身边有个主管清扫宫廷的官员,自告奋勇,说:'我四下里去找找看。'国王答应了,把一千两金子交给他。这个官员出去跑了三个月,好不容易发现了一匹千里马,可惜死了。他很失望,想想总不能白跑一趟吧,就花了五百两金子,把马头买下来,回报国王。国王一见大发雷霆,气得跳起来,说:'我要的是活的千里马,你给我弄个死马的脑袋来,管什么用!还花了我五百两金子,你是拿我要着玩吧!'那个官员不慌不忙地回答说:'大王,您别发火,活的千里马不久就会有人送来啦!'国王气还没有消,问:'谁给送来?'那个官员说:'您想想,天底下的人看您连死马都肯花五百两金子买下来,何况活的呢?天底下的人知道您的确是肯花高价购买千里马,所以一定有人把活的千里马给送来的。'国王还不大相信。结果不到一年,真的有人送来了三匹千里马。"

燕昭王听到这里问郭隗:"先生,您说这个故事是什么意思呀?"郭隗说:"现在大王如果是真心实意要招聘天下贤才的话,请您就把我当作马头,先从我这里开始吧,假使大王对像我郭隗这样的人也非常器重，那么，比我更有才能的人还用说吗？他们难道还会嫌路远不来投奔大王吗？"

这一席话使燕昭王深受启发。他特意给郭隗建筑了豪华的公馆，让他居住，恭恭敬敬地拜他为老师。这件事很快传开了，大家都知道燕昭王非常器重人才，真正思贤若渴，一些有真才实学的人也就争先恐后地投奔到燕国来，之后，魏国的军事家乐毅、赵国的大将剧辛、齐国的阴阳家邹衍、纵横家苏秦等人先后来到燕国。传说，燕昭王专门为他们修筑了一座高台，上面堆放着黄金作为聘礼，在他们抵达燕国的时候，燕昭王亲自拿着扫帚为他们清扫道路，表示对他们的尊敬。那座放金子的高台就是著名的"黄金台"。

这就是最早有关黄金台的故事情节，其历史也很久远了。

战国有 250 年的时间，燕昭王时期已经是战国的中晚期，从春秋开始燕国有三座都城，即下都（今易县）、中都（今房山）、上都蓟城（今北京）。有易县说、大兴说、朝阳说，所以，有关黄金台故事发生的地点也就众说纷纭，黄金台到底在哪里，却扑朔迷离。

燕国虽然有三座都城，但是，永定河畔的蓟城（今北京广安门一带）是统治者的最高军事行政指挥机关，有豪华的宫殿。另两座都城只是作为防御性的陪都。所以，设黄金台的位置面向南方，招募人才，永定河畔，夕阳照射黄金台，金光闪闪，即"金台夕照"的由来。

这个"黄金台"就在今大兴区礼贤镇西门外一处黄土高埠。礼贤镇位于永定河畔，是一座历史悠久的古镇。早在春秋战国时期，这里就已形成村落。相传，是由燕国的招贤馆演变而来的。其地处交通要道，是当时通往燕国都城的重要驿站。

明朝万历年间曾重修金台寿峰寺。寺中有一副当时文人书写的木质楹联，长丈余。上联是："黄金台畔犹闻郭隗之言"；下联是："即墨城边宜识乐生之志"。上联说的是公元前 314 年，齐国乘燕国内乱，攻陷燕国都城蓟，杀死燕国国君，掠其子女，焚其宫室，使燕国濒于灭亡。燕公子职在赵国的扶助下于乱中即位，他就是历史上著名的燕昭王。公元前 312 年，燕昭王为报辱国之仇，召集燕人，准备攻打齐国。郭隗对燕昭王讲了不惜用重金买骏马骨架的故事，启发昭王首先要"卑身厚币以招贤者"，励精图治。下联说的是燕昭王亲自在这里设馆招纳贤士，以礼相待，"士争趋燕。乐毅自魏往，王以为亚卿，任以国政"。这样经过 28 年的苦心经营，燕国终于强盛起来。公元前 284 年，燕使乐毅为上将，统燕、秦、韩、魏、赵五国之师伐齐，攻下 72 座城，"入至临淄，尽取齐室，烧其宫室宗庙"，报了辱国之仇。后因乐毅久围即墨，期年不克，有人向昭王进谗言告乐毅欲"仗兵威以服齐任，遂南面而王耳"。燕昭王不为所动，遣国相以功封乐毅为齐王，乐毅誓死不受，以明其志。

据说，清代礼贤镇的招贤馆占地数亩，建筑精细，书房和戏楼都雕凤刻龙，清康熙帝曾为戏楼题写了"钧天""蜃楼""镜花"三块匾额。招贤馆门楼高大雄伟，门扉两侧有石刻楹联，上联"礼贤下士"，下联"雅歌投壶"。20 世纪 60 年代初期在残存的门楼上仍可辨认出这副楹联的字迹。

由于年代久远，黄金台难以觅寻，但是，那段发生的历史故事却没有被后人忘记。古代诗人拿来写文作诗，还把它列为"燕京八景"中唯一的人文历史，使其享誉天下。

如今，繁华的地铁10号线的金台夕照站、朝阳区的金台路，以及大兴区的礼贤镇、招贤馆，这些地名都是叙述那段辉煌历史的记忆。

位于朝阳区东三环中路北侧3号院内的财富中心西南角的"金台夕照"的大石碑应是后人为补足燕京八景，或敷衍京城东边有景（四面八方）而补造的。

永定河畔的大槐树

在北京西部及北部民间流传着的民谣"问我祖先在何处，山西洪洞大槐树"，已成为海内外流传千古的民谣和槐乡后裔追根溯源的指南。

据文献记载，从明洪武元年（1368）至永乐十五年（1417）近50年的时间内，明朝政府在大槐树下广济寺院设局驻员，编排队伍，发放"凭照川资"，先后18次大规模移民于京、冀、豫、鲁、皖、苏、鄂、秦、陇等18个省市，500多个县市。这对于当时医治战争创伤、巩固明政府统治地位、恢复战后经济及促进民族融合都起到了积极的推动作用。由此，洪洞大槐树成为闻名全国的明代迁民遗址。洪洞大槐树移民因范围最广、规模最大、时间最长，被称为"移民之最"。

元末明初，不断有农民起义爆发，他们和统治者的斗争，使山东、河北、河南等地的人口减少，土地荒芜。明政权建立后，为了巩固政权，恢复耕作，合并州县，在民间实行移民垦荒政策。明朝洪武移民，永乐迁民，两次重大迁移长达半个世纪。当时中原战事频繁，人口锐减，而山西却风调雨顺、人丁兴旺。明政权把农民从人多田少的地方，移到人少地广的地方。山西当时人口400余万，因此，明代开始从山西向河北、河南、山东移民。洪洞县地处要道，这里就成为移民的中心。上述的民谣就是依此而产生的，门头沟区、房山区、延庆区的山区里有些村镇的祖先就来自洪洞县。

那时，这些地方人口稀少，荒无人烟，至今留下许多移民时的古道，如灵山古道、王平古道、南口古道等。古道往来，人气兴旺，还产生了许多与移民有关的传说。

据传，有一年，洪洞县衙门派了差役到各乡各村贴告示，说皇上下了旨意，要从洪洞县所有村子往外移民，只是大槐树底下的人不搬。这下，整个县人心惶惶。住在坡上的人也不嫌陡了，谁放着好好的日子不过，乐意搬家呢！你瞧吧，投亲的投亲，奔友的奔友，走门子的走门子，干啥？想方设法往大槐树底下搬家。

大槐树底下原来是个小村，几天工夫成了大村，外头新搬来的老百姓在村子四周盖满了马架子窝棚、小土房，原来的村子像滚元宵似的，越滚越大。到底有多少户，谁也说不清了。

这一天，天还没亮，县衙门忽然调来好些兵，包围了大槐树底下，村上的人一个也不许出去。第二天，天一亮，县太爷就坐上轿子来了，说："皇上新下了旨，别处的百姓不搬，大槐树底下一户不剩，一人不留！圣旨一到，立刻全走。谁不走，杀！"

百姓知道上当了，可没法子，只好搀上老的，扶着小的，哭哭啼啼离开了老窝。道上，谁也跑不了，兵跟着呢。不知走了多少天，才到了延庆。你知道多远？好几千里地呢。

甭看来时不乐意，可到了延庆地面赶都不想走了。咋的？一来路远想回去也不成了；二来延庆这个地方看着也不赖：四周绿幽幽的山，围着一道平展展的川，中间流着一条清亮亮的妫水河。山上有柴，川地种庄稼，河水浇田，人勤俭点儿，照样过日子。就这样，人们在这儿住下了，越过得日子长，越觉得这儿好，人也越来越多，地方也越来越热闹了。

把大便、小便说成"解手"，据说，就是来自大槐树下移民那时候。

因为移民是强制性的，人们穷家难舍、故土难离，用各种方法反抗着。移民官员和押解的差人，怕他们半路逃跑，在编队定员之后，便把他们捆绑起来，才肯上路。先是大绑，即绑住两条胳膊，行动起来很不方便。后来又改用"小绑"，每人只绑一只胳膊，几十个人连在一条绳子上，相互牵连在一起，一人要动，牵动别人，谁也跑不脱。因此，无论在行路当中，还是晚上歇息的时候，如果其中有人要大便或者小便，就恳求押解的差人，把他们捆在胳膊上的绳子解开。最初时，人们为了把意思传达清楚，话说得比较完整："请大人把我的手解开，我要大便（或我要小便）。"由于人多，路上解绳子次数也多，不仅麻烦，而且耽误时间，但由于这种办法安全，人跑不掉，所以再麻烦，再耽误时间，差人也不敢去改变它。后来说得多了，渐渐就把原来的话简化了。先是说："给我解开手。"就知道他是要大小便；后来干脆简化成"解手"。只要有人高声喊"解手"那就是他要大小便了。一路如此，天天如此，"解手"之声，充斥耳鼓，大家说顺了，用得也习惯了。

到了新的住地，差人给他们松了绑，按路上的编队定居下来，在新的地方，开始新的生活，这时候，他们手虽然解开了，没有人看管他们了，大小便时也无须再先报告，更无须等人"解手"了。但由于迁民路上的那段生活在脑海里刻下了深深的烙印，人们都忘却不了，时而总要提及，也由于路上时日很长，说得成了习惯，仍然说大小便是"解手"。久而久之，"解手"就成了大小便的代名词，沿用至今。

据传，从大槐树来的人脑瓜不笨，一个个都挺灵的，都挺能干的，为啥？因为那会儿有办法的机灵人才能往大槐树底下搬。整个洪洞县的机灵人全集中到大槐树底下了，之后，他们把这种聪明智慧又都带到了门头沟、房山、延庆等地。

当年，洪洞县人刚迁来那会儿，延庆县西白庙村只有八户，叫老八户。八户八姓："张、杨、栾、施、赵、肖、王、穆。"如今一个村分成了老白庙、新白庙两个村，共三百多户了，外姓的后来也搬来住，如今姓已十多个了。

门头沟区的古老村庄爨底下村现在有四十多人，全村所有人家都姓韩，共繁衍了十七代。当问起他们的祖先来自何处时，他们会向人们诉说一段段生动的故事。"问我祖先何处来，山西洪洞大槐树。问我老家在哪里，大槐树下老鸹窝。"这句民谣数百年来妇孺皆知，爨底下村人讲起从山西移民时，仍有萦怀之情。聪明的爨底下村人的"爨"就让后人有无限联想。

永定河畔的玫瑰园

玫瑰园位于门头沟区的妙峰山上,海拔1290米,是北京小西山最高峰。玫瑰花是北京特产之一,妙峰山玫瑰园的生态环境是,坐北朝南,簸箕形盆地,山高日照长,气候温良,土层深厚,水分充足。风景区以"古刹、奇松、怪石、玫瑰花"而闻名,堪称"华北一绝"。

初夏,5月25日至6月20日,妙峰山近万亩玫瑰迎来盛开的季节,届时妙峰山漫山遍野,紫红一片,香飘满谷,蔚为壮观。漫步山间小道,弥漫山谷的玫瑰馨香扑面而来,紫红的玫瑰花映入眼帘,这也是游人观赏玫瑰花的最佳时节,踏着晨露上山,披着朝霞徜徉在花的海洋中,一睹玫瑰的芳容。届时游人在园中可自采玫瑰晾干泡茶,也可向当地的花农讨教自制玫瑰酱等,景区特制的玫瑰食品可供游人购买品尝,如玫瑰饼、玫瑰酱、玫瑰黄芩茶等。尤其是涧沟、禅房的"金顶玫瑰花"以其花冠大、香味浓、含油多而闻名。

妙峰山的玫瑰花以品种纯正而驰名,玫瑰花大、瓣厚、色艳、香浓、味甜、品质优异,具有极高的经济价值。妙峰山的玫瑰花已有千余年的栽培历史,早在辽代时期妙峰山仰山栖隐寺的僧众已将鲜玫瑰花提炼成玫瑰油贡纳皇家,辽时更是作为珍贵礼品赠送宋朝皇室;宋宣和年间更以金字牌下军令的方式责令燕山府"置玫瑰油一百斤,岁以为例",元朝太医忽思慧《饮膳正要》所注玫瑰功效为生津、止渴、治嗽,制成饼为药膳,清乾隆帝曾御批"祭神点心用鲜玫瑰饼,亦不再奏"。妙峰山玫瑰香气清淡悠远,是玫瑰的上品,珍贵的香料。

上午5时至9时采摘的呈杯状、半开、花药淡黄的花朵,含油量最高。玫瑰精油是优质香水和甜烈酒的贵重成分。生产1000克玫瑰精油大约需要2600千克玫瑰花,用它制作的优质香水因之而名贵。

观赏玫瑰花的最佳之地:一是妙峰山阳山玫瑰种植(观光园)基地;二是景区的西侧——玫瑰花圃。

妙峰山属典型的大陆性季风气候,四季分明,昼夜温差大,使得林木资源茂盛,野生动物繁多,农作物连年丰收,各种水果风味独特,由此形成了一幅美丽多彩的画卷,春天山花烂漫,夏天溪水潺潺,秋季花果飘香,冬季白雪皑皑。辖区内有远近闻名的妙峰山旅游风景区、辽代著名的皇家寺院——仰山栖隐禅寺、末代皇帝爱新觉罗·溥仪的英文教师庄士敦的别墅等,充分利用优美的自然风光开发了嬉水湾、虎山居、灵溪科普教育基地等旅游景点,还有极具民俗风情、地方特色的农家小院。

房山霞云岭堂上村

永定河畔有个堂上村。

沿北京西南 108 国道，穿良乡，过坨里、河北镇，进入植被茂密、崇山峻岭的霞云岭乡，再沿山路前行 20 余千米，即可到达半山腰的红歌源堂上村。山上植被茂密，生态环境优良。

霞云岭乡堂上村位于海拔 2161 米的百花山主峰白草畔山腰，中国房山世界地质公园内。当今，让霞云岭人感到骄傲的有两大景观，一是霞云岭属世界地质公园范围内的自然景观，受到保护；二是堂上村是《没有共产党就没有新中国》词曲创作地，"红歌源"为北京市爱国主义教育基地。

永定河畔堂上村

村前，一股清澈山泉在村边哗哗流淌，"山有多高，水有多高"，显示着山清水秀。堂上村海拔 1000 米，有 350 户，千余人，民居错落有致地排列在山腰。因有中堂庙而得名堂上村。

大房山，太行山余脉。史称大防山，历来就是军事屏障，南北交通要道。从西汉到明代，因战乱县置变迁，居民大规模迁徙到长城以南。重新置县时，居民又来自四面八方。故今日房山及霞云岭一带居民之祖先，大部分来自明代时河北和山西洪洞县移民，所以，姓赵的、姓罗的、姓刘的较多。"问我祖先在何处，山西洪洞大槐树。"

堂上村至霞云岭一带，抗日战争前属国民政府房山县第九区。地处房山西北部，峰高谷深，地老天荒，交通不便，基本处于与外界隔绝状态。土地稀少，人口居住分散，从这一村到那一村，几乎都要翻山越岭。过去有"一溜十八台"之说，各村周围一里半里的平地都极少，不少村子以"台"命名，如堆金台、四马台、龙门台、庄户台、王家台、石板台等。

这里旅游资源丰富。有 5000 多亩灌木林和 800 亩落叶松林，有 40 多万株成年果树。北邻圣莲山自然风景区，西与河北野三坡景区相连，南与十渡景区隔山相望，东过石花洞景区。林木覆盖率为 72%，山峦重叠，气候凉爽。春季山花烂漫，夏季气温凉爽，秋季果实累累。

这里矿产资源丰富。红肖梨是霞云岭乡的特色水果，曾经上过国宴，它颜色鲜艳、清脆可口，可以化痰止咳、润肺、健脾，具有很好的保健功效，特别是每到春季梨花盛开的季节，走进红肖梨专业村三流水，几千亩的梨园，一眼望去，"忽如一夜春风来，千树万树梨花开"。秋季时，有苹果、柿子、核桃、栗子、红果、山楂、红肖梨等果品供游人采摘。

北京大清河水系——大石河的源头，古称圣水、燕水、琉璃河。源于百花山西麓，经霞云岭、佛子庄、河北庄、磁家务，诸泉汇流，蜿蜒曲折，到坨里流出山谷，过平原至房山城东南汇入琉璃河。每道沟谷都有泉水溪流，叮咚作响，正是霞云岭的灵气所在。沿途林木葱郁，岸柳成行，清澈的河水，滋润了两岸的肥田沃土，也养育了霞云岭人。

红歌源

村口映入眼帘的是一块椭圆形的汉白玉大石雕，雕刻着江泽民题写的、著名书法家张瑞龄书写题记的"没有共产党就没有新中国"。这块石头也是精心挑选的，由建材之乡房山区南尚乐镇精艺雕刻厂的石匠大师精心雕刻。

村里建有"没有共产党就没有新中国"纪念馆。天津市音乐家曹火星1943年10月在此地创作了脍炙人口的《没有共产党就没有中国》歌曲，伴随着中国革命唱遍了大江南北，成为一首家喻户晓的不朽歌曲。1950年的一天，毛泽东听到女儿李讷唱这首歌，纠正说："没有共产党时，中国早就有了，应当是'没有共产党就没有新中国'。"2001年，盛逢中国共产党80华诞，江泽民挥毫题写"没有共产党就没有新中国"。6月27日，纪念雕塑题词仪式在堂上村揭幕，举行了盛大庆典。为了发挥启迪教育作用，2006年依山就势，建设了1800平方米的纪念馆。展览运用文字、摄影、绘画、浮雕、蜡像等技术手段，展出照片800幅、油画1幅、浮雕1幅、蜡像1尊、幻影成像1部，陪舞伴唱的有霸王鞭表演队。歌曲从革命战争时期唱起，一直唱到社会主义建设新时代，久唱不衰，历久弥新。这首歌反映了历史的真理，表达了人民的心声。普通的山村，不朽的歌，使这里成为"红歌源"、圣歌诞生地、红色旅游村。

世界地质公园白草畔园区

2006年，经联合国教科文组织地质公园国际会议评审，北京房山世界地质公园被评为"世界地质公园"。

房山世界地质公园共有8个园区，涞水野三坡、涞源白石山两个国家地质公园，北京房山周口店北京人遗址，石花洞溶洞群，十渡岩溶峡谷，上方山—云居寺，圣莲山以及百花山—白草畔生态旅游区，总面积953.95平方千米，其中房山区490平方千米。

百花山—白草畔生态旅游区，位于房山区史家营乡和霞云岭乡西北部和河北省涞水县。由东北—西南走向的百花山和白草畔中山地貌组成。在地质构造上属百花山—白草畔复向斜。百花山海拔1991米，白草畔主峰高2161米，是京西南两座著名的生态名山，被人们称为"姊妹山"。山主体部分岩性为中生代燕山期火山岩，区内多安山岩石柱、石峰、石梁，地形崎岖，景色优美。火山岩东南两侧为古老的石炭、二叠纪灰岩、板岩及煤系地层。在四马台村北部，白草畔南侧多出现溶洞，如龙骨石堂、老道洞等，海拔约900米，是房山区海拔最高的溶洞。

从白草畔沿8000米长的山梁，可达东北端的百花山。山顶有一片不大的夷平面，因花草生长茂密，有"五花草塘"之称，百花山也因此得名。百花山多奇峰怪石，如仙人桥、望海石等。它们多系第四纪冰川遗留下的冰劈岩柱、冰缘城堡。据调查，这里有野生维管束植物127科、811种。其中苔藓类植物24科69种，可观赏花卉植物近200种，药用植物400余种。野生动物较多，约有166种，分属于47科、102属。其中鸟类有130种，兽类25种，列为国家重点保护的有褐马鸡、金钱豹、斑羚等。白草畔在北京地区被称为"华北天然动植物园"。

白草畔是河北省太行山腹地保留的唯一一处安山岩石林和森林相匹配的生态系统。安山岩呈红色，发育了许多奇特的岩柱景观，有的像人，有的像物，造型奇特。安山岩地貌上发育了大面积原始森林。石林加森林，号称"二林竞秀"。

白草畔园区面积113.95平方千米，是北京生态公园之一，也是北京地区唯一能乘车直达山顶的旅游景点。白草畔，霞云岭，自然风光，北京最美丽的地方。

永定河畔幽州村

永定河畔有座古村落——幽州村。

幽州，即幽州村，现属于河北省张家口市怀来县官厅镇，位于官厅水库下游，永定河畔，上距官厅镇20千米，下离北京门头沟区沿河城境界约12千米，在河北省和北京市地域交界的西山。

过沿河古城穿永定河峡谷沿6米宽的新柏油路，到达有河北界碑的位置后继续西行，通过仅能让小卧车或农用车通行的基石路（铁路路基基石），行驶十分钟就看到一座跨永定河的桥，桥架是铁质的，桥面是铁路用水泥枕木铺设的，桥对面则是幽州村。

村里没有任何标志显示是幽州村，村委会也没有挂牌。村边仅有丰沙线四等小站有幽州站名，但列车不停站。村坐北朝南，呈东西向，海拔约500米。仅有约百米长、约2米宽的小巷为一条村里的大街，路面是鹅卵石铺设的，高低不平。村屋大部分为明清时的四合院，是河滩的鹅卵石垒砌的，房屋低矮错落，陈旧的灰色调。村两头有两个小卖部就是村里的日杂商店。村中间靠河边有一小庙，仅有一个和尚也出远门去了，庙门紧锁。据村里老人讲，以前还有一座大些的关公庙，"文革"时拆毁了。现仅有一间旧房的小学校，已无琅琅读书声。

幽州村地处深山，周围山峰海拔都在千米以上。永定河流经村前，沟谷纵横，高山耸立，地势高峻，气温偏低，干燥多风，原生植被稀少。村里仅靠河滩台地零散地种植一些杂粮及果树，有玉米和苹果、枣树等。土质瘠薄，沙化严重，几乎看不见成片的庄稼地。

据老人讲，幽州现在的村民，在明清时从山西大槐树下移民到门头沟的青白口和下马岭一带；抗战时期，门头沟属敌占区，村民又从青白口和下马岭迁徙来到这里。现有村民100多户，400余人，大部分人姓杜。据杜姓老人讲，幽州这个地名也不知由来，但时常有人到村里来寻访，村里也有几户挂着农家饭的牌子。

据老人讲，幽州村民国前属河北省宛平县，民国后划归怀来县。村里的年轻人都在门头沟斋堂一带打工，即使再远一点的地方，也都是在斋堂镇转乘私家车或雇车才能回家。

门头沟历史悠久，一万年前东胡林人在此繁衍生息，春秋（公元前770年—公元前476年）时期属燕国蓟地，秦至南北朝（公元前221年—公元589年）时期，西部属上谷郡蓟县（包括幽州），东部主要属于广阳郡、燕郡。隋（589—618）为蓟县地。五代及辽初大部为玉河县地。辽开泰元年（1012）为宛平县地。金、元、明、清四代均隶属京师宛平县（包括幽州）。民国三年（1914）属京兆地方宛平县。民国十七年（1928）改直隶省为河北省（包括幽州）。1948年12月门头沟解放，划为北平市第十八区，1949年6月改为第十二区，1950年6月改称北京市第十六区。1952年9月将河北省宛平县，房山县的河北、周口店两个区，石景山模式口以西地区与北京市第十六区，合置北京市京西矿区。1958年将河北省房山县划归北京市，矿区京鸡台、河北及周口店三个区划归房山县，撤销京西矿区，其余改称门头沟区。

古人为什么要选择在这深山峡谷中居住下来，有两个原因，一是有永定河水源，二是避开战火。可见，当时的涿鹿之战，阪泉之战是很激烈的，所以，给自己的小部落起名——幽。这是幽静，与世隔绝，世外桃源。

幽州村地名，即炎黄时期的幽州。幽州的西北约90千米的地方就是著名的古涿鹿，涿鹿是5000年前，黄帝、炎帝、蚩尤交战之野，也是中国历史上第一次民族融合的地方，千古文明开涿鹿。以后，炎黄的后裔各处迁徙，最后在黄河流域形成华夏民族。

在距幽州村东北约90千米的延庆有上阪泉和下阪泉，两村南有清泉数眼，故名阪泉。现泉水干涸，过去曾为延庆一景。关于阪泉，史籍记载颇多。如《史记·黄帝本纪》中载："轩辕（黄帝）乃修德振兵与炎帝战于阪泉之野。"唐《括地志》记："阪泉今名黄帝泉，妫州怀戎县东五十六里。"怀戎即今怀来县，按旧城考证，古阪泉正是今延庆区的上、下阪泉。

上古时，炎帝和黄帝在北京附近爆发了三次大战，史书所说的"阪泉之战"，就发生在今延庆区上阪泉村和下阪泉村，黄帝收服了炎帝，并在北京附近的涿鹿建立了都邑。

黄帝部落在涿鹿建立北京地区最早的都邑，称幽都。黄帝之孙颛顼曾于幽陵（北京地区）建城，"幽"成为北京地区的代称。"五帝"之帝喾时，北京地区为天下九州之一的幽州。到了尧时叫幽都，舜帝时叫幽州。"幽"字在商周铭文中表示"黑"色，意思是在五行中代表北方。

幽州、幽都、幽陵之地名，都是北京最古老的地名。先秦时就有这些名称，史书典籍多处有记述。

《尚书·尧典》载："申命和叔，宅朔方，曰幽都。"是说尧命令和叔居住在北方，那地方叫幽都。幽都，指北方极远的地方。远古称，日没于此，万象阴暗，故名幽都。北称幽，则南称明。都，谓所聚也。

《尚书·尧典》载："流共工于幽州。"是说舜命令把共工流放到幽州。

《史记·五帝本纪》载："北至于幽陵"，意思是：黄帝之孙颛顼到过北方幽陵。又载"申命和叔，居北方，曰幽都。便在伏物"，意思是，帝尧命令和叔住在叫幽州的北方，审慎地预报储藏谷物的时日。又载"请流共工于幽陵，以变北狄"，意思是：舜向帝尧报告，请求把共工流放到幽陵，变为北狄。这些意思与《尚书·尧典》基本一样。幽陵，即幽都。

《尔雅·释地》载："燕曰幽州。""燕"指战国燕地，即今北京市、河北省北部、辽宁西部一带。

《周礼·职方》载:"东北曰幽州。"《吕氏春秋·有始》载:"北方为幽州,燕也。"

从典籍的记载可以看出,幽州、幽都、幽陵三个地名几乎同时期多处出现。炎、黄、蚩尤先祖三帝都生活在涿鹿、延庆、幽州三地。三地在地理上呈倒三角形,均处在永定河畔,在河畔繁衍生息。幽州村——就是那时炎黄后裔形成的村落。而后,幽州一名被历朝历代使用。

北京地区最早叫幽州,也叫幽陵。在这里建立的都邑为幽都,即北京地区最早的都邑。幽都又被称作聚,也就是聚落之意。聚落,指的是先秦时人群聚集起来逐渐形成的村落。

共工,传说中炎帝后裔的一支,黄帝时的水官。相传他的儿子后土能平水土,治水有功,被祀奉为社神。据古史记载,共工曾与颛顼争帝位,怒而撞不周山(昆仑山),使支撑天的柱子被撞断,地的四周也裂开。可以想见,当时炎黄两系争夺之激烈。

大约在氏族社会晚期,舜帝曾将共工流放到幽陵,密云区就是那时的幽陵之地,共工生活和居住的地方为"共工城",就在今密云区不老屯镇燕落村的南面,现有土城遗址。所以,幽陵也成为北京地区历史上最早的名称。

幽州,从历史地理上讲,从黄帝时起,夏商周至元明清,都是古都北京的村落。从现代地域上讲,虽不在北京辖区,但与北京的历史渊源难以割舍。

幽州——炎黄蚩三祖后裔居住的古村落。

幽州——中国北京最古老的村落。

幽州——华夏第一村。

门头沟爨底下村

永定河畔有个爨底下村。因村北有崖头远望似灶,人称"爨头",又因村在崖头之下,故名爨底下。后以"爨""川"谐音,去繁从简变村名为川底下,但当地仍读"川"为 cuān。

在爨底下村口,有一块一人多高的黄色花岗岩,一个巨大的"爨"字书写其上。

按巨石背后的说明,爨底下村是因为处在明代军事隘口爨里安口下方,故得此名。可当地村民们对此则另有一说。他们解释说,此村的居民全部是明初山西"韩"姓移民的后代,因韩与寒同音(寒者,乃贫穷之态),韩姓祖先为使本族能发迹、富足,看村后的大崖头似一大灶,便给这个村子起名叫"爨底下"。为使这个难写难认的"爨"字让别人认识和理解,他们编了一个顺口溜:"兴字头,林字腰,大字下面架火烧。"取其"大火烧二木,韩(寒)姓也兴旺"之意。看来村民的解释更能朴实地反映出这个村子的文化。

其实不然,爨(cuàn)有六种含义。其一意指烧火做饭。其二意指灶。其三,戏曲名词,宋杂剧及金院本中简短表演的名称,如《讲百花爨》《文房四宝爨》等。旧时也以爨或爨弄泛指演剧。其四意,古族地名,古族名。魏晋南北朝时,由今云南东部地区统治集团爨氏大姓演变而成。晋宋至隋唐时，爨氏分为东西两部，均在云南东部，东爨居民以乌蛮为主，西爨居民以白蛮为主。其五，古文字，爨文，又称老彝文，或韪书。用这种文字书写的《西南彝志》全书 37 万字，是当代发现的有关彝族历史、人文情况的一部巨著。其六意，姓氏，三国时蜀有爨习。

"爨"作为一种戏曲，比"灶"和"烧火做饭"有文化内涵。爨底下人在大山深处安家落户，把古老的文化沿袭了下来。例如：

淤白村蹦蹦戏是由莲花落、东北二人转等民间曲艺戏种发展而来的，是西路评剧的前身，属于北京评剧范畴的原生状态。这种戏具有较长的历史，以口传身授的形式传承，现在还保留着《小姑闲》《锔大缸》等多个剧目。

苇子水村的秧歌戏流传了百年以上，是门头沟山区较为古老的民间戏曲剧种，演唱形式与伴奏形式和四川川剧有非常相似之处。它有九腔十八调，乐器只有锣鼓钗，没有胡琴，演员基本是原生态唱法。其戏剧内容多为历史故事，也分生、旦、净、丑，演唱形式和伴奏形式丰富多样，唱腔婉转高亢，吐字清楚，很受人们的欢迎。剧目有《变脸》《劈山》《陈香学艺》《张飞赶船》《截江夺阿斗》等 30 多种。该村秧歌戏被评入第二批北京市级非物质文化遗产名录。

田庄聒子鼓引自河北，主要乐器是大鼓和聒子，配以特色戏装、灵动优雅的舞蹈，铿锵有力、赏心悦目。村中演出团队有 3 套乐谱，鼓器基本齐全，演员 30 人，并且还在继续向前发展。

山梆子戏是与"京梆子"相比较而言，是马套村当地人们对此剧种的泛称。一个山梆子的"山"字便概括了它的地域性。山梆子戏源于清道光年间，距今已有近 200 年的历史，是本地区的民间特色剧种。马套村剧团于 1950 年组建，1957 年正式聘请 73 岁的马刨泉传授河北老调山梆子戏。山梆子戏上演传统的保留剧目甚多，全靠民间艺人口传身授，现存剧目有《二进宫》《空城计》《大登殿》等。

由以上几种门头沟区的地方戏可以看出，这些戏也是外来的，在门头沟沿袭下来。爨底下人是把山西洪洞县的一种地方戏带到了门头沟大山深处，毕竟 500 多年了。因为这种戏是艺人口传身授，后来戏曲慢慢失传了，"爨"字却流传下来了。

爨底下村位于北京市西 90 多千米的门头沟斋堂镇的西北。沿 109 国道西行，过斋堂水库大坝，有一乡村柏油路，沿路蜿蜒而行即可到达。

爨底下村被两山夹峙，山上奇峰耸立，山下有一片缓坡，该村就层层叠叠依山而建。这里原是北京通往塞外的一条古道，当年曾驼铃清脆悦耳，马蹄声声不断。只是修了 109 国道和丰沙铁路，交通走向现代化后，这条古道才被淹没。

到爨底下村需路过斋堂镇，镇分东斋堂和西斋堂两个村。两村有一里之隔，但生活习惯大不一样。东斋堂有城墙、城门。所谓斋堂城，大都指的是东斋堂。凡北京城里有的习惯，这里都有。历来北京城里时兴什么，斋堂城也就有什么。所以，它不妄为斋堂城的称呼。

可是西村就不同了，整个一派山村景色，给人们留下了一些山里的印象。但是千不同，万不同，有一点是相同的，那就是街上都有那么几棵古老的槐树。这槐树，听老人拉家常说是从洪洞县带来的。当初，人们初到这里想家呀，有人就提议种几棵大槐树。让子孙万代知道，我们都是从大槐树底下来的。五百年前都是一家子。

大槐树在洪洞县城北二里，当年这里有驿道从树下通过，明初移民时要再次"凭照川资"，大槐树下就成了移民荟萃之所。由于大槐树下有一老鸹窝，大槐树和老鸹窝就成了移民们惜别家乡的标志。据说，这棵老槐树早已不存在了，但是，它繁衍而生的第三代古槐树仍枝叶茂盛。现在，寻根问祖的遗风仍世代相传，每年都有华侨漂洋过海在此抒发自己的思乡之情。

古道旁、夕阳下，人们开发了这一文化遗产。聪明的爨底下人，走出了尘封的老村，用先人的劳动成果，使这颗古道"明珠"重新闪烁着光辉。

门头沟琉璃之乡

琉璃村位于永定河畔，三面环山，一面环水。这个古老的村庄向人们展示着灿烂的琉璃文化，是著名的琉璃之乡。

在北京，一提起琉璃厂，人们立刻会想到和平门外那条店铺林立、古色古香、饱含着厚重文化的文化街。

琉璃村和琉璃厂，都与古都北京的历史是密不可分的，它们对北京城建设的贡献是永载史册的。

"琉璃"一词，最早见于《汉书》，写作"流离"，即流光陆离之意。琉璃，在古代有多种名称，如"璆琳""流离""陆离""青金石""青玉""颇黎"等，因系矿石烧制而成，又称"药玻璃"。西汉时代，随着中外文化的交流，黄支国（今印度）也将壁琉璃、奇石珍品赠送中国。安息（今伊朗）使者的到来，使琉璃传入我国。随着琉璃生产的发展，其应用范围也逐步扩大，开始用来装饰宫殿的门窗。

元初定都北京，始建元大都。因建宫殿需要大量琉璃制品，便将山西琉璃厂迁京，从此揭开了北京琉璃的史册。

元中统四年（1263），宫廷将山西榆次县小赵村赵氏琉璃窑迁至北京城外的海王村建窑，称"官窑"。厂址就在现和平门外南新华街师大附中东、西一带。烧制的琉璃瓦及构件专供皇家宫殿使用，又称"内厂"，当时在厂东门、厂西门各立一块琉璃影壁，上书"官琉璃窑赵"五个大字。当时还在琉璃原料的产地，京西琉璃渠村建厂烧窑，又称"外厂"。大都城的宫殿采用琉璃瓦盖顶，琉璃构件装饰，使皇宫呈现出金碧辉煌的景象。元代大剧作家王实甫在他的名著《西厢记》中有词曰："梵王宫殿月轮高，碧琉璃瑞烟笼罩"，应是对琉璃宫殿的绝妙写照。

明永乐四年（1406），开始营建北京宫殿和皇城，历时14年建成。次年迁都北京。这期间，琉璃厂因大量生产琉璃制品而有了飞速的发展，成为工部五大窑之首，同时在京西琉璃渠村设琉璃局，监管琉璃烧制。这是琉璃厂的鼎盛时期。明嘉靖三十三年（1553）北京扩建外城，将琉璃厂（内厂）圈进了京城之内，那时该厂已颇具规模。明末诗人吴梅村有诗赞曰：

琉璃旧厂虎坊西，月斧修成五色泥。

偏插御柳安凤吻，绛绳扶上广寒梯。

这首诗确切点明了该厂的位置，并描绘出当时琉璃制品的高超水平和安装技艺。元、明、清三代，该厂均为官办，朝廷派内官主之。官员官位颇高。元代《元史·百官志》载："大都凡四窑坊，秩从六品。提领、大使、副使各一，领匠夫三百户，营造素白琉璃砖瓦，隶少府监。"明代始官位提高为五品武探花，清代为五品蓝顶子，均直属工部，可见朝廷对窑厂之器重。当时运送琉璃原料的骆驼队，不受关闭城门之限，只要通报查验后，即开门放行。

康熙年间，琉璃厂一带的书摊发展起来，形成书市后又逐渐形成店铺林立、人口密集的文化街区。而琉璃厂还在此地烧窑，已极不协调了，而且暗藏着火灾隐患。到了乾隆二十一年（1756），该厂迁到了京西琉璃局村，与外厂合为一厂，从此城内琉璃厂就只剩下一个空名了，一直流传至今。而琉璃厂一带还保留着大沙土圆胡同，小沙土圆胡同，让人一看便知这是当年烧窑时堆放沙土的地方。

关于迁厂还有个传说：乾隆皇帝一日早朝，忽见西方上空黑烟滚滚，遮天蔽日，问其左右是何因。太监曰："回禀圣上，是琉璃厂烧窑。"龙颜不悦，认为黑烟冒犯了皇威，弄脏了城池，旨令迁出内城六十里。从此窑厂就迁到了现门头沟琉璃渠村。该村离城六十里。这个传说不论是否真实，这次迁厂有两大好处：一是避免了城市污染；二是原料和煤炭均可就地取材，减少了运输，降低了成本，促进了生产发展。

如果从山西窑厂迁京算起，至今已有746年的历史了。700余年炉火不灭，这不论在中国，还是在世界上，它都是最古老的厂家之一。

琉璃渠村位于永定河出山口西岸。它依山傍水，是进出山区的咽喉，也是古代京城通往山西的"西山大道"入山口，还是从前去妙峰山进香的南道，"妙峰山正路"上的大站。

元代初年在该村建琉璃窑后，朝廷官员进驻，又建了官署，窑匠工匠大批迁入，该村迅速发展起来，并出现了店铺等服务行业，形成村落。明代又在此村设立了琉璃局官衙，于是人们就顺理成章地称该村为"琉璃局"。明代时还在村西面建了关帝庙。到了清代中叶同治年间，商铺已是沿街林立，设有米铺、肉铺、油铺、铁铺、旅店、煤厂等达十七八家，成为一个繁华的村镇。乾隆年间城里的内厂迁于此后，由于大规模修建园林，更促进了窑厂和该村的发展。乾隆二十一年（1756），在村东口修建了琉璃瓦顶的过街楼，又称"三官阁"，专门供奉天宫、地宫、水宫，以保一方平安，它已成为该村的标志。经光绪年间重修，至今保存完好。楼为东西向，形状如城楼，正脊两端为卷龙吻，印首腾龙造型别致，脊中为象驮宝瓶。

楼下有过街券洞，洞外东西额为"带河""砺山"，两旁青石刻有"重善奉行""诸恶莫作"等楷字。过街楼是研究京西地区琉璃烧制业和古代建筑琉璃装饰艺术的实物例证，1990年列为北京市市级文物保护单位。它的南面就是宏大的琉璃窑厂。

到了光绪年间，由于治理永定河道，修了一道灌渠呈东西向穿村而过，中间有木桥相连。现在明渠已改为暗渠，成为村中的主街。新中国成立后该村定名时将"琉璃局村"改为"琉璃渠村"。"局"与"渠"谐音，局已撤了，渠出现了，所以名副其实。而人们还是习惯称作琉璃局。

自建厂至今，琉璃产品的命运就随着国运的兴衰、时代的风云变幻而波动起伏。它在经历了元代的创始阶段和发展后，到明代达到了全盛时期。在经过了清代康乾盛世之后，工厂景况也每况愈下。

北平解放后，工厂又获得了新生。它除了对维修和重建古建筑发挥着独特的作用外，又开始为一座座大型新建筑做出贡献。如20世纪50年代的人民大会堂、国家博物馆、军事博物馆、农展馆、民族宫、北京火车站等十大建筑，以及1977年的毛主席纪念堂等国家重点工程，都是用该厂的琉璃构件装饰的，使得这些大型建筑更加富丽堂皇、流光溢彩。

新时期以来，它又为一座座现代化大型建筑披红挂彩，如北京西站、新东安市场、全国妇联大厦、王府饭店等，真是数不胜数、美不胜收。

岁月的风雨中，琉璃渠村的古渡口、古牌楼、古驿道，还有庙宇、戏台、井台、碑刻，连同色彩斑斓的民间习俗或朦胧或清晰。

落霞与楼影齐飞，山花共琉璃一色。琉璃渠村的桩桩件件都与琉璃有关。一部琉璃史镌刻在这个古老村庄的山山水水之中。

石景山古村落模式口村

石景山区有个古村落，叫模式口村。地处蟠龙山、馒头山之阳的山麓地带，东与琅山村为邻，西接京西古道上的模式口隘口，南望金顶街。原名磨石口，因山上盛产磨石得名。民国初改今名，意取：为诸村之模式。另据奉宽在其《妙峰山琐记》："磨石口应即古磨室宫地。"奉宽之说，磨石口亦可能因"磨室"与"磨石"谐音而村西又有山口而得名。

村落呈东西走向，长千余米。早期以种植果树、蔬菜为主，副业以开采磨刀石、陶粒为主。

该村磨石，宋代即行开采，质地优良，闻名远近。此处磨石分为两类四种，一类是白磨石，一类是黑磨石。白磨石有硬软两种，前色灰白，为黏土质和铁质，属中粗颗粒结构；后者灰黄色，为黏土质粉砂岩。黑磨石有普通石和印染石两种，前者为黑色泥质页板岩，后者为黑色角岩。这些磨石，早已停止开采。

村落古为京西重镇，西山的煤炭、木石均由此处入京。《光绪顺天府志·地理志》云："（蓟县）西北三十五里，磨石口镇，千总驻焉。"由此可证，明清之时，该村就是镇级行政聚落，且派千总加以镇守。村子原有围墙环绕，沿街并有东、西、中三个门洞（中门洞分内外两层），门上为谯楼，有军士把守，门洞旁有石级与其相通。入夜，谯楼落锁，来往车辆不得通行。现门洞已圮毁，唯留部分墙基。街中过街楼，现存残壁。这些遗迹依稀可见。

村落昔日是京师通往西山的一条古道，驮队客商，往来于此，络绎不绝，故村内曾有许多商号店铺。民国初年，京门（门头沟）公路开通之后，这里日趋萧条。老舍先生著作《骆驼祥子》的主人公祥子得骆驼处，即在该村北面的山上。

村西隘口，蟠龙山与黑头山相连的鞍形低凹处。该隘口原名磨石口，民国初年更名为模式口，为东西往来的通道，后经历代人工开凿，逐渐形成长 210 米、宽 6~8 米、两侧崖壁高 9 米的隘道。昔日隘口为军事关隘，明清时曾在隘口东侧村内筑城，并设千户驻防。今之隘道向东、向南、向西路分三岔，为穿行隘口的门头沟路与模式口大街交汇处。

关于模式口村名的来历，有一个有趣的传说。

在很久以前，这个地区一片荒凉。村子三面环山，土地贫瘠，当地人民生活很是艰苦。虽说苦吧，还都有点儿穷家难舍，谁也不愿到别的地方去，就在这儿苦熬日子。有一天，突然从外边来了个陌生人。进村就高声吆喝："墨墨好使，墨墨好使。"开始，大伙都听不清，不知他说的什么。大伙围起来问他，见他从身上解下了包袱，打开一看，原来是小孩写字用的墨。说的是："墨，墨好使。"因当地人很穷，孩子几乎没有上学的，更谈不上什么写字的了。没有写字的，也就没买墨的了。先生来了几天，也没有卖出一块墨。但是，这个人好像毫不在乎，每天照常来吆喝。日子长了，村里的孩子也跟他熟了，边跑边跟着他喊："墨墨好使，墨墨好使。"甚至卖墨的一进村，还没张口，孩子们就先吆喝起来了。

过了十几天，卖墨先生不来了。村里有个大嫂，要去收麦子，镰刀太钝了。她想，有什么办法让镰刀和新的一样好使呢？突然，她听到孩子们的吆喝声，"墨（磨）墨（磨）好使。"便到山上找了块石头，把镰刀磨了又磨。果然，镰刀比以前锋利多了，用起来特别痛快。

大家听了这个消息，都按她的样子，从山上找石头来磨镰刀、磨斧子、磨菜刀等。这消息很快在石景山一带传开了，很多人都上山采石。后来有人出主意，把石头弄规矩一点儿，大小有一定尺寸，取名就叫"磨刀石"。村里把磨刀石销到北京，再卖往外地。这村的磨刀石便卖得出了名。穷村也变成了富村。后来村里干脆组织一帮人，专门经营这个磨石生意。为了扬名在外，他们把村子的名字也就叫成了"磨石口"。

模式口村附近古迹甚多，有法海寺、龙泉寺、承恩寺、慈祥庵、田义墓、海藏寺。

模式口村北的永定河引水渠贯穿东西，还有一座森林公园，园内林木葱葱，山石林立，空气新鲜，人们每天早上在此晨练。园内还有中国第四纪冰川遗迹陈列馆。

古村落模式口，街道依旧、古树繁茂、店铺林立，历史遗迹依稀可见。模式口村是北京城六区仅存的名副其实的古村落。

门头沟沿河古城

沿河古城位于永定河畔大峡谷地段，所以，得名叫沿河古城，是一座历史上的边城。汹涌的永定河水奔腾湍急，地势极为险要。在明代万历年间，这里修筑了长城和敌台，这座城池因此成为军事重地。

其实，这座古城远远不只明清时发生的那点事儿，而应追溯到5000年前的轩辕黄帝时期发生的远古历史故事。

沿古城沿永定河往上步行十几里峡谷路就进入幽州村、旧庄窝村、官厅、涿鹿、怀来盆地、延庆盆地，这一带就是远古时期轩辕黄帝、炎帝、蚩尤三祖争斗又融合的地方。所以，这条峡谷路是一条有着5000年历史的远古古道。那时，有不少氏族部落就是顺着永定河这条古道到达北京平原，其间又有不少氏族部落在峡谷中沿途居住下来，经过几千年的漫长岁月，才形成永定河畔的这些古村落。

沿河城，原名三岔村，是通往京师的要冲之一。明万历六年（1578）御史中丞张卤主持修建。城周长1182.3米，东、西、北三面为直线，南城墙依山势呈弧形。城墙用条石和巨大的卵石砌筑，东西各有城门一座，东门曰"万安"，西门曰"永胜"，南北有水门。

沿河城西二里的沿河口村，有两座保存完好的空心敌台，是明隆庆年间建成的。敌台券门上分别嵌有"沿字肆号台""沿字伍号台"石额，敌台高15米，长宽各10多米，分上下两层。下层每面有券形窗眼四个，用于瞭望和射箭；上层四面有锥堞和排水道。上下层之间有阶梯相连，内部为"井"字形和"回"字形。敌台系砖石结构，用料精实，多年来一直做粮仓用，故未造成破坏。从明人刘效祖《四镇三关志》等书记载中可知，这两座敌台是戚继光出任蓟州镇守总兵时，巡行塞上，"议建敌台三千座"中的两座（实际上只建成1200座）。

沿河城一线敌台建于明隆庆五年至万历三年（1571—1575），由兵部右侍郎汪道昆等主持修建。敌台从沿河口起至小龙门口止逶迤数十千米，在山口要隘根据地形建有城墙和敌台。敌台以沿字号编号，计：沿字一号至十五号。另有两座未编号，建造时间晚于沿字号敌台。共计有十七座。这是北京内长城的一部分。这些敌台，或建在绝壁隘口上，或建在群山之顶，有的还连接一段城墙，气势磅礴，雄伟壮观。

沿河城有著名的八景：天堑飞虹、琐洪绿洲、杏林春晓、灵岩古刹、向阳垂瀑、瑶台澄碧、边城永胜、敌台烽烟。

沿河城是座颇具古代城堡风貌的小城镇，现保存旧时格局，只可惜古城楼在抗日战争时被毁。现西城门完好，东城门在20世纪50年代被拆，原门额曰"万安"；北门为水门，建在城墙下，专供排水用；与之相对的南门建在山上。沿河城城墙利用当地的大块鹅卵石和条石砌成，不同于一般的城砖建筑，富有地方色彩。该城形状较直且宽，上面有一丈宽的巡城马道，城墙垛口大部分已倾塌。作为明清时期的边塞重镇，沿河城南倚西岭山梁，北临永定河水，景色的确迷人。

沿河城内原有真武庙、老君堂等古迹，现已毁。目前尚存"沿河口修城记""重修真武庙"等石碑和清时的一座戏楼。

延庆的岔道古城

岔道古城位于八达岭长城脚下 1.5 千米处，延庆盆地西南缘，关沟西北出口处，地势险要，为古代重要的军事要冲。

战国时期，该地就有人类活动，因地处交通要塞，曾名三叉口，又名永安甸。元代大都至上都驿路通此。明代嘉靖年间筑岔道城，形成较大村落，其时民逾千户，街市繁华，至今残破城墙、城门尚在。明人王士翘说："八达岭为居庸之禁扼，岔道又为八达岭之藩篱。"曾佩说："如欲敌之绝意于居庸，必先使之无垂涎于岔道，未有岔道危而八达岭无事，居庸不震惊者也。"故其请筑岔道砖城。

作为兵营遗址的岔道古城，始建于明嘉靖三十年（1551），历时二十余载，于万历三年（1575）修砌完成，距今已有 460 余年历史。作为防御性城池，城内设有驿站、把总署、守备署，是关城军事防线的重要前哨，主要用于屯兵之用。岔道古城作为北京西北通道上必经的驿站，同时兼具军事和民用的功能。因地理位置非常重要，素有"八达岭之藩篱"之称，是拱卫京师、阻挡铁骑的屏障，因此在明清两代都曾被作为一处重要的军事要塞。

明朝从洪武元年（1368）至嘉靖三十年（1551），在 183 年内，先后筑居庸、南口、上关、八达岭、岔道五座城池。插藩篱、设险阻、建敌台，以示金汤之固。可见岔道当年雄风。

古村落呈长条形，沿沟谷东西延伸，海拔 582 米。近年来由于村落的发展，于旧城东和西各建了很多新居，名为东关、西关。现在所说的岔道是指东关、西关及岔道城三部分的总称。这三部分长达 1.2 千米。村南、村北均为山岭，山岩为花岗岩和石灰岩，土壤为石灰性褐土。植被主要为杨、柳、槐树及山荆灌木。野生动物有野兔、獾子、狍子等。

村南有览胜碑及泉潭，碑为明代石刻。村中有清代清真寺一座，正殿 3 间，1957 年政府曾拨款重修。该地在历史上是兵家必争之地。抗日战争时，日军为阻断抗日根据地交通，从外地抓民工来此修防护沟，许多人被残害致死，扔在坑中。20 世纪 60 年代在此辟有纪念馆。解放战争时期，该地发生过多次战斗。1946 年国共合作时，该地成为西通张家口解放区、东达国民党统治区的关卡和分界线，双方均在此地设有办事机构。1954 年 8 月在村西北建立了烈士陵园，纪念为国捐躯的先烈。

历经沧桑，古城处处可见明清遗迹。岔道周围山峦起伏，每当秋风习习之日，天高云淡，红叶满山，游人可尽情欣赏。岔道曾经是延庆八景之一的"岔道秋风"。明人赵羾诗曰："历尽羊肠路忽通，山村摇曳酒旗风。烧原飞尽荻灰白，落叶飘残锦树红。鸦阵远投林日晚，雁行斜去塞云空。"此诗描绘了秋风中岔道的景色。

如今，城内有驿站、城隍庙、关帝庙、清真寺等 20 多处古迹。古老的历史，重要的军事地位，后人对往日兵城气势的遐想以及闯王进京、慈禧西逃等传说都给岔道古城增添了浓厚的文化蕴意。

门头沟的古寺庙

潭柘寺位于门头沟区潭柘寺镇王坡村群山环列的潭柘山坳里。

潭柘寺始建于西晋，至今已有近 1700 年的历史，是北京地区最早修建的一座佛教寺庙，在北京民间有"先有潭柘，后有幽州"的谚语。潭柘寺在西晋（265—317）时叫嘉福寺，唐代（618—907）时改称龙泉寺，金代皇统年间（1141—1149）改名为大万寿寺，明大顺元年（1457）又恢复了嘉福寺的旧称，清康熙三十一年（1692）又改名为岫云寺。前后名称很多，但以俗名"潭柘寺"流传遐迩，因寺后有龙潭，山上有柘树，故而民间一直称其"潭柘寺"。

潭柘寺坐北朝南，背倚宝珠峰，周围有九座高大的山峰呈马蹄状环护，这九座山峰从东边数起依次为回龙峰、虎距峰、捧日峰、紫翠峰、集云峰、璎珞峰、架月峰、象王峰和莲花峰，九座山峰宛如九条巨龙拱卫着中间的宝珠峰，规模宏大的潭柘寺古刹就建在宝珠峰的南麓。高大的山峰挡住了从北方袭来的寒流，使潭柘寺所在之处形成了一个温暖、湿润的小气候，因而这里植被繁茂，古树名花数量众多，自然环境极为优美。

戒台寺位于门头沟区永定镇秋坡村的马鞍山麓。寺院坐西朝东，海拔 300 多米，占地面积 4.4 公顷，建筑面积 8392 平方米。戒台寺是全国重点文物保护单位，历史悠久、规模宏大、殿宇巍峨、风景秀丽。

戒台寺素以"戒坛、奇松、古洞"而著称于世。戒坛建于辽代咸雍五年，与福建泉州的开元寺、浙江杭州的昭庆寺的戒坛共称为"全国三大戒坛"，而北京戒坛寺的戒坛规模又居三坐戒坛之首，故有"天下第一坛之称"。戒台寺的古树名木甚多，其保护的古树就达 88 棵，其中最著名的当数古松。这些古松或经人工修整，或自然天成，经过了百年风霜雪雨的磨砺，形成了各种奇特的造型，具有很高的欣赏价值，是历代文人雅士赞咏的宠物，明清时期，"十大奇松"就已经闻名天下。

戒台寺始建于隋代开皇年间（581—600），至今已有 1400 多年的历史，原名慧聚寺，明朝英宗皇帝赐名为万寿禅寺，因寺内建有全国最大的佛教戒坛，民间通称为戒坛寺，又叫戒台寺。

西峰寺位于门头沟区永定镇岢罗坨村的西边尽头。西峰寺旧址，古树参天，风景优美。唐朝时，西峰寺与戒台寺同名慧聚寺。因戒台寺至西峰寺山门有泉水，元朝改名玉泉寺。后残破。明朝正统元年（1436）三月，"历事五朝"的惜薪司掌厂太监陶镕"偶一公事过其处，徘徊久之，访及故老"，遂起重建的念头。寺庙于正统三年（1438）六月完工，明英宗赐额"西峰寺"，沿用至今，寺外有一座石桥、一对石狮。山门同依山坡而建的大墙相接。金山门为钟鼓二楼，依次为天王殿、如来宝殿、毗卢殿、后楼、塔院。塔院东北有座三丈多高的六层塔，为唐代的俊公塔；另有一座古幢，为元末的新公石幢。俊公塔北面为胜寒池，池左有地藏殿。

清宣统元年（1909）恭忠亲王第二子载滢去世。恭贤亲王溥伟和溥儒（字心畬）将载滢贝勒葬于此地，并运来砖瓦石料，要将西峰寺改建为园寝。到辛亥革命时，园寝还远未修完，享殿的顶子没上。民国初年，溥伟避居青岛，砖瓦石料被改为他用。在20世纪30年代，墓地被盗过三四次，事后溥儒两次到此，一次带兵一个连，一次带兵一个营，强迫岢罗坨、石门等村保护其园寝。新中国成立初期，地质部使用西峰寺，还有人在地宫捡到一枚金钱。如今，西峰寺的千年白果树粗数围，掉下的一根树杈，居然把立于乾隆五十年的陈观礼诗碑砸断了。门外还有两块明碑，分别立于明隆庆六年、正统四年。

除著名的潭柘寺、戒台寺、西峰寺之外，还有：

三家店的关帝庙铁锚寺，据说，供奉铁锚的寺院北京地区仅此一家。龙泉雾村南，有两棵造型奇特如龙似虎的石，被称为老虎二柏，古柏拱卫之下，就是"椒园寺"的遗址。

永定万佛堂村的石佛堂，是由明代太监所建，从遗址中可看出当年佛堂规模宏大，现存的密檐砖塔的砖雕有很高的艺术价值。

樱桃沟村北的仰山栖隐寺，在佛教历史上曾经占有重要的位置。

涧沟村西南的妙峰金顶娘娘庙，是集佛、道、儒于一体的寺庙。

沿河城办事处向阳口村的大悲岩观音寺。

田庄淤白村的白瀑寺，建于辽乾统年间，寺内外有不少辽金遗物，如佛塔、碑记、壁画等物。

上清水的双林寺，为辽代所建，现存钟鼓楼和经幢等遗迹。齐家庄的灵严寺，是北京地区典型的元代殿堂建筑，现存的大雄宝殿的梁架为元代遗迹，整体建筑体现出元代风格。

永定河畔龙王庙

传说水总是与龙王有着密切的联系。高亮从老龙王那里夺水，为京城百姓造福的故事，在京都已是家喻户晓、妇孺皆知。

永定河古称浑河，发源于山西的浍浔山，主要来自桑干河水系，由于流经的地方多是高原黄壤，在与洋河汇合后流进北京的深山峡谷之中，黄黄的河水，蜿蜒千里，如一条黄龙穿山峡、越沟壑，波涛汹涌地钻出群山，流入华北平原。因此又有"小黄河""无定河"之称。

由于官厅一带河床与北京城区落差高达400余米，每当暴雨袭来之时，永定河携带的大量泥沙顺流而下，淤积河床使水患泛滥无常。从古至今永定河一直是威胁北京安全的最大河流，它也曾带来灾难。

然而，人们面对咆哮的河水，只能望水兴叹。明代朱国祯的《涌幢小品》一书里，就记载了嘉靖和万历年间两次水淹北京的情况："嘉靖三十三年甲寅，六月京师大水，平地丈余。万历三十五年丁未，闰六月二十四日，大雨如注，至七月初五、六等尤甚，昼夜不止。京邸高敞之地，水入二三尺，各衙门内皆成巨浸，九衢平陆成江，洼者深至丈余，官民庐舍倾塌及人民淹溺，不可数计。内外城垣倾塌二百余丈，甚至大内紫禁城墙坍坏四十余丈。会通运河尽行冲决，水势比甲寅更涨五尺，皇木漂流殆尽，损粮船23只，米8360石，淹死运军26人，不知名者尤多。公私什物，民间田庐，一切流汤。雨霁三日，正阳，宣武二门外，犹然奔涛汹涌，舆马不得前，城烟不可渡，城近古未有之变也。"

由于古代科学技术的落后，人们面对从天而降的滔滔洪水，无可奈何。他们只能迷信苍天让神灵给予保护。因此，永定河畔自古以来修建了众多龙王庙。

历史上金、元、明、清历代皇帝为防水患发生，都亲临永定河视察，并发帑修筑河堤，兴建庙宇。

清光绪七年（1881），左宗棠平定天山之乱后，回到北京宛平休整。其间他奉御令派部将王德榜入山峡，筑坎淤田，以刹激流，缓解河水出门头沟后对石景山左岸的冲刷。

王德榜勘查地势后在丁家滩等地修筑拦河坎数座。这一年醇亲王亲临检查，认为筑坎得法，赏银千两。现在，在丁家滩河道的转弯处的石崖上还刻有"醇亲王到此"五个大字。此外在车子崖下的摩崖上还刻有"统师徒，刹水势，燕民从此乐熙熙"。如今这些字迹清晰可辨，也为人们治理永定河留下史话。

龙王庙也称河神庙，从官厅水库流入北京界内的永定河畔，究竟有多少座庙，至今无人说清。仅门头沟山区沿河而建的就有斋堂乡的龙王观音禅林、军饷乡的南海火龙王庙等。真正在北京有影响、文献记载较多的龙王庙只有四座，它们是三家店的龙王庙、石景山的惠济庙、丰台区的南惠济庙和大兴区安福庄乡赵村的永定河河神祠。

永定河从山峡涌出，河水咆哮，它的出口旁有一座古老而庞大的村落——三家店。三家店是明清京西大陆的起点，村里有100多座煤厂、店铺，是京郊商业发达的集镇。

龙王庙位于村西的永定河畔，面对滔滔河水，旁有古槐一株，庙宇建造得小巧精细。正殿三间，两厢配殿三小间，进门后有抱厦一间。庙内有三通石碑，分别记述了古庙的历史沿革情况。正殿有五彩龙王像五尊，虽然庙宇破旧不堪，但是龙王像仍仪态超脱，画面色彩依旧，是民间绘画的佳作。近年在整修时又发现了一批塑像牌位，它对研究民间祭祀活动很有意义。

这座庙宇虽小，但是其地理位置十分重要。每当山洪袭来，威胁村庄时，当时的人们只能在此烧香祈盼龙王爷保佑平安。

第二座河神庙位于石景山的庞村，因后文《父子碑前镇河牛》已有专叙，故不叙述。

第三座河神庙，又称南惠济庙，位于石景山庞村南方，它的名称是按照方位、针对北惠济庙而言的。这座庙宇在古书中记载颇多，然而，现今因破坏极为严重，庙宇已不复存在，它的遗址位于卢沟桥屠宰厂。

据文献记载南惠济庙是一座历史悠久、规模宏大的庙宇，初建于金大定十九年（1179），比卢沟桥还要早，因卢沟桥河水泛滥而建此庙宇，封平安侯神号。明代正统年间，在狼窝口处决堤又复建龙神庙，并派宛平县农户20人于石景山至卢沟桥往来巡视。由于此处是交通要塞，河神庙又建在卢沟桥南，所以各代朝廷特别重视。清康熙三十七年（1698），康熙帝亲自御制碑文并特命抚臣于成龙负责治理河务，并赐该河名为永定河。康熙三十七年（1698）、乾隆十六年（1751），清朝皇帝均在此题御制过桥诗，并刻于石碑上。河神庙大殿之上悬有康熙帝的"安流润物"匾额。

南惠济庙地处要塞，又是朝廷关注之地，其庙宇自然辉煌而宏大，然而此处遗迹遭战乱和人为破坏，早已荡然无存，实在是件遗憾之事。

第四处河神庙位于大兴区安福庄乡赵村的永定河大堤下，这座庙宇是建在以前的大堤决口处，当时的人们在此修建祭祀庙宇也用心良苦，为的是祈祷河神安澜佑民。

乾隆三十五年（1770）此处决口，决口后乾隆帝曾来此视察。现此处还有御制石碑一座，上面镌刻着高宗的御制诗：

芰薪非不属，堤堰聿观成。

终鲜一劳策，那辞五夜荣？

凭看虽曰慰，近忆尚含惊。

旧壑原循轨，新祠已丽生。

连阡麦苗嫩，围墅柳条轻。

渐乏安澜术，事神敢弗诚？

这一历史遗迹虽已风残雨蚀，失去当年风采，河神庙已不存在，碑文却道出了永定河畔的沧桑。

除上述诸多河神庙以外，永定河畔也留下了许多地名，其中不乏敬祈神灵保佑之意。永定河南为河北省固安县，这里就有祈盼河堤牢固以保平安之意。卢沟桥畔的长辛店原叫新店，其中有经常受河患、经常搬迁的含义。永定河畔的河神庙，记载了往日人们与水患抗争的历史，河神并没有带来安全，而是新中国成立后兴建的官厅水库根治了水患，使北京城免去了水淹之灾。

石景山区寺庙多

北京古代时，有大大小小1000多座寺庙，其中有敕建庙、太监庙、民间庙。

石景山区西邻永定河，面水背山，山峰朝阳，林木繁茂，泉水丰盛，是京西形胜之地，吸引着历代皇亲国戚、达官显贵到此修庙、建墓、筑塔院有 100 多座。寺中有庙，庙中有庵，有"一庙十三庵"之说。寺庙多，庙会多。在石景山区 85.74 平方千米的土地上，竟有这么多的寺庙，让人叹之。寺庙文化，宦官文化，丰富多彩。

石景山区的太监庙颇多，这和当时的历史条件是分不开的。在封建社会，当了太监就意味着断子绝孙，被视为大逆不道，出宫后不能回家（著名大太监除外），出路只有一条，出家当和尚，其实，寺庙就是太监养老所。

著名的八宝山革命公墓，其前身就是护国寺，属太监庙。该寺建于明代永乐初年，是北京城郊明清时较大的一座。1950 年改建为北京市革命公墓，1970 年改称八宝山革命公墓。

护国寺全称"黑山会司礼监太监刚公护国寺"，又称"褒忠护国寺"，俗称"八宝山护国寺"。护国寺主要是为礼祭、护守刚炳墓而建。

刚炳又名刚铁，任明代永乐皇帝的司礼监太监。刚炳英勇善战，跟随燕王扫北，屡建战功，北征瓦剌，奋勇作战，战死于八宝山。刚炳为开国元勋，朱棣"敕祭刚铁太监"。

护国寺原属佛殿，供奉佛祖、伽兰、天王诸神，"以便晨夕焚修，保护灵域，对刚公也能永安于泉下"。至清代同治年间，太监和尚改为太监老道，寺内除供奉佛祖外，并增设关羽、山神等道教神位。属霍山派，本派谱系共 40 字，即为"宗诚信崇绪，修善法德超。璿律传千士，智慧贯天高。耕兴龙门教，静参玄中妙。云度众生戒，万载尊师道"。

护国寺属太监庙，寺庙建成后，多次重修主要是明清两代内官太监捐献奉资。该寺实为太监集聚和养老送终的处所。明代中贵人（帝王所宠信的宦官）附葬的有百余人。至清代附葬的太监更多。20 世纪 30 年代以后，护国寺设有太监养老义会。义会规定，"凡为太监者，有人介绍，纳银 20 两，均可生养死葬，享乐终生。养老之太监，信教自由"，"每日两餐"，阴历每月"朔望，由住持率大众至各殿拈香，无论信仰何教，都得磕头礼拜"。据 1949 年统计，养老义会有养老太监 53 人。1950 年，太监迁出护国寺。护国寺改建为八宝山革命公墓之后，原护国寺正院殿堂改修为骨灰堂。

风景秀丽的西山八大处，寺庙并非八处，有"三山八刹十二景"之说。除人们熟悉的八处外，在其附近还有 10 处之多，显应寺、姚家寺、菩萨庙、善化寺、玉皇庙、龙王庙、双泉寺、翠云庵、善佛寺、观音庵、报隆寺、慈善寺……大部分已无建筑，只剩遗址。

其中，皇姑寺是敕建庙，位于西黄村，是一座皇家尼姑寺院，始建于明天顺年间（1457—1464），全称为敕赐顺天保明寺。清康熙五十八年（1719），重建后易名为显应寺，俗称皇姑寺，是京城唯一的皇姑寺。

还有灵应娘娘庙、北惠济庙、海藏寺、福田寺、清凉寺、福惠寺、韬光庵、净德寺、弘德寺、雾明庵、洪福寺、越秀庵、秀峰寺、石佛寺、隆恩寺、中锋庵塔院……

古村落模式口一带有法海寺、龙泉寺、承恩寺、慈祥庵、田义墓、海藏寺……

法海寺最珍贵的是壁画"帝释梵天护法礼佛图"。护法图由二十天神鬼众浩浩荡荡列队组成，两幅共绘有 36 人，三五成组互相呼应。画家采用"叠晕烘染"的传统技法以及描金、沥粉贴金和朱砂、石青、石黄等熏色，使画面显得宁静庄严，尽显其艺术水平之高。

在模式口大街有一座田义墓，田义墓建于明代，墓主田义为嘉靖、隆庆、万历三朝太监，官阶正四品。田义一生"周慎简重，练然老成，历事三朝，未尝有过"，所以深受皇帝宠遇。他死后，赐白金宝钞、祭三坛，穿冢以葬。

田义墓是目前保存最完整、占地面积最大、规制最高、石刻最为精美、风格独特、有艺术价值的宦官墓。墓的占地面积、石刻的大小均已越制，尤其是华表须弥座束腰八面浅浮雕，不仅证明了明代贵族官僚常常超过礼制的丧葬习俗，还证明了宦官在明代的专权和跋扈。现在，田义墓是一座以宦官历史为题材的专题博物馆。

石景山区名胜古迹众多，是寻古探幽之地。

海淀区金刚石塔

海淀凤凰岭自然风景区的南线（景区分南线、中线、北线），车耳营村西北 1 千米处的山坳里，有一座古代寺院，名为瑞云庵。寺院坐北朝南，山门为花岗岩叠砌而成，门洞为拱券式。在门券的上方，镶嵌着一块汉白玉门额，上面镌刻："明照洞瑞云庵，大明弘治十四年八月立。"山门内为一片空地，北面依山壁凿成石殿一座，砌有五个拱券式门洞，中间的三个洞门内连为一厅，厅内凿有一眼井，直径一尺左右。井为蓄水井，有泉水从山崖的石缝中流出，注入井中，冬夏不竭。由洞穴东面的阶梯，可达洞顶。在洞顶曾有房屋，现已无存。

据资料介绍，该寺由金章宗完颜璟创建，名为黄普院，为金章宗狩猎行宫，京西八大水院之一，故又名圣水院。明正统二年（1437）赐额妙觉禅寺，弘治十四年（1501）又改称明照洞瑞云庵，俗称"皇姑院"。现院内有残留的石碑，碑上刻有龙、龟等图案。

在瑞云庵山门的左侧，斜立着一块巨大的花岗岩石，向北方倾斜，岩石上有一石塔，俗名金刚石塔。石塔建于高约 15 米的巨石顶端，高不可攀，塔高约 2.5 米，为六角七层密檐式砖塔，塔基各角雕饰着一头凶悍环角牛状的饰物。据碑文记载：金刚石塔为妙觉禅寺第一代住持尹奉寿塔。尹奉死后，他的弟子第二代住持静端和尚遵照遗嘱，将师父尸骨葬在塔下。

塔基为方形，上面是一层须弥座。在须弥座的下枋处，每个角上均雕有一个长有双角的镇墓兽头，因貌似绵羊，被误认为"绵羊头"。在须弥座束腰中，未有任何雕饰。

须弥座之上，是第一层塔身，塔身上未雕塔门和塔窗。在塔身的上方，是七层密檐，最上面的一层檐已残毁。檐脊和勾头、滴水等均为砖雕砌而成，密檐之上原有塔刹。现已毁坏。

妙觉禅寺遗址距金刚石塔 50 多米。从残留的碑文证实，妙觉禅寺是因"坍塌旧基"从照明洞瑞云庵前迁移出来的。

据碑文记载：明宣德九年（1434）命比丘士能督工，第一代开山方欲修造，因山水暴涨，坍塌旧基，遂易南向约百十步许，于正统三年（1438）春建成。历经5年半时间，建有正殿、后殿、东西厢房40余间，还建有钟楼、鼓楼。寺内供奉释迦牟尼、观音、十八罗汉、四大天王等诸神。庙前曾有一株巨大的古银杏树，后被雷击毁。1941年秋，庙舍又被日寇焚毁，寺址及古树尚存。

寺中的明照洞虽然不大，但关于它还真有几则新鲜事。据说，在民国时期，有人钻进洞旁的一个深洞。洞中逐渐狭窄并潮湿，进入洞中约30步远，猛然看到前边有两颗发出红光的火球在闪动，吓得他们急忙从洞中跳出来，从此，这个洞再也没有人钻进过。另据有关文章说，在瑞云庵遗址上有一通小石碑，碑上刻有"碑倒自修，银子一沟，不在东沟在西沟"。许多人看了碑文后，认为此寺周围可能埋有大量的金银，就在附近的山沟里寻找，但是除了满山的石头之外什么也没找到。民国时期有个村民上山打柴，将西边洞里供奉龙王爷的两支蜡烛台拿回家，看到烛台上刻有两行小字，是："远七里，近七里，金子就在七七里。"这位村民不懂这句话的含义，就把这对烛台卖给了别人。买烛台的人看了这句话后，明白了这句话的意思是说金子就在蜡烛台里，就将烛台砸开，看到里面金光闪闪，这对烛台果真是黄金铸成的，并因此发了大财。

金刚石塔是极具特色的石上塔，精巧别致。坳里山石怪异、泉水潺潺，幽静而秀美，是一处登山赏景的旅游胜地。

第五章　永定河畔的古人类遗址文化

　　历史政治地理主要研究各个历史时期政权和民族的分布、疆域范围、行政区划等及其变化，即氏族部落—方城诸侯—都城国家。我国灿烂的历史文化，是各民族共同创造的。我国第一个国家——夏王朝出现时，疆域只有今河南西部和山西南部，其余的则处于原始社会的部落或部落联盟。商、周的疆域比夏扩大了许多，仍只限于黄河流域的中下游。经过春秋战国，至秦统一六国，建立了我国历史上第一个统一的多民族封建国家。其他兄弟民族，如匈奴、东胡、鲜卑、突厥、肃慎、扶余、靺鞨、吐蕃、党项等，在历史上也先后建立起自己的国家。经过了汉、唐、宋、元、明至清长时期的统一、分裂，再统一、分裂，又统一的曲折过程。

永定河畔的古人类

　　远古时，永定河畔曾是一片青草茂密的旷野。那时，永定河不过是一条无名的小河，流淌在京西大地上。大约在2万年前，这里便有了北京先民的足迹，他们以狩猎为生，出没于山前地带。永定河上游的三条河流汇合于官厅山峡，奔流而下，流向渤海。在临近入海口的地方，又分出许多条支流，形成扇状，冲积成了土壤肥沃、绿草茵茵的冲积平原。这里便成为河畔中充满生机的绿洲。大约1万年前，第一批居民来到了这里。到公元前1045年，这里已成为北京人的家园。

　　1929年12月2日，古人类学家裴文中等人在房山周口店的洞穴中发现了猿人化石，因在北京地区发现，故称"北京猿人"，简称"北京人"，在距今50万~60万年的晚更新世或旧石器时代的初期。以后，又发现了距今约20万年的新洞人以及约2万年前的山顶洞人。他们虽然相隔了数十万年，却都在永定河畔的一座小山上不同的洞穴中居住、生活、繁衍。

　　1996年12月，在王府井大街施工的东方广场工地的地下12米处发现了古人类遗迹，并且发掘了石核、石片、石器、木炭等。这是在北京平原地区发现的一处古人类遗址。它表明大约在2万年以前旧时器时代的晚期，永定河畔的古人类已经逐渐脱离洞穴生活进入平原，成了这里最早的北京人。

1966 年，北京大学的师生在斋堂镇东胡林村发现了 1 万年前的"东胡林人"。东胡林人已离开了洞穴，来到门头沟的清水河涧居住、生活、繁衍，人类的历史从旧石器时代进入新石器时代。门头沟区历史悠久，在远古曾是北京人类文明发祥地之一。

1962 年，考古发现的房山区琉璃河镇的西周遗址，是武王时分封的燕国都城，也就是第一代燕侯封地。古城遗址呈长方形，东西长 850 米，南北宽 600 米，城墙厚 4 米，用土夯筑而成，这便是当时燕国的都城所在。经国家文物局及北京市政府确认，北京建城始于公元前 1045 年，距今约 3100 多年了。之后，北京地区考古发现春秋战国、西汉、唐代等古代遗迹。

永定河畔的黄帝陵

关于黄帝部族发祥地的传说，有陕西渭水说、甘肃天水说、河南新郑说、山东曲阜说、河北桑干河说……

关于黄帝仙逝之后，究竟葬于何处，有陕西黄陵说、河北邢台说、北京平谷说……

关于黄帝的传说历史记载十分繁多，从远古至今，一直是我们中国历史文化的千古之谜。

不管怎么说，黄帝、炎帝、蚩尤三祖同时在一个地方争战又融合，只有北京附近的河北涿鹿，别无他处，历来没有歧义。这个唯一性，可谓"北京是中国文明起源地"最有力的实证。

不管是神话，还是传说，不管是古书的记载，还是历史遗迹，轩辕黄帝确实在北京地区留下了许多古地名、古姓氏、古族名，还有黄帝的子孙后代的古墓群。

考古证明

在距今 5000 年前，永定河上游，桑干河流域一带（这里指阳泉、蔚县、涿鹿、宣化、怀来、延庆等地），是燕山南北长城地带新、旧石器时代考古学文化遗存最为丰富的核心区域。它不仅是中国北方小石器工业的发源地，细石器工业奋起的摇篮，而且是 5000 年前中华民族共同祖先黄帝部落形成和发展的发祥之地。

红山文化发源于辽西地区，仰韶文化庙底沟类型发源于陕西关中地区，后岗一期文化发源于（后岗下层）豫北冀南地区。黄帝部族源于西北高原，后来迁至燕山涿鹿一带，发展壮大，成为红山文化的代表。炎帝部族、蚩尤部族分别与仰韶文化庙底沟类型和后岗一期文化相对应。涿鹿境内两次惊天地泣鬼神的战争，是南北方不同部族及其文化交往、碰撞的表现。其胜利者黄帝吸收、容纳了炎帝、蚩尤部族的优长，成为更加强大、更具活力的部族，进而形成华夏民族的雏形，中华文明的根。北魏拓跋鲜卑政权在涿鹿黄帝祠进行过祭祀活动，明元帝、太武帝、文成帝三人曾四次到涿鹿黄帝祠庙祭。这些都标志着北方少数民族对中华民族共同祖先黄帝及其发祥地涿鹿的认同。

《山海经》比《史记》成书较早，大约在春秋战国时期，其中神话故事甚多，涉及黄帝世系、炎帝世系、出生地望、黄蚩之战、发明创造、夸父追日、后羿射日、鲧禹治水、精卫填海等著名的神话传说故事。但也记载了黄帝时期在北方许多小国的故事，且丰富多彩。神话传说里也有历史的信息，有的信息经现代考古发现与历史竟然一致。

《山海经·大荒北经》记载："又有无肠之国，任姓。无继子，食鱼。"意思是：又有无肠国，据说姓任，是无继国人的子孙后代，以鱼为主要食物。任姓，乃黄帝后裔也。

《山海经·大荒西经》记载："有北狄之国。黄帝之孙曰始均，始均生北狄。"《山海经·大荒北经》记载："有国名赖丘。有神，人面兽身，名曰犬戎。"《山海经·海内北经》记载："有人曰大行伯，把戈。其东有犬封国。贰负之尸在大行伯东。"

狄，会意字。从犬（犭）从火。犬（狗）表示北方的民族多用其狩猎和放牧。火表示北方气候寒冷。狄本义指中国古代北方的民族。

戎，会意字。金文、篆书从戈（兵器），从甲（铠甲），表示兵器。戎是兵器的总称，引申为军队、军事等。

由此可知，黄帝时期的这些小国，如北狄、犬戎、犬封、赖丘、无肠等都是黄帝的子孙后代的住地，他们居住在北方或燕山一带逐渐形成少数民族，并建立了自己的方国。

山戎族是个游牧民族，他们个个是身披铠甲、手握兵器的勇士。他们时常袭击周围的部落，掠夺财物。延庆的山戎古墓群是2800多年前的遗迹，其形成的时间离黄帝时期也有2000多年了。

遗迹、遗址民间传说的印证

涿鹿一带现存的有关黄帝、炎帝和蚩尤在这里生活、争战的遗址遗迹有阪泉、黄帝城、黄帝泉、炎帝营、蚩尤寨、蚩尤泉、蚩尤坟、定车台等23处，以及矾山地区民间流传的各种始祖故事、始祖传说，这些都能证明涿鹿是中华文明初曙之地、华夏民族形成之处。可以认为，永定河畔是炎黄蚩子孙说的起源地。

当然，在我国，有关黄帝、炎帝、蚩尤在各地活动的传说很多，不尽一致。

那么，陕西黄帝陵说，怎么解释呢？

黄陵县，汉朝时因位于华夏的中部，设中部都尉，后置中部县，1944年因黄帝陵而改称黄陵县。轩辕庙始建于汉代，谚云：秦置陵园，汉代立庙，唐代重建，宋代把庙迁，不论谁来当皇帝，都不能忘祖先。

黄帝姓公孙，因长于姬水又改姓姬，曾居于轩辕之丘（今河南新郑县轩辕丘），取名轩辕，祖籍有熊氏，乃号有熊，又因崇尚土德，而土又呈黄色，故称黄帝。黄帝是"少典（有熊氏首领）之子"，生于山东寿丘，逝于河南荆山，葬在陕西桥山。

1961年国务院公布黄帝陵为第一批全国重点文物保护单位，号称"天下第一陵"。

疑惑：司马迁和汉武帝是同时代的人，一个是大臣，一个是皇帝。可是司马迁写《史记》走遍全国，调研考察，采集搜集，《五帝本纪》中没有提及中部县，也没有黄帝陵，而且，长安离中部距离也很近，难道司马迁没有到过中部去考察黄帝的遗迹，而千里迢迢来到涿鹿。

《山海经》中许多关于黄帝的神话传说中也没有提及中部县的轩辕庙和黄帝陵，《山海经·西山经》提及轩辕之丘，与中部县的地域也没有什么关系。

解惑：黄帝一生走遍华夏大地东西南北中，从中原往西迁徙过程中，曾路过中部（今黄陵县）驻留过，留下一些传说或遗迹，然后，继续沿黄河北上，过山西太行，与炎帝、蚩尤在北方叫涿鹿的地方交战又融合。秦汉时，盛行谶语，登泰山封禅，寻长生不老，寻根问祖。汉武帝时，即使知道北方有黄帝陵，但也由于距离遥远，不便祭拜。或者有大臣（东方朔）推荐在中部有黄帝的传说及附会。至此，中部就成为祭祀华夏先祖的地方。

还有，河南新郑说，又是怎么回事呢？

"二月二，龙抬头；三月三，拜轩辕。"这是民间传说黄帝的诞辰。《国语》记载："黄帝炎帝，有熊国君少典之子"，"有熊国，今郑也"。西晋皇甫谧著的《帝王世纪》、郦道元的《水经注》也有新郑为黄帝故里的记载。经专家考证，认同"黄帝生于轩辕，建都有熊。有熊，今河南新郑"的说法，号称"天下第一典"。

好了，再来说北京平谷黄帝陵说。

平谷区位于北京的东北部，因其东、南、北三面环山，中间为平原谷地，故得名平谷。公元前195年，始建平谷县，距今2200多年，是北京最古老的地名。

《汉书·地理志》记载渔阳郡有十二属县："渔阳郡，户六万八千八百二，人口二十六万四千一百一十六。县十二：渔阳、狐奴、路、雍奴、泉州、平谷、安乐、奚、犷平、要阳、白檀、滑盐。"令人称奇的是，其他郡县早已或撤或并，地名消失，只有平谷的名称从汉高祖十二年（公元前195年）始建平谷县，其间，撤并多变，但地名一直延续至今。

平谷人类活动历史可追溯到7000年前。1984年在上宅村、北埝头村出土了大量的石器和陶器，经考古确定属于新石器晚期文化遗存，距今约7000年。上宅遗址是京东沟河流域新石器文化代表。1985年，因上宅、北埝头新石器时期文化遗址而获北京"重大发现奖"。1988年被国家正式命名为"上宅文化"遗址。1989年在金海湖畔建成"上宅文化陈列馆"。

从城区往东去平谷，穿过顺义，再过区文化广场，沿宽敞的大路北行，有个名叫山东庄镇的地方，这里有一座轩辕庙，就是轩辕黄帝陵，在渔子山上有黄帝的墓地。

在轩辕庙院内，有"重修轩辕庙记"汉白玉碑，碑文详细地叙述了轩辕黄帝庙的重修经过，"县城东北15里之渔子山九岭颠连，龙脉逶迤，上有大冢，古称轩辕台，世传为黄帝陵。唐陈子昂《轩辕台》诗：北登蓟丘望，求古轩辕台。李白《北风行》：燕山雪片大如席，片片吹落轩辕台。皆调此也。陵前之轩辕庙始建于汉，历经沧桑，民国年间尚存，位于今山东庄村西之庙山上，坐北朝南，正殿为伏羲、神农、轩辕三皇之祠，轩辕居正。当地习俗以正月十五为庙会，祭日时，万民云集，载歌载舞，欢声动地，鼓乐喧天。抗战中庙毁，然而始祖赫赫渔山，威威百姓，重修之愿久矣"。轩辕庙于1994年重新修复。

黄帝陵在平谷的史书典籍记载颇多，自唐代起至民国年间屡见不鲜。据《日下旧闻考》

记载："世传黄帝陵在渔子山，今平谷区东北十五里，冈阜隆然，形如大冢，即渔子山也，其下有轩辕庙。"渔子山在当地又叫庙山，过去有"轩辕庙"，山头叫"墓陵山"，也就是黄帝陵。清人孙承泽在《天府广记·陵园》中记述：北京东北平谷区境内渔子山有大冢，俗称"轩辕台"，相传为黄帝陵。旧有庙，今圮。黄帝在冀（北京一带），故其陵在冀境内。另外，《大清一统志》《长安客话》《畿辅志》《光绪顺天府志》《帝京景物略》《平谷县志》等古籍中，都有黄帝陵在平谷区渔子山的记载。

在永定河上游的妫水河畔的延庆区张山营乡的上阪泉村和下阪泉村，中间以河为界，两村南有清泉数眼，故名阪泉。现泉水和河水均干涸，过去曾为延庆一景。关于阪泉，史籍记载颇多。如《史记·黄帝本纪》中载："轩辕（黄帝）乃修德振兵与炎帝战于阪泉之野。"唐《括地志》记："阪泉今名黄帝泉，妫州怀戎县东五十六里。"怀戎即今怀来县，其怀戎旧城已被淹没为水库，按旧城考证，古阪泉正是今延庆区张山营的上、下阪泉。

举世闻名的周口店猿人遗址，证明在50万年前，北京已有人类活动。门头沟区斋堂镇东胡林人的发现，说明在1万年前，人类已从洞穴走出，搭盖房屋生活。而在5000年前，作为中华民族始祖三大部落首领的黄帝、炎帝、蚩尤，也活动在北京及其周边。

我国最早的农业、牧畜生产与舟车、房屋、衣裳、文字、音律、医药、算术等发明创造，亦始于黄帝时期。中华民族的形成与发展，轩辕黄帝有着不可估量的深远影响，其卓越的功绩，深受历代人民所敬仰，被尊为华夏民族之"元祖""始祖""初祖""华祖"。黄帝时代是一个伟大的创造发明的时代。

黄帝居位百年，寿终111岁（远古人的寿命是很短的，百岁只是后人对先祖的崇拜敬仰），娶有四位妻室（嫘祖、方雷氏、彤鱼氏、嫫母），生25子，得姓者14人，为十二姓：姬、酉、祁、己、滕、葳、任、荀、僖、姞、儇、依是也。其后世的少昊，黄帝之子；颛顼，黄帝之孙；帝喾，黄帝之曾孙；尧，黄帝之玄孙；舜，黄帝之代孙；殷汤，黄帝十七代孙；周发，黄帝十九代孙。他们皆为黄帝直系子孙。黄帝传十世，子孙相承1520年，今日中华民族均为黄帝之苗裔。

综上所述，有关黄帝的陵寝在何处，是陵还是冢，是坟还是墓，是土丘还是山头，是在中原，还是在北方，已经不重要了。在中国历史中三皇五帝的陵寝都是传说之陵，至今没有一处发现真实的历史遗迹，因为离我们太遥远了。从远古至今，如同龙文化一样，不管是有龙，还是没有龙，我们都是龙的传人。黄帝是华夏初祖，我们都是炎黄蚩的苗裔。

永定河畔的西周燕都遗址

话说永定河河畔有座西周燕都遗址。遗址位于房山区琉璃河镇董家林村，年代距今3100多年，属于中国历史上的商朝末期和西周时代。

据最新考古文献《夏商周断代工程1996—2000年阶段成果报告（简本）》，北京市房山区琉璃河镇董家林的西周遗址，是武王时分封的燕国都城遗址。出土了两件铭文相同的青铜器克罍（léi，古代用来盛酒的器皿）和克盉（hé，古代用来调和酒的器皿），铭文记载了燕国的始封：王曰："大保……余大对乃享，命克侯于匽……"铭文中的"王"就是指成王，铭文中"大保"就是指召公，铭文中的"克"就是墓主人，即召公之"元子"，也就是第一代燕侯，燕始祖，"匽"即燕。

周武王伐纣建立了西周王朝，周武王胞弟周公和周文王庶子召公两位都是西周初政治家，周成王亲政后，周公和召公二公分陕而治。封邑以陕陌（今河南陕县西南）为界，周公采邑在陕陌以东，由周公管辖治理。召公的采邑在陕陌以西，由召公管辖治理。

胞弟周公是周文王第四子，封在陕陌以东（今山东曲阜，国号鲁）做鲁国的诸侯，周公自己没有去，而让他的儿子伯禽去管理了，为鲁国始祖。自己则留在哥哥身边继续辅佐武王治理国家。历史上，牧野之战，周公东征，平定武庚和管叔鲜、蔡叔度的叛乱，讲的就是周公辅助武王建立和稳固西周王朝的故事。

庶子召公（庶子：指妾生的儿子，召，shào）封在陕陌以西（今陕西关中），由召公管辖治理。召公曾因辅佐武王灭商，支持周公东征平乱，深得倚重。事定后，封其长子于蓟丘（今北京）为燕国始祖。又曾受命营建雒邑（今河南洛阳），镇守东都，为周公得力助手。周成王亲政后，任太保，与周公分陕而治。

在建立西周王朝中姜尚（又叫姜子牙）也立下汗马功劳。姜尚是远古时炎帝的后代，西周初军事家，任统兵的师氏，被尊为师尚父，辅助文王和武王灭商有功，成王时封于齐，建都营丘（今山东淄博东），为齐国始祖。曾授以征讨五侯九伯的特权，地位在各封国之上。历史上，文王访贤遇姜尚，姜太公钓鱼愿者上钩，姜太公出山，讲的就是姜尚辅助文王和武王建立西周王朝的故事。

姬旦、姬奭（shì）和姜尚均为西周初政治家和军事家，因助武王建立和稳固西周王朝所做的贡献，人们尊称为"周公""召公""姜太公"，史称"周三公"。后人为纪念三公在宝鸡岐山的凤凰山修建了周公庙。周公庙历史悠久，庙宅肃穆，古木苍翠，浓荫蔽目。

琉璃河遗址分布在以房山区董家林村为中心的刘李店、黄土坡、立教、庄头、洄城等6个自然村。整个遗址东西长3.5千米，南北宽1.5千米，面积5.25平方千米。1962年首次进行小规模发掘，经过多年的考古，出土上万件遗物。琉璃河遗址包括居住址、古城址、墓葬区三部分。通过对出土器物的分析和研究，琉璃河遗址属商周两代的古文化遗存。遗址的面积、古城址的时代、大型墓的存在及带有"侯"铭文青铜礼器的发现，为确定琉璃河古城的性质和作用提供了直接可靠的物证，证明现今的琉璃河地区在3000多年前就是燕封地的中心地带，遗址内的古城址，就是燕的都邑，是西周燕国政治、经济、文化的中心。

琉璃河遗址的发掘对认识西周史，特别是早期燕国历史的研究，有很大突破。同时，为北京建城及建都的历史找到了有力的依据。夏商周断代工程的初步研究成果认为商周的分界为公元前 1046 年，北京建都的历史可以上溯到 3000 多年前的西周燕国。

琉璃河遗址是西周时期的北方邦国——燕国的都城遗址，展现了北京城 3000 多年前建城时的状况和文化风貌。遗址博物馆是古文化遗址与文物陈列相结合的考古专业性博物馆，展示了西周时期燕国都城的城垣与燕国贵族墓葬出土文物，有"北京城之源"之名。

永定河畔的山戎族古墓群

在永定河上游的妫水河畔有座山戎文化陈列馆，位于官厅水库东北侧，延庆城西北 13 千米玉皇庙村的复钟山下，是以古代山戎族文化命名的古墓群现场陈列馆。

馆内有保存发掘完好的山戎文化墓葬 10 座，其中酋长墓 2 座、部族成员 8 座。酋长墓主为一男性，25 岁，腰佩青铜短剑和铜削刀，左置青铜马具，右置箭镞、箭囊，耳饰黄金耳环，殉有马、牛、羊、狗祭牲群。经鉴定距今约 2800 年（春秋战国时代）。它为研究古代山戎族的生活年代、地理分布、墓葬制度、经济发展、社会结构以及古代兵器制作等提供了实物资料和科学依据，是一座 2800 年前永定河畔古人类活动的遗迹。

戎，古代民族名。殷末有鬼戎、余无之戎等。周时有西戎，分布在黄河上游及甘肃西北部，后渐东迁，有移动而得名之特点。春秋时有已氏之戎、北戎、允姓之戎、伊洛之戎、犬戎、骊戎、戎蛮等。旧时，"戎"或"西戎"是古代中原人对西北各族的泛称。

众所周知，西周末，"烽火戏诸侯"的故事，说的就是西周都城镐京被犬戎族攻破，周幽王被杀。儿子宜臼继承王位，就是周平王。周平王即位后，怕犬戎再打进来，不敢再留在镐京，公元前 770 年，他把都城从镐京迁到东都洛邑（今河南洛阳）。因为镐京在西边，所以历史上把平王东迁以前的周朝称为西周，东迁以后的周朝称为东周。所以，那时的戎族势力还是很强大的。

春秋时期，北京有一个著名的历史成语"老马识途"，途，路。意思是：老马认识道路。比喻有经验的人熟悉情况，能在某个方面起指引作用。这则成语故事正是来自齐桓公兴兵救燕伐山戎的这场小规模战争。《韩非子·说林上》：管仲、隰朋从桓公伐孤竹，春往冬返，迷惑失道。管仲曰："老马之智可用也。"乃放老马而随之，遂得道。

山戎是当时北方的一个少数民族，经济和文化比较落后。他们经常到中原地区进行骚扰，劫掠粮食、牲口和财物。中原各国抵御山戎和其他少数民族的侵犯，常发生小规模的战争。

战国时代，即公元前 5 世纪前后，燕、赵、秦三国的北方与戎族及匈奴等民族接壤，这些民族常常南下侵犯，为了防御他们，三国便在北方筑起了高大的城墙，这就是万里长城的前身。

西戎，后逐渐东迁，在燕山南北。山戎，亦叫北戎。延庆山戎墓葬群，就是春秋战国时期迁移到北方的少数民族部落居住点。山戎部族以"射猎禽兽为生"，"随畜牧而转移"，经常侵犯中原，成为燕、齐诸国之边患。公元前 664 年齐桓公兴兵救燕伐山戎，大败孤竹、山戎部落。至战国中期，山戎族被燕国征服后与华夏民族融合了。

民族，泛指历史上形成的处于不同社会发展阶段的各种共同体，如原始民族、古代民族、现代民族等。在我国汉语中，"民族"一词在近代才开始普遍使用。

《山海经》中神话故事非常丰富，也涉及民族学的知识，有许多国名、族名，如肃慎国、巴国、氐羌、苗民，以及前面提到的北狄、犬戎、犬封、赖丘、无肠等小国，是研究我国远古族群形成的重要文献。所以说，华夏族正是由这些族融合而成，永定河畔是华夏民族起源地，比汉族中原说早 2000 多年。商周以来，就更显示出一个多民族国家的形象。

少数民族是对我国除汉族以外的人口居少数的民族的总称。我国各民族都是统一的多民族大家庭中的一个平等成员，都是中华民族的一个组成部分。

2004 年，我国立项的重大科研项目"中华文明探源工程"经 10 年的考古证实，认同"多元一体说"，中华文明的起源呈现的是多样性、区域性、不平衡的发展过程。

在文明探源的过程中，东胡、山戎、北狄、西戎、羌人、巴、蜀等部族的文化遗存也不断被发现，极大地丰富了对早期中国各地区文化多样性的认识，也为探讨多元一体的中华民族统一国家的形成和发展提供了宝贵资料。

永定河畔的奚族古崖居

古崖居位于官厅水库北侧、延庆张山营镇一条幽静的峡谷中，是中国目前已发现规模最大的崖居遗址。在一条不到 10 米宽的山沟两侧，距离谷底近 10 万平方米的陡峭花岗岩石壁上，遍布着人工凿刻的 147 个石室。石室大小不均、形状不一，或单独成间，或几室相通；有的套间平行，有的复式两层，有的甚至极类似现代居民楼的"三居室"。

这些造型独特的石室凿于什么年代？又是何人所凿呢？据延庆区文物部门调查考证，初步断定为唐代北方少数民族奚族的居室。

奚，会意字。甲骨文、金文从爪（手），从幺（绳索），从（人），整个字像手牵着一个被绑着的人。篆隶楷将爪（爫）移到了字的上部。本义是奴隶。《周礼·秋官·禁暴民》："凡奚奴聚而出入者，则司牧之，戮其犯禁者。"

奚，古族名，是东胡族的一支，南北朝时称库莫奚，分布在饶乐水（今内蒙古自治区西拉木伦河）流域，游牧于辽宁省西北部及河北张家口地区，他们依山射猎或放牧、种田，收获后将物品藏于石屋内，经常向中原朝廷进贡，也进行交换。唐太宗李世民（599—649）时期，在对外关系方面免除了对游牧民族的侵扰，对四境的少数民族采取比较宽容的政策，同等看待汉族和非汉族人，因此境外部落纷纷内附。太宗二十二年，即公元 648 年，契丹族首领窟哥、奚族首领可度者率部归附唐朝，并赐李姓，在契丹部落居住区设松漠都督府，在奚部落居住区设饶乐都督府，两族置东夷都护府统辖。玄宗时，两族与唐朝关系密切，奚族与契丹族被称为"两蕃"。玄宗十年，即公元722年，封契丹首领松漠都督李郁于为松漠郡王，封奚族首领饶乐都督李鲁苏为饶乐郡王，将燕郡公主嫁于李鲁苏。玄宗十四年（726），改封契丹松漠郡王李召固为广化王，改封奚族饶乐郡王李鲁苏为奉诚王，封宗室的两个外甥女为公主，分别嫁给他们。玄宗十八年（730），两部落发生反叛，投奔突厥，被朝廷镇压。玄宗天宝四年，即公元745年，封宗室的两个外孙女的女儿为公主，分别嫁给他们，将静乐公主嫁给契丹松漠都督李怀节，将宜芳公主嫁给奚饶乐都督李延宠。当年，两族发生内乱，也将两个公主杀害。

从南北朝到隋唐时期，奚族和契丹族还处在氏族社会，过着游牧和渔猎生活，两族语言相同。唐末，中原地区战火纷飞，奚人又分为两部分，一部分在首领去诸率领下西徙妫州（今延庆），别称"西奚"，一部分称东奚，先后附辽，多居于中京地区（今内蒙古宁城县西南），渐渐与契丹人相融合。五代初，契丹耶律氏阿保机（827—926）统一了契丹八部，并重用汉族人进行了一系列的改革，建城郭，制定契丹文字，发展农业生产，加快了契丹族的封建化。到了916年，耶律阿保机就在临潢府（今内蒙古巴林左旗东南）自立为皇帝，就是辽太祖，正式建立了契丹政权，并开始向外扩张。

"西奚"是个弱小的民族，无力与其他部落抗争，平原地带也没有他们的落脚点，迁徙到妫州（今延庆区）后就在山崖上凿洞定居下来，夏则出随水草，冬则入处穴中，狩猎务农为生，常向朝廷进贡。那时，且有汉、契丹、奚、女真、渤海、室韦、回鹘、诸虬人等聚居，并保持和睦，谁当朝就归附谁，渐渐与辽金朝代相融合。公元1153年，金迁都燕京（今北京）后，奚人首领落虎就归附于完颜希尹部下，这时期，奚人已完全融入他族。对于奚族，唐、辽、金史书中略有叙述，至元代后史书上就没有了记载，奚族存在700余年历史。

奚族消失了，没有留下更多的史料和实物，却给后人留下一座古老又新奇的岩石建筑群。虽比不上紫禁城宫殿那样金碧辉煌，但崖居的自然之美与日月同辉。古崖居安静地悬在峡谷之间，她更像一个符号，作为中国古建筑另类的样式，孤独地守望着历史，提醒着人们对历史保持思考，保持探索，保持敬畏。

（此文系本书作者文章，登载在《知识就是力量》杂志2009年第2期）

永定河畔的金代皇陵

在北京西南的房山区，穿过著名的良乡，再过古老的房山镇，沿崎岖的山路北行，有个名叫车厂村的地方。这里四面环山，中间有片顺山势逐渐平缓的山坡。在这方圆几千米的山坡上，散落着汉白玉的建筑残迹和随处可见的琉璃，这里就是金朝的帝皇陵。

金海陵王在公元1153年迁都燕京后，为了巩固迁都的成果，统一中原，并继续向南发展，在迁都的第二年，把祖宗的陵寝从上京（今黑龙江阿城）迁于大房山下。为此，房山最早曾称万宁县，后改奉先县。

金太祖阿骨打死后，原葬在黑龙江上京海古勒城西的奉殿，其弟金太宗完颜晟也葬在上京。海陵王迁都燕京后，将太祖、太宗二陵和同葬的十陵迁到中都大房山云峰山下。经过半年的时间，前后三次迁陵，大房山从千里之外迎来了14个皇帝。

太祖、太宗陵墓迁葬云峰山后，金朝帝后便相继葬在这里，有太祖睿陵、太宗恭陵、世宗兴陵、章宗道陵、熙宗思陵和随同太祖、太宗迁来的十帝陵——光陵、昭陵、建陵、辉陵、安陵、定陵、永陵、泰陵、献陵、乔陵以及后妃王墓数十座。其实，他们不过是太祖以前始祖以下的部落首领，此时都被尊以帝号，设置陵位。

睿陵，葬金太祖完颜阿骨打（1068—1123），女真族完颜部人，汉名旻，金国建立者，1115—1123年在位，期间定制度，立刑政，造文字，加强皇权。

恭陵，葬金太宗完颜晟（1075—1135），女真族完颜部人，太祖弟，汉名吴乞买，金国建立者，1123—1135年在位，期间逐步采用汉制，改革旧俗，创建各种典章制度，确立了金对中原的统治。

德宗陵，位于睿陵之侧，德宗是海陵王为其父完颜宗干追谥的庙号，迁到这里以帝王之礼安葬，并配葬金太祖。金太宗执政后，在金大定末年，完颜宗干被削去帝号，其陵的名称也没有流传下来，改葬于诸王兆域区一带。

思陵，此陵系金世宗时期所定。海陵王时削去帝号，降为东昏王，以王礼，由上京迁到大房山葬于云峰山诸王兆域区。金世宗时，下诏重谥"武灵皇帝"，所葬之陵加封为"思陵"，庙号熙宗，改葬于娥眉谷。娥眉谷在房山西庄村西坡。

金世宗在位时，追封自己的父亲完颜宗辅为"睿宗"，陪葬太祖陵，其陵曰"景陵"。

金世宗逝后，葬于太祖陵侧，其陵曰"兴陵"。

完颜允恭是金世宗的儿子，先于其父而逝，完颜允恭的儿子完颜璟当上了皇帝，是为金章宗，金章宗追封自己的父亲完颜允恭为显宗，陵号"裕陵"。

完颜璟是金朝第六位皇帝，1190—1208年在位，死后追封为章宗，陵号"道陵"。在金诸帝陵中，道陵最为富丽豪华，道陵是金章宗在世时，自己主持修建的。流传至今的"燕京八景"中的"道陵夕照"（后称"金台夕照"）即源于此景。陵区成为风景区，可见其豪华。

迁都又迁陵，名声显赫的完颜亮在位12年，起初也葬在陵区，他死后被一贬再贬，先贬为殇王，再降谥为海陵王，后来，金世宗把他降为庶人，其陵墓被迁出，改葬在陵区西南40里处，葬地不详，现已无迹可循。海陵王迁陵，自己却无葬身之处。后人有词叹云：孤身客死倩人怜，万古传名为逆贼。

这样，经过60多年的营建，在金章宗末年，金陵的地上建筑和地下宫殿均已建成，完颜家族的子孙如燕翅排开，陵墓依山而建，看起来就像一个"金"字，顶端正中就是云峰山主峰。海拔在1300米，高耸入云，冬季常年积雪，夏日凉爽怡人。云峰山又称九龙山，有九条山脊如奔龙向下延伸，中心为皇陵区，即太祖完颜阿骨打的睿陵，在东南侧左右两条山脉之中，东侧为坤厚陵区（皇后妃嫔），西侧为诸王兆域区（皇帝兄弟辈）。至此，有名号的帝陵共有17座，比明十三陵、清东陵、清西陵还要多。金陵是中国历史上为数不多的少数民族皇陵，也是北京地区年代最早、规模最大的帝皇陵，金陵占地面积6万多平方米，2006年列为全国重点文物保护单位。

金以北京为都城，历9个皇帝，凡120年。这片金陵墓群在明朝时被彻底摧毁了。明朝为什么要这样干，是因为崛起的东北满族是女真人的后裔，建国号后金，在和明朝的数次战争中，把明朝击败。后金之所以兴盛，就是因为他们的祖坟在大房山这块宝地，必须毁陵断脉才能打败他们，于是，天启二年（1622），明熹宗朱由校下令掘毁了金陵。清朝入关后认为自己与金同属一脉，清康熙二年（1663）九月，康熙帝曾命人修缮了金太祖、世宗陵殿，并立下了御制碑文流传至今。碑文叙述了陵墓群的破坏和修缮经过，斥责了明帝的无知，从来国运之兴衰，关乎主德之善否，有德者昌，无德者亡，迷信风水，而不知改过。清朝灭亡后，金陵屡遭盗劫，至此，金陵名存实亡。

由于年代久远和历史的变迁，这里已经无法看到当年皇家陵寝的宏大建筑。但是，通过陵区的残垣断壁和一处残破的宝顶，仍可辨认皇陵的痕迹，尤其是峡谷两侧的花岗岩、地伏、栏板和想象中的石像、石牌坊。人们可依稀勾画出金陵的宏伟气势。金陵遗址，供后人凭吊。

（此文系本书作者文章，登载在《北京晚报》2008年9月20日）

永定河畔的明朝景泰陵

明朝皇陵都建在北郊昌平十三陵，而没有入葬昌平的景帝朱祁钰为什么建在海淀西郊？

景陵在海淀区玉泉山北麓金山口，为明朝第七代皇帝朱祁钰（年号景泰）的陵寝。从颐和园北宫门外，过青龙桥，沿香山路西行三四里，玉泉山北麓有一座明代的陵寝——恭仁康定景皇帝陵，即景泰陵。

明蒋一葵《长安客话》记载："景皇陵在金山口，距西山不十里。陵前坎陷，树多白杨及椿，皆合三四人抱，高可二十丈。空同李梦阳经此集古吊之：北极朝廷终不改，崩年亦在永安宫。云车一去无消息，古木回岩凄阁风。"清《日下旧闻考·郊坰》也收录了此文字。

金山位于玉泉山北麓、正蓝旗村北。金山之名由来已久，《颐和园山水的由来》载：颐和园之万寿山是金海陵王之"'金山行宫'，称此孤山为金山"。这里是明代埋葬嫔妃的地方，有明万历之女仙居公主墓，碑称"葬金山之原"，古刹称"金山宝藏寺"。

景泰陵又称"十三陵外又一陵"。为什么景帝要葬在这里？那是因为，景泰帝朱祁钰与明朝历史上的两大事件有关，即"土木之役"和"夺门之变"。这得从三段历史故事说起。

土木之役

明正统十四年（1449）七月，蒙古族的瓦剌，由也先率领，大举进犯。山西大同一带吃紧。这时明廷中宦官专权，朝政腐败。年轻的英宗朱祁镇，自小由宦官王振侍候长大，对王振言听计从。王振是山西蔚县人，离大同不远，他怕自家的产业受到洗劫，极力怂恿朱祁镇"御驾亲征"，虽然有许多大臣反对，但是谏阻无效。英宗拼凑了五十万兵马，粮草也未筹齐，就匆匆忙忙上路了。王振规定的行军路线也不合理，兵马还没有到达大同，已经饿死了不少人，前方又不断吃败仗，朱祁镇和王振害怕了，这才急忙下令回师。当官兵撤到土木堡（今永定河上游官厅水库附近），群臣力主进驻怀来，王振拒不采纳，还大发脾气。这时天气还很热，人马已两日没有水喝，挖地两丈也无水，大家十分惊慌，而四周已被瓦剌包围。也先又耍阴谋，假意言和，正当朱祁镇派人去谈判，明军正向有水源地方移动时，突然炮声四起，瓦剌发起猛攻。明军仓皇应战，结果死伤过半。朱祁镇也被瓦剌俘去。明军官兵对王振恨之入骨，护卫将军樊忠举起铁锤，大呼："吾为天下诛此贼！"一锤把王振击毙。皇帝当了俘虏，数十万兵马被歼，这就是历史上有名的"土木之役"。

大明天子做了也先的阶下囚，也先高兴之余，该把明朝皇帝怎么处置呢？部下意见很不一致，也先犯难了。最后把明英宗暂时看管起来。此后，也先一面用明英宗作人质，要挟勒索明廷，同时带兵南下，包围了北京，并四处抢掠财物。

于谦保卫北京城

土木堡大败的第二天，八月十六日夜，朱祁镇被俘的消息传到北京，人心惶惶，英宗的弟弟郕王朱祁钰向群臣问计。当时朝中有两派。一派以侍讲徐珵（后改名徐有贞）为首，主张议和，放弃北京南迁。另一派以兵部侍郎于谦为首，主张坚决保卫北京，他当众慷慨陈词："言南迁者可斩！京师是天下根本……"并提出"社稷为重，君为轻"的口号，双方经过激烈辩论，于谦的正确主张，得到了大多数人的支持，朱祁钰也表示赞成。这年九月，朝臣又拥朱祁钰为皇帝，历史上称景泰皇帝。

于谦（1398—1457），明朝大臣，字廷益，钱塘（今浙江杭州）人，永乐进士，历官御史、兵部右侍郎。景帝登位后，于谦被提升为兵部尚书，立即积极备战，一面招兵买马，修筑城防工事，一面筹运粮草，调遣军队，做好保卫北京的准备。

这年十月，瓦剌挟持朱祁镇，围攻北京。于谦沉着应战，在京城九门外，布置兵力，严阵以待。于谦也带兵驻扎在德胜门外，并亲自对全军进行战斗动员，声泪俱下。守军人人精神振奋，英勇作战。于谦每战都身先士卒，全城百姓也全力支援，广安门一带战斗激烈时，群众登房顶，抛砖飞石，奔走呼号，喊声震天。终于把瓦剌打得溃不成军，丢车弃马，狼狈逃窜。

也先吃了败仗，又听说立了新皇帝，他俘去的英宗，也就没有多大价值了，次年八月便把朱祁镇送回来了。

夺门之变

朱祁镇回北京以后，被景帝朱祁钰尊为太上皇，居住在南宫。但他并不甘心失去皇帝的宝座，一直私下活动，也有几个心腹党羽。原先主张放弃北京南迁的徐有贞，便是其中的一个。

　　1457年正月，朱祁钰病重，朱祁镇与徐有贞、曹吉祥、石亨等人合谋，在正月十七日凌晨，调兵千人，簇拥朱祁镇，夺宫门，入大内，擂鼓鸣钟，大开诸门，徐有贞大声宣布，"太上皇复位了，众官何不进谒!"等在朝房的百官，原是候景帝视朝，突然听到此变，都不知如何是好，但又不敢违抗。于是排班跪伏，山呼万岁。徐有贞搞复辟有功，受命入阁。朱祁镇即位后，立即宣布逮捕于谦、范广等人入狱。这就是历史上的"夺门之变"。

　　朱祁镇第二次做皇帝，生怕正直的大臣反对，在徐有贞等人合谋下，当天就对于谦等下了毒手，判处于谦等人死刑。这时朱祁镇还假惺惺地说：于谦"实有功，不忍加刑"，徐有贞上前连声呼叫："不杀于谦，今日之事无名。"朱祁镇这才表示同意，下令"弃市"。真是欲加之罪，何患无辞。

　　于谦被害以后，"京郊妇孺，无不洒泣"，北京有好几千人，冒着严寒和受迫害的危险到现场"哭祭"，人民把于谦的尸体偷偷收殓，以后由于谦的女婿运回杭州，葬在西湖边上的三台山。人民又在东城裱褙胡同于谦的住处，建了"于忠肃公祠"，表示对他的崇敬。

　　朱祁钰当了近八年皇帝，英宗复辟不久，朱祁钰因病情加重而死。也有人传言，说是英宗派宦官蒋安，用帛将朱祁钰勒死的。

　　朱祁钰死后，英宗不再承认他的皇帝身份，废帝号，仍称郕王，并以王礼把他埋葬了。他生前在十三陵所建的陵墓，后来葬了朱常洛，便是现在十三陵中的庆陵。

　　到了成化十一年（1475）十二月，宪宗朱见深宣布朱祁钰"戡难保邦，奠安宗社"有功，恢复他的皇帝身份，称为景皇帝。但是，他的遗体并没有因此迁移到昌平的明陵，只是将原绿色琉璃瓦换成黄色，使之符合帝陵规制，但规模较小。

　　景帝陵寝坐北朝南，原建有享殿、神库、神厨、宰牲亭、内官房等，现已不存。今陵前有黄瓦歇山顶碑亭，亭内立有清代乾隆三十四年（1769）石碑一座。石碑正面刻有乾隆题《明景帝陵文》，碑阴刻有"大明恭俭康定景皇帝之陵"一行大字，碑亭后有黄瓦硬山顶棱恩殿三间，其后为宝城。1979年公布为北京市重点文物保护单位。2001年为全国重点文物保护单位。

　　如今，河北怀来县有纪念"土木之变"阵亡将士的显忠祠。北京东城区西裱褙胡同有于谦祠。这都是用来纪念明朝北京发生的历史故事及人物。

永定河畔的民族文化

　　永定河不仅仅是汹涌奔腾，也不仅仅是静静流淌，而是孕育着北京多民族融合和统一的肥沃土壤。北京与各少数民族一起共同创造了永定河文化、燕山文化、民族文化，并推动了北京历史的进程。

　　5000年前，我国黄河中下游土质疏松、雨量充沛、气候温和，适宜农业生产。大约在公元前 16 世纪，居住在这里的诸夏族便最早进入阶级社会并建立了国家。经过夏、商、周三朝，通过战争和政治、经济、文化影响，逐渐把周围的大小氏族、部落、部落联盟吸收进来，融合为一个民族，叫华夏族。而后，诸夏族同王朝境内和周边的各氏族、部落不断地进行文化经济交流，逐渐走向统一和融合，形成中华民族。

北京地区与中原地区一样，北京属华夏族，由局部统一逐渐走向大统一，与各民族融合在一起。所以，北京是多民族统一的地方。

远古时，黄帝、炎帝、蚩尤在永定河畔的涿鹿交战后，就实现了大统一。这是第一次北京地区的民族融合。

相传，黄帝、炎帝、蚩尤是我国远古时代三个部落的首领。黄帝族和炎帝族最早都居住在我国的西部，发祥地在陕西北部，后来向东迁移，渡过黄河，顺着中条山和太行山边，又折向东北，到达今山西省南部的黄河之滨，最后在涿鹿一带定居下来。黄帝族的力量比较强大，文化也比较高。年代久了，黄帝就成了汉族的始祖。传说中的黄帝姬姓，号轩辕氏，所以，后来人们就用"轩辕"来象征我们伟大的祖国。

蚩尤，是九黎族的首领。九黎族最早居住在我国东部，属东夷部落。他们活动的范围，北自山东南部，西至河南东部，西南到河南南部，南到安徽中部，东面一直到海边。后来由于与炎黄两族相争，一部分九黎族南下与南方的土著苗蛮部落居住在一起。九黎族最早进入我国中部地区，在炎帝族向中部推进时，双方发生冲突。后来，炎黄联合，展开了"涿鹿之战"。

黄帝南北征战，与炎帝部落结成联盟，在北京西北的涿鹿打败了九黎部落。之后，炎帝败盟，侵扰其他部落，争夺盟主地位，于是又出现了黄帝部落与炎帝部落"战于阪泉之野"的战争。经过三次大战，黄帝打败了炎帝。此后，就在涿鹿建立了都邑，实现了大统一。

在西周初大分封时有 1800 多个诸侯国，到了春秋时期只剩下 100 多个，比较大的诸侯国有秦、晋、齐、楚、鲁、卫、燕、曹、宋、陈、蔡、郑、吴、越等，其中最强大的是秦、晋、齐、楚。小的封国有弦、黄、徐、随、申、息、邓、霍、耿、魏、虞、虢等。楚国先后灭掉了申、息、邓、蔡、弦、黄、徐等小国。晋国先后灭掉了霍、耿、魏、虞、虢等小国。大鱼吃小鱼，小鱼吃虾米，大国灭小国，小国再征服部落，正是春秋时期争夺霸主的年代。春秋末期，只剩下齐、楚、燕、赵、韩、魏、秦等战国七雄，最后秦王嬴政横扫六国。

那时，北京地区的周边有燕国、蓟国、孤竹、无终等小国。燕昭王即位后，招贤纳士，励精图治，使燕国由弱到强，不断发展壮大，兼并了周边的小国和部落，并成为战国七雄之一，完成了局部统一，强盛了民族力量。

在永定河畔官厅水库东北侧发现的山戎族古墓群，发掘有完整的山戎墓葬 10 座，清理墓穴 200 余座，距今约 2800 年。山戎族原为我国西北部的少数民族，后迁徙到燕山一带居住下来。考古发现为北京地区少数民族发展及研究提供了丰富的实物资料和珍贵的科学依据，证明在 2800 年前山戎族被燕国征服后与其他民族融合了。

战国七雄中燕国起初最为弱小，多次险被别国所灭。燕国人靠着险要的地形，以自强不息的精神，顽强地生存下来，并获得了发展与壮大。北御山戎，驱逐东胡，南抗齐、晋、辽东，其范围包括今天的北京市、天津市大部及河北省北部、辽宁省西北部地区。这是北京地区的第二次民族融合。

由于燕国蓟城所处的地理位置靠北，所以，秦始皇统一六国后，蓟城就成为统一封建国家的北方重镇，蓟城的这一特点自秦至唐1000多年中始终不变。自西汉时期起，蓟城就是东北地区各民族和汉族人民经济、文化交流的中心。同时，每当以汉族为主建立的王朝强盛时，蓟城便成了中央王朝控制和经营东北地区的基地，如隋炀帝、唐太宗对高丽用兵，多次亲自到过蓟城。以后唐太宗为纪念阵亡将士在蓟城建悯忠寺，就是今天北京广安门法源寺的前身。可是，在以汉族为主的中央王朝衰落时，东北游牧部落则常常乘机入居中原。在进入中原过程中，蓟城就成为双方必争之地，进而作为继续南下的据点。

唐朝时，北京为幽州之所，即幽州城。当时有汉、突厥、契丹、女真、奚、靺鞨、室韦、高丽、新罗、回纥、吐浑等各民族共同生活在一起，友好往来，和睦相处。这是北京地区的第三次民族融合。

位于永定河畔延庆区张山营镇一条幽静的峡谷中的奚族人古崖居遗址，遍布着人工凿刻的147个石室。石室大小不均、形状不一。唐末，中原地区战火纷飞，北方少数民族奚族迁徙到此地，就在山崖上凿洞定居下来。这时期，奚族人已完全融入北京各民族中了。

自契丹天显十一年（936）起，北京地区先后由契丹、女真、蒙古等少数民族政权统治达400多年。辽在此置南京，金在此建都。元朝统一中国后，历史上的北京城成为统一国家的首都。

公元938年，蓟城成为辽的陪都。辽是崛起于中国东北方的少数民族契丹人建立的。因为蓟位于它所辖的疆域的南部，所以改称南京，又叫燕京。一个多世纪以后，另一个少数民族女真人建立的金朝将辽灭亡，并于1153年迁都燕京，改名中都。1214年，金朝因受到新兴的蒙古族军队的进攻，被迫迁都汴京（今河南开封），第二年蒙古铁骑入占中都。1267年，蒙古族首领忽必烈下令在中都城的东北郊筑建新城。四年后这位首领即在兴建中的都城内登上皇帝的宝座，建立了中国历史上的元朝。1276年新城全部建成，这便是意大利旅行家马可·波罗在游记中称"世界莫能与比"的元大都。从此，北京取代了长安、洛阳、汴梁等古都的地位，成为中国的政治中心，并延续到明、清两代。1911年10月10日，中国爆发了资产阶级民主主义革命，第二年二月清帝被迫宣告退位。至此，中国最后一个封建王朝溃亡，北京作为帝都的历史到此结束。

在此后的30多年里，北京历经苦难。先是连年不断的军阀战争，使当年的帝都变得衰微破败；1937年日本侵略军侵入，古城在血与火中苦熬了8年；抗日战争胜利后，国民党政府接管这座城市。苦难、屈辱、血泪，终于使人民起而抗争。1949年10月1日，中华人民共和国成立，北京成为新生的共和国的首都，古城的历史揭开了新的一页。一座城市的历史就是一个国家的历史。今日的北京是中国历史和现状的缩影。北京是古老的，但又是一座焕发美

北京的母亲河

丽青春的新城。

历史政治地理研究各个历史时期政权和民族的分布、疆域范围、行政区划等及其变化。氏族部落—方城诸侯—军事重镇—都城国家,古老的北京就是这样一步步走来。北京灿烂的历史文化,是各民族共同创造的。经历了5000年漫长而曲折的历史进程,我们才形成今天这样一个多民族的统一国家。

战争、贸易和婚姻是古代民族融合、文化交流的三种形式。在中华五千年的历史进程中,发生过大大小小的农民起义战争190多次,仅有一次在北京,即公元499年(北魏太和二十三年),北京地区王惠定领导的幽州农民起义。

在历史进程中,各少数民族都迁往北京地区的燕山一带居住、生活、繁衍,与北京的各民族融合在一起。北京地区背靠燕山,山前有条永定河,是适宜人类生存发展的地方。在北京各少数民族共同创造了燕山文化、永定河文化、民族文化,推动了北京历史的进程。举世瞩目的万里长城就是各民族融合的纽带。

总之,我国各民族各地区的统一,是以中原王朝为核心,逐渐由局部统一发展到以北京为核心的全国大统一。中间虽然经历了统一、分裂、再统一、再分裂,到最后大一统的曲折而漫长的过程,统一始终是历史的主流,也是历史的必然,任何势力都阻挡不住我国统一的历史潮流。在这个伟大的统一事业中,我国各族人民都做出了自己的贡献。

据资料统计,截至2004年年底,北京市有56个民族,少数民族人口为480384人,占全市总人口数的3.84%。人口在万人以上的少数民族有回族、满族、蒙古族,人口在千人以上的还有朝鲜族、壮族、维吾尔族、苗族、土家族、藏族。

北京市有5个民族乡,109个民族村,有民族中学10所,民族小学43所,民族托幼园所31所,在16所大学办有民族班,初步形成了学前教育、学龄教育、中等教育、职业教育、高等教育有机结合的民族教育体系。

北京是个多民族统一和融合的地方,北京是个大家庭。

永定河畔的燕长城

长城虽然比永定河的名气大,但山河因为有了长城而更加雄伟壮丽。长城是人文历史遗迹,是我国古代的一项伟大工程。

在我国历史上,修筑长城并不是从秦代开始的。春秋战国时期长城分为两类:一类是为抵御游牧民族骚扰的北长城,有保卫中原地区先进生产方式的作用;另一类是中原各国之间互相防御的城墙。

战国中期,约公元前330年前后,各诸侯国为了自卫,特别是燕、赵、秦三国,为防御北方的犬戎及匈奴族的掠夺和进攻,各自沿着北部的边境修起了城墙和堡塞,这即是长城的前身。另外，当时齐、楚、赵、燕等国之间，彼此为了互相防御也修筑了参差交错高大的城墙，这些城墙很长，故称作长城。

由于燕国远离中原，又是一个经济文化十分落后的后起之国，直到公元前361年燕文公时才"初有史纪事"，其早期史料十分缺乏，给人们的研究造成了很多困难。《史记·匈奴列传》记载："秦有陇西、北地、上郡筑长城以据胡。而赵武灵王亦变俗胡服，习骑射，北破林胡、楼烦。筑长城，自代并阴山下，至高阙为塞，而置云中、雁门、代郡。其后燕有贤将秦开，为质于胡，胡甚信之。归而袭破走东胡，东胡却千余里。与荆轲刺秦王秦舞阳者，开之孙也。燕亦筑长城，自造阳至襄平，至上谷、渔阳、右北平、辽西、辽东郡以据胡。当是之时，冠带战国七，而三国边与匈奴。"据此可知，秦、赵、燕筑长城已具规模，赵武灵王时是公元前325年。

有关北京地区燕长城的修筑，史书上没有记载，至今留下的燕长城遗迹也很少，人们一直在苦苦寻迹，毕竟2400多年了。所以，一旦发现燕长城遗迹特显珍贵。

燕长城历史考

燕长城，公元前3世纪，燕国为防御东胡的骚扰，在其边境北部沿边设上谷（今河北西北）、渔阳（今北京密云）、右北平（今河北西峰口以北）、辽西（今河北及辽宁辽河以西地区）、辽东（今辽宁东南）五郡，并沿五郡边界筑边墙，驻军戍守，加强北部边防。同期赵、秦等国也分别在各自境内修建长城，从而奠定了中国北方长城的基础。

燕国的边墙大约建筑于燕将秦开破东胡之后，其目的是"拒胡"。"燕亦筑长城，自造阳至襄平，置上谷、渔阳、右北平、辽西、辽东郡，以拒胡。"从这一史实记载来看，其规模相当可观。在今内蒙古赤峰市红山北沿西路戛河北岸有燕向东延伸的燕北地长城的遗址，其中遗存至今的部分经老爷庙、八家子、撒水坡等村，全长30多里。长城壁有的地方用土夯筑，有的地方用石块建筑，现存二三米至四五米高不等。燕长城遗迹跨山越谷，气势雄伟，由此可想象其在当时已是十分雄峻壮观。

南长城，燕昭王之前修筑

燕，公元前11世纪周分封的诸侯国之一。燕国在今河北省北部和辽宁西端，建都于蓟（今北京城西南），又以武阳（今河北省北部易县南）为下都，燕国为战国七雄之一。

根据历史文献记载，燕国筑有南、北两道长城。燕、齐两国长期发生战争，为防齐，燕修南长城。同时，秦国已逐渐强盛，东进图霸，驱赵而威胁燕境。所以南长城也可作为防赵、御秦的依托。

公元前316年燕王哙意欲改革，把王位让给相国子之。但此举非但未能强国，却引起太子平和将军市起兵叛乱，齐宣王又乘机攻占了燕国，燕王哙和相国子之皆死于战中。从此燕、齐两国结仇。燕昭王二十七年，乐毅为将，联合各国攻破齐国，占齐70多城。此时，为燕国鼎盛时期。燕昭王去世后，燕又为齐所败，所夺之地亦全部丧失。

据考古调查，由河北省安新县经徐水县向西有一道夯筑城墙遗迹，相传是燕国的长城，应是当时燕与中山国的分界。燕王哙三年（公元前 318 年）燕国发生了内乱，齐宣王乘机伐燕，一举攻下燕都。这次中山国也派司马赒率兵参加了讨伐燕国的战争，并开拓疆土"方数百里，列城数十"。

黑龙口燕长城位于河北保定容城县城西南 13 千米的黑龙口村东 200 米处。该长城残长 200 余米，高 0.5~2 米。夯土筑成，每层厚约 17 厘米，顶宽 4 米，底宽 6 米。1984 年 7 月，容城县文保所在文物普查时发现此段长城。据《中国历史地图集》第一册和北张村一古碑记载，这段"界堤"是战国时期燕、赵两国的分界线，也是燕国南长城的一段。

关于燕南长城，《历年通鉴辑览·卷九》载：燕昭王元年（公元前 311 年）秦使张仪说楚、韩、齐、赵、燕连横以事秦。仪谓燕王曰："赵以效河间，大王不事秦，秦下甲云中，九原，驱赵攻燕，易水长城非王之有矣。"据此得知，在燕昭王（公元前 311 年）时，已有易水长城之称，建筑年代要早于公元前 311 年。1987 年 8 月，该处被列为县级文物保护单位。保护范围以长城中心为基点，向东 200 米至沟，向西 200 米至河沟。保护面积为 2400 平方米。

《水经注》易水条载："易水又东届关门城西南，即燕之长城门也。"又载："易水又东历燕之长城，又东径渐离城南。"

南长城的修建时间，据《史记·张仪列传》载，燕昭王在张仪的游说下，服从了秦国的连横。张仪归报，但未至咸阳，秦惠王卒。秦惠王卒于更元十四年，在燕则正值昭王元年即公元前 311 年。由此可知，燕南长城应当修筑于昭王之前。

《水经注》《元和郡县图志》《读史方舆纪要》《易州志》等历史文献中，有一些关于燕南长城走径的记载：由今河北省易县西南，向东经徐水、雄县至大城县西南。

北长城，战国的最后一道长城

关于燕北长城，《史记·匈奴列传》载："其后燕有贤将秦开，为质于胡，胡甚信之。归而袭破走东胡，东胡却千余里。与荆轲刺秦王秦舞阳者，开之孙也。燕亦筑长城，自造阳至襄平，置上谷、渔阳、右北平、辽西、辽东郡以拒胡。"

秦开修筑北长城的年代，史书没有明确记载，史家普遍根据秦开、秦舞阳的祖孙关系，并以荆轲刺秦王之年代为准上推，认为燕筑北长城当在燕昭王时，如果此推断合理，则燕北长城为战国时期最后修的一道长城。

关于北长城的走径几乎没有记载，仅有起于造阳，止于襄平两点。但近些年来考古工作者在内蒙古多伦、赤峰及河北省围场县等地，发现不少燕长城遗址。

据《承德府志》载，清乾隆十七年（1752），乾隆皇帝巡幸木兰围场，发现了一段东西长 400 余里的长城，并在今围场县新拨乡岱尹梁北镌立《古长城说》石碑一块。碑文所记载的长城遗址，即为燕北长城，后为秦始皇所用。

今延庆区最西南方一个名叫帮水峪的小村落有燕长城遗迹。燕长城城墙仅存 10 米左右，这段燕长城全都是土质的。土墙已经残破不堪，但恰好处在对面向阳山坡上燕长城遗迹向南延伸的路线上。这是北京现在能看到的一段燕长城的城墙。

这段长 10 米左右的土墙北半段保存相对较好,还有近 2 米高,而南半部随着山势向上攀升,损毁得几乎只剩下了墙根。土墙周围长满了荒草和低矮的灌木,在山坡到土墙的墙根,土墙上有规律地布满了沿山势向北倾斜的线条,仔细一看实际上是墙上不同土层分割交接的界限。这是不同的土层,燕长城用土夯筑的较多,施工时墙的两边用木板夹住,中间填满土,然后夯实。每个土层的厚度都不相同,薄的 8 厘米,厚的 15 厘米到 20 厘米。

　　土墙继续沿山脊向东南方向延伸,只不过除了这段残存的墙体之外,其余基本上都是向对面山坡上稍稍隆起的土线。这段总长约 500 米的遗迹,除了这段城墙外,仅能看到山脊上曾夯筑有土墙。在山顶较高的位置还有几个坍塌、风化的土台,这段遗迹大致形成一个向西北方向突出的弧,两边端点与明代修筑的砖石长城相交。

　　近年来,燕长城的考察已有一些新的进展,这些 2400 多年前的遗址,哪怕仅仅是一段无法辨别的土垣,也标示着那个时代的痕迹。

　　现在,北京段长城有 629 千米,遗留下 827 座城台,71 座关口。跨越门头沟、昌平、延庆、怀柔、密云、平谷 6 个区。

第六章　永定河畔的北京城

远古时期的北京，三面环山、湖淀众多、河道纵横、水草茂盛、土地肥沃，由永定河洪水冲积形成了海湾状的地形，故称"北京湾"。北京是人类远古祖先"北京猿人"的故乡，是华夏民族发祥地之一，作为辽、金、元、明、清五朝古都，已有3000多年的建城史。北京的名称曾有幽州、幽都、幽陵、蓟城、燕京、南京、中都、大都、京师、北平等。悠久的历史、灿烂的文化，使北京成为世界著名的历史文化名城。

永定河畔——古蓟国

大约在四五千年前的黄帝时代，中国原始社会的晚期或新石器时代的晚期，在永定河畔（北京小平原）生存着一个很小的氏族部落——蓟人，他们用一种植物——蓟，来命名自己的国家，这就是古书上常提到的蓟国。古人用植物蓟草来作为自己的国号，可是，史书史籍上没有记载有关蓟国的资料，现代考古至今也没有发现蓟国历史的踪迹。

秦汉时儒家学者所撰《礼记·乐记》载："武王克殷，反商。未及下车而封黄帝之后于蓟。"意思是说，周武王打败了商纣以后，到了商地，还没等下车就封黄帝的后裔于蓟。

西汉史学家司马迁在《史记·燕召公世家》中有记载："周武王之灭纣，封召公于北燕。"这里所说的"北燕"指的就是今天北京一带，再加上河北涞水等地区。《史记·周本纪》也提到："武王追思先圣王，乃褒封……帝尧之后于蓟，……封召公奭（shì）于燕。"

西汉经学家、文学家刘向（公元前77年—公元前6年）在《战国策·燕策》载乐毅为燕昭王合五国之兵而攻齐："珠玉财宝，车甲珍器，尽收入燕，大吕陈于元英，故鼎反于历室，齐器设于宁台。蓟丘之植，植于汶皇。"这是历史上最早出现蓟丘之名。

南北朝时期北魏水文地理学家郦道元（466—527）所撰《水经注》记载：从前周武王将蓟分封给尧的后裔，现在城内西北角有蓟丘，就是按丘名来取城名的，正像鲁国的曲阜、齐国的营丘一样。这里就是周武王封给召公的诸侯国。可见，郦道元是实际考察了当时的蓟丘、燕国的遗址，还对北魏时的北京城作了详尽的描述。

明朝古典小说《封神演义》虽是后人编纂，但也描述了那时商朝和周朝的激烈战争场面，最后也就有了周武王的列侯分封国号名讳：蓟——姬姓，侯爵。系帝尧之裔。武王克商，求其后，封于蓟，以奉唐帝之祀。即今之北京顺天府是也。

清朝《日下旧闻考·形胜》记载："燕蓟为轩黄建都之地，宸山带海，形势之雄伟博大，甲于天下。我朝定鼎于兹，巩亿万载丕丕基，美矣，茂矣。"

由此可知，西周初期，中国北方有这么两个小国——蓟国和燕国。又可知，在西周之前的夏、商时期就有这两个小国。

司马迁（公元前145—？），西汉史学家、文学家，字子长，陕西韩城县人，自幼聪明，10岁就能诵读古文，20岁开始遍游名山大川，探访古迹，考察风俗，采集传说。父亲司马谈病逝后，他继承父业，做了太史令，专管记述天下历史的事。但当时书很少，好多事无法下笔。他碰到的第一个问题就是中华民族的始祖是谁，生活在哪里，有什么证据。为了弄清历史的真实情况，他装扮成一个普通老百姓，满天下到处考察起来。所以，司马迁把《史记·五帝本纪》作为第一章节，正如本章节的末尾所言：

"余尝西至空桐，北过涿鹿，东渐于海，南浮江淮矣，至长老皆各往往称黄帝、尧、舜之处，风教固殊焉，总之不离古文者近是。予观《春秋》《国语》，其发明《五帝德》《帝系姓》章矣，顾弟弗深考，其所表见皆不虚。"

可见，司马迁到过河北涿鹿，考察黄帝、炎帝、蚩尤的遗迹及遗址。蓟国和燕国离涿鹿也不远，顺永定河（古称桑干河、治水、灢水）而下，就可到蓟国和燕国进行考察。司马迁在《史记·燕召公世家》中记载了燕国王侯的世袭，可唯独没有蓟国的记载，由此可知，那时已经没有蓟国的遗迹可考察，有关蓟国的传说也失传了，正史野史均无。

史书史籍记载黄帝时代都是2000多年前的事迹，司马迁实地考察涿鹿黄帝的足迹也是2000多年前的事，所以，我们现在离黄帝时代已经4000年至5000年了。

《中国历史地图集》载，商朝以前北方没有诸侯国，西周时才有燕国及蓟的记载，可见，实在是缺乏历史资料及考古发现，简直就是空白。

西周武王分封时，离黄帝时代也1000多年了，没有文字记载蓟国的事件和古人的活动，那么，我们就从蓟字汉字起源和永定河的历史地理说起，来破解蓟国之谜。

周朝的始祖后稷，名叫弃，以姬为姓。后稷的兴起，在唐尧、虞舜、夏禹的时代，这一家族都有美好的德行。蓟是后稷的一分支家族。稷、姬、蓟都是黄帝的后裔。用蓟表示自己部落称呼，说明姬是先祖。蓟与姬，音相近，义相通。从远古先祖颛顼、帝喾、唐、虞、夏、商、周七代传下来。

姬（jī），形声字。女表义，古文字形体像一位女子；右边臣（yí）表声，其形像竖着的眼睛，表示妻妾躬身行礼时，侧面看去眼睛是竖着的。本义是帝王之妾。引申为古代对妇女的美称。

蓟（jì），会意字。繁体字薊，从艹从魝（jì或dǎo），篆书从艸（艹），其形像草，表示草本植物；“魝”指在永定河中游动的一种体形像刂（刀）的鱼。本义是指在永定河畔生长着一种蓟草，叶片就像刀一样。古人观察自然现象，造字形象，巧妙生动，并用它来作为建国的国号。

丘，象形字。甲骨文中形体像两座小土山。本义是小土山，引申为坟墓，因为坟墓也像土丘高出于地面。

我国古代还有商丘、灵丘、营丘、帝丘、章丘、楚丘、陶丘（河南定陶）、宛丘（河南淮阳）、葵丘（河南兰考）、桑丘、贝丘等古老的地名。

我们不妨用历史资料和永定河的历史地理及变迁来探讨蓟国的大体位置。

一个以蓟草为图腾的氏族——蓟人

人类历史进入四五千年前（新石器时代晚期），黄帝、炎帝、蚩尤在河北涿鹿及古㶟水（㶟 lěi，今永定河）河畔交战后，形成了我国历史上第一次的民族大融合。

黄帝时代的社会已经相当文明，这时候，人们发明了车、弩、弓、矢、釜、甑、灶、食器，并造字。穿井筑宫室，建城邑。铸鼎制镜，立法度，别十二相与二十八宿，初创国家雏形。

涿鹿当地还流传着一则故事。据说黄帝釜山大会诸侯，均称黄帝是共主。当时是图腾崇拜社会，各个部落或部落联盟都有自己的崇拜物，有的崇拜蛇，有的崇拜老鹰……黄帝当时宣布既然你们都归属于我，以后就不能各打各的旗号，只打一个旗号，那就是龙。世人都知道，自然界本没有龙这种动物，是黄帝综合了各个部落崇拜物的某一特征，综合成一种吉祥物。龙一般是牛的头，蛇的身，鱼的鳞片，凤的尾巴，山羊的胡子，鹰的爪……中国人是龙的传人，由此始也。可以认为，永定河畔是龙的传人说的起源地。

黄，象形字。甲骨文形体像人胸前挂着一大块玉。

轩辕有土德的祥瑞，号为黄帝。黄帝以黄相称，是取五色青、红、黄、白、黑之黄；取五行木、火、土、金、水之土，合谓黄土。黄土地，是我们祖先繁衍生息的地方；黄河，是我们中华民族的摇篮。

黄帝族和炎帝族，最早都居住在陕西。黄帝族的发祥地在陕西北部，炎帝族在陕西关中，蚩尤是九黎族的首领，原来是居住在我国东部的夷人部落。他们互相交战，由南向北迁徙到河北涿鹿一带。

黄帝、炎帝、蚩尤三部落在涿鹿融合之后，黄帝当了部落联盟的首领，炎帝担任副首领。这时，又开始大封诸侯，各路氏族部落又开始迁徙。黄帝的人马则在中原的黄河流域，炎帝在山西一带，蚩尤部落的人马则在南方流域……

从河北涿鹿进入北京小平原，有三条路线。第一条是从涿鹿翻越灵山经门头沟斋堂镇；第二条是河北怀来官厅镇顺永定河而下；第三条是从河北怀来经八达岭居庸关直达。这三条路线距离都差不多，而且，当时都有氏族部落经这三条道路直达北京小平原。

黄帝时代，他们的一支部落顺永定河（古称㶟水，中途还有氏族在官厅下游定居）而下，来到永定河畔小平原（今北京城）定居下来，他们知道，有河流的地方，是生存发展的地方。随着原始农业和畜牧业的发展，他们意识到要选择既适合于农耕饲养，又适宜生存的环境，先民们从此安居乐业开始了定居生活。原始聚落的出现，避免了迁徙无定处的生活，避免了狩猎、采集时代的风餐露宿。

北京小平原是由许多河流的洪冲积扇形地和冲积平原联合形成的。在这些河流中，永定河的流域面积最广，所形成的扇形地和冲积平原也最广。大约在1万年前，永定河出山口后从西北部向东流，由于北部地层上升，河道逐渐向南摆动。自今三家店以下直至通州附近，都在永定河扇形地的范围内。

那时，永定河畔处于原始的地带性植被为温带落叶阔叶林，它们主要分布在受不到地下水影响的洪冲积平原的上部及河间高地，而受到地下水影响的沿河两岸、扇缘地带及洼地都是草甸。茫茫沼泽，旷野寂静，河水流淌，空中鸟儿飞翔，地上小动物奔跑觅食，简直就是一个天然的动物植物乐园。

他们在劳动中，如果身体或手、脚破裂出血，就用蓟草捣碎涂抹在伤口上，可止血，祛瘀消肿，直至愈合，他们感到很神奇。蓟是一种一人高的蒿草，多年生草本植物，既可食用，又可药用，药食同源。初夏时开着迷人的紫色花朵，当时长满永定河畔。

他们用蓟为氏族部落的图腾标志，就是在这样的历史条件和自然条件下，先民定居在永定河洪积冲积扇形地的脊背上。永定河畔孕育了一个小小的部落——蓟。

那时，蓟人身体强悍，穿着兽皮制作的衣服来避寒暑，有宽阔的肩膀和狭窄的腰身，皮肤呈黄色，头发黑而光滑，他们的生活是非常艰苦的。他们集体制造工具，集体狩猎、采集，共同分配。

永定河两岸是沼泽，草木丛生，蓟人先民把家安在河畔地势较高的土丘之上，筑土构木，以为宫室。他们的房子非常简陋，先用泥块、荆条、树枝搭成，而且没有窗户，只有一道不大的小门。盖房技术是家庭出现的前提，有了家，生活就更加安定了。

白天，妇女们在空地上垒起炉灶，制作食物，男子到旷野去狩猎，放牧牛羊。应用火来清除荒乱的灌丛与杂草，便于打落树上的果实。或用火熏死行动滞缓的动物，或用火伤害，或众人围攻数量众多的大型动物。

原始农业则是先民另一主要食物来源。他们利用原始而笨重的石质工具，在河畔清除荆棘，开凿沟渠，在翻松的土地上撒下粮食的种子，然后再把牛羊赶到田间中去践踏，把种子踩到土壤里。

日复一日，年复一年，古老的蓟人先民用自己勤劳的双手与大自然进行着不屈不挠的斗争。终于，他们渐渐掌握了永定河的习性，并且用原始工具战胜了它，变水害为水利。

7月，雨季开始了，从北方吹来清凉的风，炎热逐渐散去，河畔边的万物都从喧嚣的尘沙中解脱出来。这时，永定河畔上游山区暴雨倾盆，山洪奔涌，水量急剧增加。永定河水奔腾咆哮，挟带着大量腐烂植物及泥沙倾泻而下。在河水泛滥的日子，河水完全成了浑浊的洪流。

这种河水不但不能解渴，而且有害身体。

8月，永定河水势最大，可以吞没全部谷地，使河畔变成一片水域泽国。先民们只能躲避在高处，凭借着小舟来往于两岸之间，有时要被洪水冲走。

9月，河水泛滥期才逐渐结束，河水下落，河床露出水面。这时的河水变为浅黄色。

10月，人们开始在河水退去的土地上耕耘。泛滥的河水为大地覆盖了一层厚厚的淤泥，土地变得非常肥沃。

在这个季节，房屋被冲毁，牲畜被冲走，田地被淹没，他们根据河水的改道还要不断地迁徙，因为他们离不开永定河，永定河是他们生存的依托。

进入冬季，北方气候寒冷，也是蓟人最难熬的时候，忍受着严寒和饥饿。这时，也是死亡率最高的时候。蓟人穿着兽皮制作的衣裳，晚上烧着火炕，生着篝火保暖，吃着储存的粮食和兽肉，还要去冬猎。这样，年复一年，蓟人战胜了自然灾害和食物的匮乏而生存下来。

次年的3月到6月是收获季节。随着永定河每年定期的泛滥，蓟人辛勤地耕耘、播种、收获，终于将这里建成了古代著名的北方基地。

永定河的自然条件，决定了它的农业生产与人工灌溉紧密相连。永定河泛滥时，人们要疏通渠道，排除积水。而干旱无雨时节，人们又要从山泉引水灌溉。这样巨大的工程，繁重的劳动，绝非一人一家所能完成的，它需要联合众人的力量。因此，永定河畔很早就出现了部落联盟，若干个氏族联合为公社，若干个公社又联合为州。这时，蓟又演变为冀。

一个以蓟草为图腾的部落——蓟国

夏商周时期（约有1800年的时间），蓟人继续在永定河畔繁衍生息。大约在夏商时代，部落逐渐发展成为古代中国北方的一个方国——蓟国。蓟人在河畔的土丘上筑城邑，安居乐业，发展经济，使北方的经济繁荣起来。

氏族部落—方城诸侯—都城国家，凡是人类居住的地方，附近就有墓葬。蓟人在此生存2000多年。丘，高出地面的小山包。古人墓葬通常是选在山丘上，所以，有许多凸出地面的坟头，形成蓟丘。

《礼记·檀弓下》记载："葬于北方，北首，三代之达礼也，之幽之故也。"意思是，埋葬在北方，头向北，这是夏商周三代通行的礼俗，因为是要到幽冥的地方去的。根据古代葬俗礼仪，居住区的北方是墓葬区。所以，蓟丘应该就是蓟国的陵墓区。

《礼记·檀弓下》又记载：孔子生前曾对学生们说，他见人家筑坟，有的像四方形的土坛样子，有的像堤防的样子，有的像夏代的房顶的样子，有的像斧头的样子。我喜欢筑成斧形。这种样式，简便易行，俗称马鬣封。因此，学生们也把孔子墓筑成马鬣封。坟高只有4尺左右（约合今之市尺2.7尺）。

再来看看考古发现的房山琉璃河燕国的商周遗址，有古城址、居住区、墓葬区。墓葬区发掘了大、中、小型墓葬300余座，车马坑30余座。墓葬排列规模有序，均为长方形土坑竖穴单人葬，头朝北，一仰身直肢，有木质葬具，陪葬品多放在主人头前。

根据古代葬俗礼制，明朝的皇家陵园在紫禁城的北方。

根据郦道元《水经注·漯水》的记载，西边有西湖（莲花池），西北角有蓟丘。那么城邑位置应在东南，今天的广安门一带。历史上，永定河在北京平原经常改道，城邑冲毁，使得他们多次迁移城邑的位置。洪水过后，低洼处成为湖泊，高台处成为土丘，这时，部落的人就会在河畔两岸重新选址建城邑，最后，一部分人选在了今北京城西南广安门位置——蓟城，一部分人选在了今房山的琉璃河附近定居，不断发展成为一个城邑——燕国。燕国先民在氏族部落时期以小小的燕子为崇拜图腾，寓意展翅飞翔。

还有一种推测，可能是蓟国内部出现了矛盾，产生了分歧，一部分人出走，到永定河南岸，即今房山琉璃河附近重新选址建国——燕国。

这个时候，周边还有无终（今天津蓟县）、令支（今河北迁安）、孤竹（今河北卢龙）等小国。

蓟国灭亡

西周初期，古代中国进入第二次民族大融合，周王朝又开始了大封诸侯。"武王克殷，反商。未及下车而封黄帝之后于蓟。"这时，蓟国虽然还是一个北方小国，周王朝还是封黄帝的后裔来管理蓟国。

春秋时期（公元前770年—公元前476年），是古代中国向封建社会过渡的时期。居于中原地区的文化较先进的民族称为华夏族。在周围也居住着蛮、夷、戎、狄族。虽然各族征战不断，并出现了春秋五霸，但以华夏族为基础，融合了其他族，出现了一个新的更大的民族——汉族，各民族团结友好，和睦相处，为开发祖国的疆土、国家统一做出了重要贡献。

春秋时期，大国争霸，小国也在征服小国。燕襄公在位时间最长（公元前657年—公元前618年），达40年之久。燕国的势力逐渐壮大，在这期间灭掉了蓟国等小国。原蓟国在今城南广安门一带的蓟城遭到毁灭性打击，仅留下低洼处的湖泊——西湖，西北处高出地面的蓟丘（也可能是蓟人的陵墓），还有高出地面城垣的残垣断壁。随即燕国把城邑从房山的琉璃河迁徙到今北京广安门一带，重建城邑——蓟城。因为蓟国和燕国同是炎黄后裔，即沿用蓟城的名称。《史记·正义》载有："蓟、燕二国，俱武王立，因燕山、蓟丘为名，其地足自立国。蓟微燕盛，乃并蓟居之，蓟名遂绝焉。"

黄帝时代已经有记录历史的史官，黄帝氏用云记事，故百官都用云来命名；炎帝氏以火记事，故百官都用火来命名；共工氏以水记事，故百官都用水来命名；大昊氏以龙记事，故百官都用龙来命名；少昊氏即位时，以鸟命名百官。

西周时，周人设有专门的史官，掌管各国方志旧史，如鲁之《春秋》、晋之《乘》、楚之《梼杌》等。蓟国遭到毁灭性打击后，史书史籍也遭到焚毁。

由于蓟国置在永定河的洪冲积扇的土丘之上，历史上家园屡次被洪水冲毁，再加上年代久远，进入封建社会后，历朝历代建城时废旧建新，所以就没有留下蓟国城邑的遗迹。蓟人部落时，也不知道部落首领是谁。建国时，首任国王或第一代诸侯是谁，史籍上没有记载，没有神话，没有传说，仅有一个字——蓟，流传至今。

至此，部落—蓟人—蓟国，一个古老的民族在古老的永定河畔生存了 2000 多年，就销声匿迹了。

为什么史书史籍没有记载下一点儿有关蓟国的传说和故事？

因为在春秋战国时期，古代中国以中原黄河流域为中心，其周围划分为四方，周王朝时每五年要巡视四方，北方离中原比较遥远，交通不便，经济文化也较中原落后，还有诸侯国争霸，强国欺负弱国，遭到毁灭性打击。再有，处于永定河洪积冲积扇的位置，城邑很容易遭到冲毁。所以，蓟国资料一无所有。

如果在永定河畔（今北京城区西南范围内）地下考古发现新石器时代遗址或墓葬里的陶器，就可以认定蓟城的确切位置，因为陶器的出现是进入新石器时代的标志。黄帝时代，制陶技术已经相当成熟，陶器上还应该有文字或符号。那时，用经过淘洗的黏土烧成瓮、盆、钵、碗、瓶等容器，用加沙的黏土制成罐、灶、甗、鼎等炊器。

1961 年在北京昌平区的雪山村发现的属于三个时期的文化层，最下一层出土器物中的大量红陶尊、陶钵和彩陶，皆为新石器时代晚期之物。据考古认为，红陶是炎帝氏族文化遗物，而彩陶则出自黄帝至尧舜的时代。

北京还有新石器晚期的遗址，密云的燕落寨，门头沟的大东宫、军饷、灵岳寺，平谷的刘家河等。这些遗迹遗址应该都是黄帝时代留下的。

众所周知，1974 年河北省平山县在搞农田基本建设时发现了春秋时期的古中山国的古城、古墓遗址，出土了刻有长篇铭文的大铜鼎、夔（kuí）龙饰铜方壶、铜圆壶及域图铜板，为研究中山国的历史提供了重要依据。中山国是由远古时北方狄族的一分支鲜虞演变而来，春秋晚期建国，也是春秋战国时北方的一个小国。

其实，以前对中山国也是知道得很少，司马迁的《史记》也没有采集到，仅有刘向的《战国策·中山策》中有两篇，也没有记载中山国的世系和名号。

通过考古发现，古中山国曾两次遭到灭国。公元前 414 年"中山武公初立"，六年后被魏灭掉。公元前 378 年，中山桓公又复国，公元前 296 年赵联合齐、燕又把中山国灭掉。小小的中山国也就存在了 100 年左右。

为什么中山古国遗址能被发现，蓟国不能被发现？

因为中山国被灭后，城邑虽然遭到摧毁，而没有在原址上新建，所以古城遗址、古墓在地下深埋 2000 多年就保留下来了。而蓟国是被燕国灭掉后，城邑虽被摧毁，但新的城邑是在旧址上建起来的，那时，城邑都是土墙，再有永定河水的冲刷，所以，古蓟国的遗址就永远消失了。

为什么今房山琉璃河畔的古燕国遗址能保留下来，蓟国不能保留下来？

因为燕国灭掉蓟国后，在蓟国的旧址上重建燕国，沿用蓟城作为国都。琉璃河的城邑就保留下来，因为那时的城邑都是土坯夯的，年代久远，就深埋在地下。

古莲花池遗址

古代莲花池称"西湖""太湖""南河泊"，因盛产莲花，后称"莲花池"，是北京古城供水的来源。公元前1045年，周武王分诸侯到北方，封黄帝的后裔于蓟，帝尧之后于蓟，蓟城就是在莲花池下游发展起来的，莲花池是蓟城的"摇篮"。

公元938年，辽代在蓟城的位置建陪都改称南京。公元1153年，金朝将辽陪都扩建改称中都，正式建都于蓟城。扩建中将莲花池下游的洗马沟即莲花池河包入城中。

莲花河位于广安门外，源于莲花池泉水，金时流贯中都城后汇入凉水河。明代将其截入南护城河，下泄入通惠河。

莲花池为金中都城外的湖泊和沼泽地，是供应中都城的重要水源，曾是游览胜地。《天咫偶闻》载："南河泊，俗呼莲花池，在广宁门外石路南。有王姓者，于此植树，起轩亭。有大池广十亩许，红白莲满之，可以泛舟，长夏游人竞集。"古莲花池水面东西1千米，南北1.5千米，后逐渐缩小，清末已缩至0.4平方千米。

1952年疏浚河道时，在莲花池以西沿丰台区与海淀区分界处开挖一条8.5千米长的"新开渠"，以排放石景山等地的雨污水。1953年治理时，使莲花河与南护城河脱离，向南流至万泉寺铁路桥处入凉水河。凉水河原发源于卢沟桥乡的水头庄，向东南流经万泉寺、大红门，于南苑乡双庙村南出境。汇入凉水河的主要河道自北而南依次为莲花河、丰草河、马草河、旱河和小龙河。1970年以后，由于地下水位迅速下降，没有泉水补给而干涸。1993年，建设西客站时，经专家建议得以保留下来，经多年建造，形成现在的莲花池公园。

莲花池是研究古代北京城特别是金中都城的城市规划和城市水利发展历史变迁的实物，具有重要的历史和文物保护价值。

大蓟和小蓟

蓟（jì），植物名，菊科。常见的有大蓟和小蓟。

大蓟，别名：将军草、牛口刺、马刺草。

植物形态：多年生草本，高0.5~1米。根簇生，圆锥形，肉质，表面棕褐色。茎直立，基部有白色丝状毛。基生叶丛生，有柄，倒披针形或倒卵状披针形，长15~30厘米，羽状深裂，边缘齿状，齿端具针刺，上面疏生白色丝状毛，下面脉上有长毛；茎生叶互生，基部心形抱茎。头状花序顶生；总苞钟状，外披蛛丝状毛；总苞片4~6层，披针形，外层较短；花两性，管状，紫色；花药顶端有附片，基部有尾。瘦果长椭圆形，冠毛多层，羽状，暗灰色。花期5~8月，果期6~8月。

采制：夏、秋季割取地上部分，晒干或鲜用。

性味：性凉。味甘、苦。

功能主治：凉血止血，祛瘀消肿。用于衄血、吐血、尿血、便血、崩漏下血、外伤出血、痈肿疮毒。用量9~15克。

小蓟，别名：野红花、小刺盖、刺儿菜。

植物形态：多年生草本，高 25~50 厘米，具匍匐根茎。茎直立，有纵槽，幼茎被白色蛛丝状毛。叶互生，椭圆形或长椭圆状披针形，长 7~10 厘米，宽 1.5~2.5 厘米，先状花序顶生，雌雄异株；总苞钟状，总苞片 5~6 层，雄花序总苞片 1.8 厘米，雌花序总苞片长约 2.3 厘米；花管状，淡紫色，雄花花冠长 1.7~2 厘米，雌花冠长约 2.6 厘米。瘦果椭圆形或长卵形，具纵棱，冠毛羽状。花期 5~6 月，果期 5~7 月。

采制：夏、秋季采收，洗净晒干或鲜用。

性味：性凉。味甘、苦。

功能主治：凉血止血，祛瘀消肿。用于衄血、吐血、尿血、便血、崩漏下血、外伤出血、痈肿疮毒。用量 4.5~9 克。

有关蓟的历史名称

蓟，古地名。在今北京城西南广安门一带。周封尧后于此，后为燕国国都。姓，东汉有齐人蓟子训。

蓟辽，总督名。明嘉靖二十九年（1550）置蓟州总督，为北方重镇。次年，改为蓟辽总督。三十三年移驻密云（今属北京市），辖顺天、保定、辽东三巡抚。万历九年（1581）加兼巡抚顺天等处，十一年复旧。崇祯十一年（1638）后保定设总督，辖区缩小，清初废。

蓟州，州名，唐开元十八年（750）置，治所在渔阳（今天津蓟县）。辖境相当于今天津蓟县、河北三河、玉田、丰润、遵化等县地。金以后西部辖境稍缩小，明初省渔阳入州。清不辖县。1913 年降为县。古军镇名。明九边之一。镇守地区相当今河北长城内东起山海关、西至嘉峪关，及天津市以北一带，为近畿防卫重镇。总兵官驻三屯营（今河北迁西西北）。

蓟县，古县名，秦置，治所在今北京城西南。辽改名析津。秦、西汉时为广阳郡治所，东汉至北朝历为幽州、广阳郡、燕国、燕郡治所，隋时历为幽州、涿郡治所，唐、五代时与幽都县同为幽州治所。县名。在天津市北部、蓟运河上游，邻接北京市和河北省，京坨铁路经过境内，津蓟铁路通此。秦至无终县，隋改渔阳县，明入蓟州，1913 年改蓟县。1973 年由河北省划归天津市。

蓟运河，在天津市东北部。上源州河出河北省遵化县北境芦儿岭，南流到天津市蓟县九王庄以下称蓟运河，下游在北塘入渤海。长 301 千米。

蓟丘古道

蓟丘古道，是指卢沟桥至广安门这段路为蓟丘古道。

广安门原先叫广宁门、张仪门、彰仪门，位于外城西垣正中偏北，建于明嘉靖年间，是进出京城的主要通道，清道光年间改名广安门。乾隆年间昆山顾森所写的《燕京记》中，对广安门的记述是："外城七门，面向西者广宁门，西行三十里卢沟桥，过桥四十里即是良乡县，为各省陆路进京之咽喉。"

金朝以前，卢沟河渡口是木桥或简易桥。

唐朝诗人陈子昂（661—707）从军时路过卢沟河渡口走蓟丘古道登上幽州台（蓟丘）写

下一首著名的《登幽州台歌》："前不见古人，后不见来者。念天地之悠悠，独怆然而涕下。"

金章宗明昌三年（1192），卢沟渡口"广利桥"（今卢沟桥）经过三年九个月竣工建成。从此无论是沿太行山东麓南下，还是自南北上西进蒙古高原，或入北口至东北平原，不再因汛期卢沟河水暴涨交通受阻。"蓟丘古道"是出入京城过卢沟渡口的必由之路，驼铃声、马蹄声交汇，成为一条繁忙的古道。

蓟门烟树

"蓟门烟树"是著名的"燕京八景"之一。古人概括的这"燕京八景"，如诗如画、生动形象，曾吸引众多文人墨客咏诗作画。特别是清代乾隆皇帝为八景书碑题诗，广为流传。

对此，《日下旧闻考·形胜》篇，亦作了详尽的描述：

蓟门烟树：《水经注》：蓟城西北隅有蓟邱。明人《长安客话》谓在今都城德胜门外，土城关即其遗址。旁多林木，蓊翳苍翠……

又曰：蓟门在旧城西北隅。门外旧有楼馆，雕栏画栋，凌空缥缈，游人行旅，往来其中，多有赋咏。今并废，而门犹存二土阜。树木蓊然，苍苍蔚蔚，晴烟拂空，四时不改，故曰蓟门烟树。

所谓"蓟门"，并不是蓟国或蓟城时的城门。追溯起来，应指黄帝时期的蓟国或西周时期燕国的蓟城，故址在今北京西南广安门一带。"蓟门"只是后人对远古时先祖的敬仰。

"蓟门"，元明时期人们误将德胜门外元大都的土城关当作蓟门遗址。据传此地曾有两方土阜，树木苍蔚，"晴烟拂空，四时不改"，堪为京都一绝，被元朝的文人用来作诗作画，谓之"蓟门飞雨"。明朝时建城向东南移动，土城即成为遗址，称为"蓟门烟树"。可见，当时这里植被绿化得较好，并被选列为"燕京八景"之一。乾隆十五年（1750）正式在此建碑立亭。碑为汉白玉制，高3米，宽80厘米，厚25厘米。碑座为长方形须弥座，雕饰浮云、莲花等图案。

虽然史籍中没有留下有关蓟国与蓟城的历史资料，但元明时期的古代文人选景造景时还是想到了蓟。乾隆皇帝御笔题写的"蓟门烟树"碑，作为历史的珍贵遗迹，至今仍被保存在北三环蓟门桥以北的"蓟门公园"内，供我们观赏。

一个养马立国的王族——秦人，给人的启示

秦，会意字。古文字形体像双手举杵舂禾的样子，表示秦地盛产禾谷。秦是"禾名"，就是禾苗的意思。

从秦字的早期字形来看，秦指的是一种生长茂密的禾穗，这种禾是一种优质的喂马的牧草。当时，在甘肃、陕西关中一带较为普遍。

秦人是我国古代的一个嬴姓部落。秦人的立国始于非子，非子住在犬丘（今甘肃省天水地区），擅长养马和畜牧。周孝王听说以后，就把非子召来，让他为周王室养马。马养得膘肥体壮，而且繁育率很高。周天子很高兴，就封给非子一块土地，让他做了一个附庸，得到了甘肃清水、秦安、天水、张家川一带的大片土地，并允许他们建筑城邑代周防守边疆。从此，秦成为一种政治实体，这个附庸小国的国号就叫作秦。

3000 年以前，非子正是利用甘肃天水、陕西宝鸡一带非常适合种植这种牧草的自然条件，大量种植牧草，从事养马事业。养马是秦人的一项专长，历史上曾出过不少有名的相马专家，秦穆公时的大臣伯乐能识千里马，九方皋的相马本领更在伯乐之上。一个地位低微的马倌，获得了可以立国的荣耀，把国号叫作秦，是为了标志他立国的根本。

公元前 221 年，秦始皇统一六国，秦从诸侯国国名变成了统一帝国的国号。公元前 206 年，秦灭亡。但秦时留下的各种制度被后朝沿用。秦，现在仍是陕西省的简称。

对蓟的感言

蓟，以一种植物立国。可见，远古人创造文明，关乎天文，关乎地理，关乎人文。

蓟，不仅是一种植物，它孕育着深厚的历史文化，它孕育着古老的北京先民在古老的永定河畔生存的标志。

蓟，虽然史籍中没有留下文字，考古没有发现踪迹，但一个蓟字就可以深知其内涵。

蓟，是古老北京城的起源，是打开北京城的钥匙，是开城门的密码。进城一看，啊！黄帝时代的传说是可信的，就是那个时代北京的真实历史。

如今，在永定河畔，屹立起一座大都市，古老的北京城仍有蓟人留下的历史气息。

蓟，古文字，古代就有其姓氏。经几千年的不断演变，如今的姬、姞、冀、纪、季等都是蓟的同音表义。即蓟人的后裔。

如今，不管是老北京人，还是新北京人，我们都是实实在在的炎、黄、蚩的后裔。

永定河畔——古燕国

据考古文献《夏商周断代工程 1996—2000 年阶段成果报告（简本）》记载：北京市房山区琉璃河镇董家林村的西周遗址，是武王时分封的燕国都城遗址。出土了两件铭文相同的青铜器克罍（léi，古代用来盛酒的器皿）和克盉（hé，古代用来调和酒的器皿），铭文记载了燕国的始封：王曰："大保，……余大对乃享，命克侯于匽……"

铭文中的"王"就是指成王，铭文中"大保"就是指召公，铭文中的"克"就是墓主人，即召公之"元子"，也就是第一代燕侯，燕始祖，"匽"即燕。

匽，会意字。匚（fāng）表意，受物之器，其形像箱子（匚）；妟（yān）表声，是安的意思，合起来表示在箱子里安然无事。因为中原与北方相距遥远，诸侯国都有自己的文字，两地文字音同字不同，音相近，义相通。秦始皇统一六国后，才书同文。

《史记·燕召公世家》记载："召公与周同姓，姓姬氏。周武王之灭纣，封召公于北燕。"这里所说的"北燕"指的就是今天北京一带，再加上河北涞水等地区。《史记·周本纪》也提到："武王追思先圣王，乃褒封……帝尧之后于蓟，……封召公奭于燕。"

古典小说《封神演义》虽是后人编纂，但也描述了那时商朝和周朝的激烈战争场面，最后也就有了周武王的列侯分封国号名讳：燕——姬姓，伯爵。系周同姓功臣，曰君奭，佐文、武定天下有大功，为周太保，食邑于召，谓之召康。留相天子，自主陕以西之诸侯。乃封其子为北燕伯，其地乃幽州蓟县是也。

周武王伐纣建立了西周王朝，周武王胞弟周公和周文王庶子召公两位都是西周初政治家，周成王亲政后，周公和召公二公分陕而治。封邑以陕陌（今河南陕县西南）为界，周公采邑在陕陌以东，由周公管辖治理。召公的采邑在陕陌以西，由召公管辖治理。因此，陕西得名。又曾受命营建雒邑（今河南洛阳），镇守东都，为周公得力助手。成王时，任太保。

庶子召公（庶子：指妾生的儿子，召，音 shào）封在陕陌以西（今陕西关中），由召公管辖治理。曾因辅佐武王灭商，支持周公东征平乱，深得倚重。事定后，封其长子于蓟丘（今北京），为燕国始祖。

《史记·燕召公世家》记载了共和元年（公元前841年）燕惠侯以来三十六代王、侯的世袭，自燕召公以下至燕惠侯九代燕侯的名号，西汉时期已经失传了。即公元前1046年至公元前841年的205年间发生的人和事，史学家司马迁没有采集到。那么，燕始祖以前到底发生了什么？

史书史籍记载燕国战国时期的事情稍多一些，春秋时期的事情很少。汉书《左传》主要记载的是中原诸侯国的人和事，只有几处提及北燕及燕国的地名，没有任何事情和人物的内容。燕国什么时候灭掉蓟国？为什么还要用蓟来作为自己的城名？

说起燕国，其历史比始祖要久远，那是轩辕黄帝时代发生的事情。

一个以燕子为图腾的氏族——燕人

人类历史进入5000年前（新石器时代晚期），黄帝、炎帝、蚩尤在河北涿鹿及桑干河畔（官厅下游称永定河）交战后，形成了我国历史上第一次的民族大融合。

黄帝在中华民族形成发展中有着极其重要的地位。所谓华夏族都是黄帝的后代。《史记》记载，黄帝在五帝中居于首位，其余四位：颛顼、帝喾、尧、舜皆是他的后裔。夏商周三代王朝皆为其后。就是当时遍布全国的夷、狄、戎、蛮除部分是炎帝后裔，大都也是黄帝之后。

黄帝时代，他们的一支氏族部落顺永定河（古称灅水，中途还有氏族在官厅下游定居）而下，来到今北京天安门广场及故宫一带定居下来，开始了定居生活。原始聚落由此开始出现。

这支氏族部落，在永定河畔（今北京平原）定居若干年以后，由于永定河经常改道，一部分人选择在永定河畔继续定居，发展为蓟部落，一部分人选在了今房山的琉璃河附近定居，发展为燕部落。

一个以燕子为图腾的部落——燕国

夏商周时期（公元前2070—公元前256年），燕人在琉璃河畔繁衍生息。大约在夏商时代，部落逐渐发展成为古代中国北方的一个方国——燕国，在河畔筑城邑，安居乐业。

还有一种情况，单独一支部落从河北涿鹿顺永定河直接到今房山琉璃河定居下来，以燕子作为图腾，不断发展壮大，以燕子作为国号——燕国（燕 yān）。

　　图腾，是氏族的象征和标志。原始人由于受到科技知识的局限，往往认为自己的氏族起源于某种动物或植物，因此就将某种生物作为氏族的神来崇拜。

　　远古时期，永定河畔的燕子很多，燕人先民观察燕子的活动规律，春天飞到北方，秋天飞到南方，用小小的飞燕作为国号，其意义深刻，燕小心大，寓意展翅飞翔，统治北方，争霸南方。把向北的山脉叫燕山，把西南方位的山脉叫防山，寓意防止外来部落入侵的天然屏障。以后又不断更名，叫大防岭、大防山、大房山。本名与古代兵事有关，因其山势雄峻、地形复杂、沟壑纵横、易守难攻而命名。

　　由此联想到，燕国 500 年没有完成先北后南的统一大业，2000 多年后，中国共产党领导人民从南到北经过 28 年的浴血奋战，完成了统一大业，国号是——中华人民共和国，首都——北京。国都还是在蓟国，燕国的都城。

　　凡是姓燕、炎、颜、延、阎、严、烟、闫、宴、晏、彦、晏、匽姓等都是燕人的后裔。

　　燕（yàn），象形字。甲骨文字形像燕子，突出了剪刀状尾巴。本义是燕子。一种益鸟，翅膀尖长，尾巴分开像剪刀。春天飞到北方，秋天飞到南方，是候鸟。

　　燕类中有普通的毛脚燕（土燕子）、金腰燕（巧燕）、北京雨燕（楼燕）、家燕（小燕），它们常筑巢于屋檐下。

　　燕（yān）山，位于河北平原北侧，由潮白河河谷直到山海关。东西走向。海拔 400～1000 米。主峰雾灵山海拔 2118 米。多隘口（古北口、喜峰口、冷口等），为南北交通孔道。

　　这个时候，周边还有无终国（今天津蓟县和河北玉田县一带）、令支（今河北迁安）、孤竹（今河北卢龙）等小国。

　　西周时期，中国文明的历史在经历了夏、商两个奴隶制王朝后，到西周时代已是文物鼎盛、礼乐繁华，俨然泱泱大国了。西周王朝有三个突出的制度，这就是分封制、宗法制与井田制。在这一历史时期，整个社会相对安定，井然有序。

　　当历史的步履跨进春秋时代的门槛后，一幅全然不同于往昔的画面展现在我们的先民面前，这幅画面中，充满了动荡，充满了战争，充满了呻吟，也充满了竞争，充满了生机，充满了活力，它构成了我们中华民族历史上最绚丽多彩的画卷。

　　战争与动荡是这幅历史画卷的两大主题。在战争与动荡中，昔日神圣的周王室失去了它固有的光环体制，旧制度走到了它们的末路。各个诸侯国，各个卿大夫，社会中的每一个势力，每一个集团，每一个人都在重新寻找自己的位置，它们有的正在沉沦，有的正在上升，有的不甘沉沦，有的正奋力攀援……

　　西周初期，周王朝开始了大封诸侯，叫作"建国"。每分封一个侯国，周王要发给受封者文告，叫"册命"，说明封地的疆界，辖区内居民、土地的数量，以及所赐给的下属官吏、仆役、奴隶，还有礼器、兵器、车马、旗服等，以表示给予受封者对封国的统治权力和权力等级。而诸侯在国内也按照同一方式分封卿、大夫，叫作"立家"。

召公之"元子"遵照周王圣旨带着他的随从和大队人马浩浩荡荡，由南向北，长途跋涉，来到封地，即今房山区的琉璃河一带驻守北方。

琉璃河，以其水流澄澈、明似琉璃而得名。古称李河、刘李河，河水流经村镇段借河而取名。因上游山泉水清碧，河底石子历历可辨，古称大石河。燕国先民从黄帝时代到春秋中期就在琉璃河畔生息繁衍。

燕国争霸称雄

春秋时期（公元前770年—公元前476年），是古代中国向封建社会过渡的时期。居于中原地区文化先进的民族称为华夏族。在周围也居住着蛮、夷、戎、狄等民族部落。虽然各族征战不断，并出现了春秋五霸，但以华夏族为基础，融合了其他族，出现了一个新的更大的民族——汉族。他们团结友好，和睦相处，为开发祖国的疆土，国家的统一都做出了重要贡献。

春秋早期，燕国占据有今河北北半部的广大地区，它的东边是孤竹、令支、无终小国；东北部是肃慎；西北有屠何（今河北宣化）；南边有临易（今河北雄县）；东南与齐国接界。燕庄公是春秋燕国第六位国君，在位三十三年（公元前690年—公元前658年）。公元前664年，齐桓公伐山戎救燕，归国时燕庄公相送，不觉越过燕界到达齐境，桓公于是把燕君所到的齐地割送给了燕国，燕庄公在止步的地方筑城纪念桓公的盛德，取名"留燕"，留燕故城在今河北长芦县（今河北沧州市区）。史记《齐太公世家》和《燕召公世家》同时记载了这个故事（该故事详见成语故事——老马识途）。

春秋中期，大国争霸，小国也在征服小国。燕襄公在位时间最长（公元前657年—公元前618年），达40年之久。燕国的势力渐渐增长，在这期间灭掉了蓟国、孤竹、令支等小国，原蓟国在今广安门一带的蓟城遭到毁灭性打击，仅留下低洼处的湖泊，高出地面的残垣断壁——蓟丘（包括坟墓）。随即把城邑从房山的琉璃河迁徙到今北京广安门一带，重建城邑——蓟城。因为蓟国和燕国同是炎黄后裔，即沿用蓟城的名称。

燕国人从黄帝时期，经过夏商周，再到春秋中期，在今房山琉璃河一带生息繁衍2000多年，所以，留下了埋葬在地下的战国以前多层次的墓葬及文物，有居住址、墓葬区和古城址。

春秋末，思想家、教育家、儒家创始者孔子（公元前551年—公元前479年）中年时，历游列国14年之久，由于北方遥远，唯独没有到燕国。可是，孔子的葬礼，当时还有燕国人去观礼。

战国时期，各新兴的封建国家通过变法改革，以国王为中心的专制主义中央集权的郡县制度代替了宗法分封制，以军功爵定等级的官僚制度代替了世官世禄制度，适应封建统一战争需要的步兵和骑兵代替了春秋以前的车战。在思想文化方面，随着社会生产力的发展，宗法统治秩序的崩溃以及劳动人民地位的提高，出现了我国历史上第一次思想上的大解放。在民族关系方面，西周时期我国形成了以夏、商、周族为核心的华夏族。春秋战国时期，华夏族和四周的兄弟民族逐渐融合成为汉族，奠定了中华民族发展的基础。

这时候，东周王朝和鲁、宋等几个小侯国一样，在大国的夹缝中苟延残喘，而开始在历史舞台上扮演重要角色的是齐、楚、燕、韩、赵、魏、秦七个大国。从此我国的历史翻开了剧烈的统一战争的新篇章。七个大国的诸侯在地主阶级政治家和军事家的推动下，先后实行自上而下的政治改革和整饬军队，确立和巩固了新兴地主阶级的政权，进而为扩大势力范围和争夺人民，彼此展开了规模宏大而频繁的进攻战和防御战，胜利者扩大疆土和增加人口，战败者丧失土地和人口。

战国中期，燕国的经济和军事势力得以发展，与邻国及中原诸侯国的交往越来越频繁，争霸的野心也凸显起来，发生的事件也越来越多。

公元前334年，《史记·苏秦列传》记载苏秦向燕文侯的进言："燕国的东边是朝鲜、辽东，北边是林胡、楼烦，西边是云中、九原，南边是滹沱河、易水，国土纵横两千多里，士兵好几十万，战车六百辆，战马六千匹，储存的粮食足够好几年之用。在南面，碣石山、雁门山一带的土地肥沃，物产丰富；在北面，可以种植红枣和板栗获得收益，百姓即使不耕作，单是红枣、板栗的收入就能够保证他们生活富裕了。这就是所谓的天然府库。百姓能够安居乐业，没有战事，不会面临军队覆灭、将领士兵被杀的危险，在这一点上没有谁比得上燕国……"

公元前320年—公元前314年，燕王哙统治时期，燕国为了改革，发生了一场闹剧。

地处北方的燕国，虽拥地数千里，士卒数十万，但国势并不强。燕国新旧势力的斗争很激烈，燕王哙也想进行一番改革，结果闹出了一幕禅让的悲剧。据记载，燕王哙为了博取让贤之名，竟然听信苏代之言把君位禅让给相国子之，并把三百石俸禄以上大官的官印全部收回，交由子之另行任命。子之这个人非常讲究驾驭臣下之术，所以韩非称他"贵而主断"。有一次，子之和左右在一起，突然无中生有地说有一匹白马跑出门去了，左右都说没有看见，只有一人跑出去追看，回来报告说是有一匹白马跑出门去了，子之借此了解到左右谁诚信、谁虚假。子之这个驾驭臣下的故事，反映了他是个像申不害一样行术的人物。子之用阴谋得到君位之后，把重要的官位都给了拥护他的人，而燕国的政治并没有起色。相反，他统治燕国三年，造成"国大乱，百姓恫恐"。事实说明，燕王哙想用古代的禅让办法，来治理好燕国，是违反历史发展规律的，是愚蠢的。在子之做了国君之后，引起了统治集团内部的斗争。公元前314年，太子平和将军市聚集力量起来反对子之，包围了王宫，连攻了几个月。子之率领军队反攻，取得胜利，把太子平等处死。这时，齐宣王乘燕国混乱之机，出兵干涉燕国的内政，攻破了燕国的国都，子之失败，被齐宣王抓到后剁成肉酱，燕国几乎闹到了亡国的地步。燕国经过这次戏剧性的改革和动乱，国势更加衰落，成为"战国七雄"中最弱的一个。后来，燕公子职在赵国的帮助下回到燕国，被立为昭王。燕国经过昭王的多年经营，国势才逐渐恢复起来。

燕昭王（？—公元前279年），燕国国君，即姬职，黄帝后裔。燕王哙庶子（庶子，即妾生的儿子），公元前311年—公元前279年在位，达33年之久。哙晚年禅位于相国子之，引起内讧和齐兵干涉。当时他流亡在韩，由赵武灵王召立燕王，即发兵护送回国。即位之始，筑黄金台求贤，士人争相趋燕，经长期休养生息，国渐殷富。公元前284年，以乐毅为上将军，联合五国攻齐，直破临淄（今山东淄博东北），攻下70余城，燕国从此日益强盛。

燕昭王时期，燕国的南部今易县设置燕下都，把今房山的琉璃河一带作为中都，把今北京的蓟都作为上都。

为什么要设置三都呢？燕国人知道，燕国小势弱，西邻太行山，北靠燕山，南部平原，既不能守，也难进攻。目的有二：第一，把今易县作为第一道防线，防御延缓赵国、齐国、秦国的侵犯，今房山琉璃河一带为第二道防线，把永定河作为防御的第三道防线，保卫蓟都。第二，设置燕下都可以为以后向南扩张做准备。

据考古勘探的遗存可知，燕下都遗址的规模与今房山琉璃河遗址规模相当，是当时燕国在南方的重要门户及军事重镇。燕太子丹送别荆轲即在此地。燕昭王也曾在这里高筑黄金台以招纳天下贤士。历代骚人墨客，题咏甚多。

公元前311年，燕国继续对外扩张，为了与北方的东胡暂时和睦相处，取得信任，便把燕将秦开送往东胡作为人质，熟悉情况。归国后，在燕昭王的支持下，率军击败东胡，扩地千余里，燕自此扩至辽塞。先后设置上谷、渔阳、右北平、辽西以及辽东五郡，其中右北平、辽西和辽东三郡的大部或全部辖区都在今东北南部。燕继灭山戎、孤竹、令支、蓟国之后，又击败东胡，把疆界向塞北推进到今辽宁省及朝鲜半岛西北廊，完成了北方的局部统一。今山东省境内的大部分国家都为齐所并。赵在晋的基础上，灭中山、林胡等，把疆域推进到今内蒙古中部。秦灭义渠、冀戎、邽戎和巴、蜀，疆界西抵今甘肃省的黄河，南至四川省的长江。这时楚东破越，南面占有洞庭、苍梧，疆界直抵五岭之外；西降燮瓠蛮、廪君蛮等，而有今湘西、黔东、鄂西及汉中之地。经春秋至战国，黄河长江中下游各国政治经济文化交往十分频繁，使得这个地区逐渐趋于统一。

燕王哙三年（公元前318年），燕国和楚、三晋一起攻打秦国，没能取胜便返回了。

有三则历史成语讲述燕国的强盛与衰败，勾画出战国时期的争霸、争斗、统一的历史故事。春秋争霸，大国兼并小国，局部统一，战国七雄，继续争斗，最后逐步实现民族大统一。

历史成语"同甘共苦"是说燕昭王振兴燕国与民共享的故事。甘：甜。一同尝甜的，也一同吃苦的。比喻有福一起享，有困难一起承担。成语来源于《战国策·燕策》记载："燕王吊死问生，与百姓同其甘苦二十八年。"

燕昭王尊郭隗为老师后，替他造了一幢华丽住宅。乐毅、邹衍、剧辛等有才能的人，纷纷从魏、齐、赵等国来到燕国，为燕昭王效劳。燕昭王高兴极了，一一委以重任，并关怀备至。无论谁家有婚丧嫁娶等事，他都亲自过问。就这样，他与百姓同享安乐，共度苦难28年，终于把燕国治理得国富民强，受到举国上下的一致拥戴。

历史成语"出奇制胜"也是与燕国有关。奇：奇兵，从意料不到的地方突然出现的军队。

制胜：取胜。指在战斗中运用奇妙的战术和策略，使敌人无法预料，从而战胜敌人。这则成语源于《史记·田单列传》：兵以正合，以奇胜；善之者，出奇无穷。

齐燕之战燕军大败，骑劫被活捉后处死。田单率兵乘胜追击，很快就收复了齐国所有的失地，恢复了齐国原来的疆土。

历史成语"图穷匕见"的意思是：图：地图。穷：尽。匕：匕首。见：通"现"，显露。将图展开，展到尽处匕首露现。比喻事情发展到了最后关头，真相或本意终于完全显露出来。

《战国策·燕策》记载：轲既取图奉之，发图，图穷而匕见。尽管荆轲表现得很勇敢，这个故事也很悲壮动人，然而，统一是历史发展的必然趋势，那么，靠暗杀手段企图扭转历史车轮，又怎么能成功呢？

唐朝诗人陈子昂（661—702）有首七言古诗《登幽州台歌》：前不见古人，后不见来者。念天地之悠悠，独怆然而涕下。诗的大意是，幽州台是古代的建筑物，战国时燕国之主燕昭王曾置黄金台，在此邀请天下之士。陈子昂的时代，距燕昭王已很遥远，但燕昭王礼贤下士的情景，仿佛还能使陈子昂想见。于是陈子昂慨然而歌：像燕昭王这样的贤君，我来不及见到；今后或许会有的明君，我如今也见不着；眼前唯见空旷的天宇和原野。天地是如此悠久绵远，但人生短暂，个人之于天地，是何等渺小！作者泫然泪下，是因为自己怀才不遇、明君难逢；短暂的一生难道就这样匆匆地、碌碌地过去吗？

此诗意兴苍茫，倏忽而来，倏忽而去，留给人的回味则令人咏叹不已。

郭隗（wéi），战国燕国大臣。燕昭王志在报齐，屈身下士以招贤者，托他广为物色。他认为帝王之臣，实同师友，欲礼贤臣，请先自隗始。昭王为他改筑宫室，待以师礼。于是士人争赴燕国。

乐毅，战国时燕国将领，灵寿（今河北灵寿西北）人，魏将乐羊之后，长于兵术。燕昭王下诏求贤，他为魏使燕，被留任为亚卿。公元前284年，秦、韩、赵、魏、燕五国合纵伐齐，他受任为上将军，大破齐兵于济西，继而率整军长驱直入，攻破临淄（今山东淄博东北），连下70余城，以功封于昌国（今山东淄博东南），号昌国君。适逢燕昭王死，惠王新立，误信齐田单反间，把他调走，以骑劫代将。他被迫出奔赵国，受封于观津（今河北武邑东南），号望诸君，后终老于赵，将灵柩运回燕国，葬于今房山。

剧辛（？—公元前242年），燕将。原居于赵，与庞煖友善。闻燕昭王下诏求贤，乃由赵赴燕。燕王喜十二年（公元前243年），见赵屡困于秦，又逼走廉颇，以庞煖代将，以为有机可乘，命他伺机袭赵。他轻敌冒进，被击败俘杀，损兵两万。

田单，战国时齐国将领。临淄（今山东淄博东北）人，田齐的疏远支裔。少习兵事。齐湣王时，任临淄市掾，及燕将乐毅破齐，连下70余城，他率领宗人走保即墨（今山东平度东南），被推为将军，据城拒燕。燕昭王死，他施反间于燕惠王，使之调走乐毅，以骑劫代将。又故示虚弱，遣使约降于燕，乘敌不备，用火牛阵突击燕军，大获全胜，一举收复70余城，迎齐襄王复位，以功封安平君。后又入赵为相，受封平都君。

公元前284年，燕国变得殷实和富裕了，士兵也生活安逸，欲望争霸，于是燕昭王任命乐毅为上将军，与秦国、楚国、韩国、赵国、魏国一起谋划征伐齐国。齐兵战败，齐湣王逃亡到国外。燕军单独追击败逃的士兵，进入齐国的都城临淄，将齐国所有的宝物都掠夺殆尽，放火烧毁了齐国的王宫和宗庙。齐国没有被燕军攻占的城市，只有聊城、莒城、即墨，其余全部归属于燕国，经过交战，燕国战胜齐国，就有了《战国策·燕策》乐毅报燕昭王书"珠玉财宝，车甲珍器，尽收入燕……蓟丘之植，植于汶皇"的记载。燕国成为战国七雄之一。

这个时期，燕国也开始修筑南北长城，为抵挡北胡人、齐、赵、秦等国的入侵。

燕南长城，又称易水长城。易水为今河北省境内的瀑河。长城的大部分段落就是沿着易水北岸伸延，西起太行山东麓，经今易县南，徐水、安新两县北，转向东行，跨过白沟河，又经雄县北和文安、任丘两县之间，止于大成县西南子牙河两岸，长500余里。这条长城还有遗迹存在，如徐水县解村附近的瀑河东岸，以及广门乡一带均有遗迹。

燕北长城，这道长城绵延于今河北省北部、内蒙古东南部、辽宁省北部，以及朝鲜半岛的西北部。长城西起今河北省张家口，沿大马群山走向东北，经沽源、丰宁两县，穿过内蒙古多伦县南部，复入河北围场县北部，又经内蒙古赤峰县的南部及敖汉旗以北，奈曼、库伦两旗南部，辽宁省阜新县北境，由彰武县转向东南，跨过辽河，再经抚顺、本溪和宽甸等市县的东部，越过鸭绿江，直抵朝鲜清川江北岸的博川一带，东西全长2400余里。

从春秋五霸到战国七雄，征战不断，明枪暗刺也没有停止过。《史记·刺客列传》记载了从曹沫到荆轲五个人的侠义之举，有的成功了，有的没有成功。战国末期，燕国演绎了荆轲刺秦王的事件没有成功。否则，历史要重写。

公元前221年，秦国一统天下。我国古代的历史，进入了封建大帝国的秦汉时期。

从春秋至战国，燕国由弱小发展成战国七雄之一，这时史籍明确记载燕国的都城已迁至蓟，城址就在今北京市西南广安门外一带。近年来在这一带发现战国和战国以前的遗址，出土粗细绳纹陶片、碎绳纹砖瓦砾、陶鬲腿、陶豆和饕餮（tāo tiè）纹的残半瓦当。其中饕餮纹半瓦当就是燕宫殿用的瓦当结构，故遗址属战国年代，陶器的年代接近西周。说明早在西周这里已是居民点，至战国时期已发展成燕国的国都。可见，西周时期燕国的都城在今北京西南琉璃河，而战国时期都城在蓟。

永定河畔汉字起源说

追溯人类社会的成长过程，大约在300万年前（地质年代的更新世），人类在劳动过程中有了语言功能，这是人类发展的一大进步。文字的出现，是人类社会划时代的进步，它促进了整个人类社会的更大进步。但是，文字的出现却扑朔迷离，至今没有破解。

如果没有语言，我们人类还处于猿人时代，如果没有文字，我们的历史就是空白，人类就像处于一片茫茫黑暗之中。

文字起源在战国时期古人就开始探索研究，至今成为我国的历史之谜。2000 多年以来提出许多假说，如"结绳说""八卦说""史皇作图说""仓颉作书说""起一成文说""手势语说"等。汉字产生的时代，至今还是推测。有三千年以上、五千年以上、一万年以上等不同说法。没有文字的历史太遥远了，有文字的时代距离我们太近了。但是，秦汉以后，才称为汉字。

不管怎样说，文字及汉字的产生及起源不是一个人，一个地方，一个时代那么简单、那么容易产生的。它是人在劳动过程中对自然现象和人体自身认识的知识积累，它是人的大脑的一个质的飞跃，经过漫长岁月的一个智慧结晶。

清朝末期考古发现的殷墟甲骨文、金文，提供了许多重要线索，但不是文字的起源。

文字的出现或发明应该在 5000 年前的黄帝时期或更早的时期。

虽然至今在永定河畔没有考古发现有关文字起源的直接线索，那是因为那时没有能力，没有技术，没有载体能保留下来，只能口耳相传，氏族或部落从永定河畔带着原始文字的信息迁徙到黄河流域及中原地区。

东汉和帝时，有个许慎，作了一部《说文解字》，就是说解文字的意思。"文"和"字"有区别，故其书称《说文解字》。这是一部划时代的字书，有 9000 字。许氏又分析偏旁，定出部首，将 9000 字分属 540 个部首。书中每字都有说解，它保存了小篆和一些晚周文字，让后人可以溯源沿流。现在我们要认识商周文字，探寻汉以来字体演化的轨迹，都得凭这部书。《说文解字》是文字学的古典，又是一切古典的工具或门径。

许慎所排的"六书"次第是指事、象形、形声、会意、转注、假借，实际应该把象形放在指事之前。

造字和用字有六个条例，称为"六书"。一是"象形"，像物形的大概，如"日""月"等字。二是"指事"，用抽象的符号，指示那无形的事类。三是"会意"，会合两个或两个以上的字为一个字。四是"形声"，是两个字合成一个字，但一个字是形，一个字是声；形是意符，声是音标。象形、指事、会意、形声，都是造字的条例；形声最便，用处最大，所以我们的形声字最多。五是"转注"，就是互训。两个字或两个以上的字，意义全部相同或一部分相同，可以互相解释的，便是转注字，也可以叫作同义字。六是"假借"，语言里有许多有音无形的字，借了别的同音的字，当作那个意义用。转注、假借都是用字的条例。

我们可以来分析这些都表示北方的字：蓟、冀、幽、燕、朔、妫、涿……

燕（yàn），象形字。甲骨文字形像燕子，突出了剪刀状尾巴。本义是燕子。翅膀尖长，尾巴分开像剪刀。春天飞到北方，秋天飞到南方，是一种益鸟，候鸟。燕，在北方的永定河畔的屋檐下，一种鸟儿（鸾）口里含着草筑巢。燕人以燕作为自己的国号——燕国，寓意展翅飞翔，统治北方，而把面对北部的山脉命名为燕山。

燕山（yān），位于河北平原北部，由潮白河河谷直到山海关。东西走向，南北交通孔道。

冀（jì），形声字。北表意，表示北方；"異"（yì）表声，"異"（异）有不同义，表示北方与南方。本义指冀州。古九州之一，在最北部。

薊（jì），会意字。繁体字"薊"，从艹从"劍"（jì 或 dǎo），篆书从艸（艹），其形像草，表示草本植物；"劍"指在永定河中游动着一种体形像刂（刀）的鱼。本义是指在永定河畔生长着一种薊草，叶片就像刀一样。古人观察自然现象，造字形象，巧妙生动，并用它来作为建国的国号——薊国。

薊在远古时也表示北方，后逐渐演化成冀，在方位上是通用的。在古代河北属冀州方位，又逐渐用作地名，如薊县、薊州、冀县、冀州，均在北方。所以，河北简称冀。

由此可知，永定河畔还是远古文字的发祥地，薊、冀、幽、燕，本义都表示北方。

由此再知，由薊再创造了同属植物的汉字如下：

"薛"，形声字。简化字薛。艸（艹）表意，鲜（xiān）表声，其古文形体像小草，表示苔藓是一种植物。鲜有鲜艳、新鲜义，表示苔藓碧绿如新。

"蘇"，形声字。艸（艹）表意，"穌"（sū）表声，"蘇"简化为苏。其古文形体像草，表示苏是一种草本植物。本义是紫苏。

朔，会意字。从月从屰（nì），屰同逆，作迎解，表示见不到月光的农历每月初一将开始迎来明月。本义是农历的每月初一。又作北方，即朔方。山西有个朔州，也表示北方（朔与溯转注。溯 sù，溯流穷源）。

妫，形声字。从女从为（爲），本义指妇女的双手（上下两点）用力干活。女人是流动的水，表示女人要出嫁。妫字形容河流，指延庆的妫水河，延庆的母亲河，此河为永定河上游的支流。妫又衍生到山西的妫汭河。妫字的起源有可能是尧帝，舜帝在涿鹿、延庆居住过。

"妫"，古水名。《说文解字》中释："虞舜居妫汭因以为氏，从女为声。"妫汭（ruì），古水名，在今山西永济县，源出历山，西流入河。《尚书·尧典》："釐降二女于妫汭。"一作两水。《水经注》："历山，妫汭二水出焉。南为妫水，北曰汭水。"说的是远古时尧把自己的两个女儿娥皇和女英嫁给了舜，住在妫水和汭水（两水在今山西永济市）河边。

涿，形声字。从水从豕。本义指河边有许多的野猪和野鹿。河就是桑干河（永定河上游的支流）。涿，即涿鹿古地名（今河北涿鹿县）。涿鹿地处桑干河流域的山间盆地。在那里，有着许多关于黄帝、炎帝、蚩尤时期的遗迹和传说故事。

分析以上的字，发现一个奇怪的现象，这些字都跟水有关，这个水就是漯水（古称治水、湿水、桑干河、永定河）。古人在造字时，把自然与人文结合，漯（lěi）的意思就是用河水在浇灌河边的田地。汉字是表义文字，字形和字义有着密切的关系。

还有一个现象，就是当时的氏族或部落迁徙到黄河流域后，又给那里的河流造了一个漯（luó）字，叫漯水，就是今天的河南省漯河市。漯和漯，就是文字的转注，字相像，义相同，音不同。漯字的右边的上面是三个田字叠加，表示当时涿鹿有很多的田地。漯字的右边的上面只有一个田字，但并不表示当时那里的田地就少，为什么不是两个田字？这就是古人造字时非常注意的美学——文字美。

还有妫字，本是今延庆的妫水河。尧把自己的两个女儿嫁给舜，让他们在山西居住，给那里的河流起名叫妫水和汭水（两水在今山西永济县）。

上述种种字迹表明，汉字起源于永定河畔，再传播到黄河流域中原及更远的地方，而不是从中原地区传播到北方的永定河流域。

上述这些古文字及古地名都是黄帝时期或更早时期产生的。所以说，永定河畔是汉字起源发明地，部落、氏族、家族都给自己起名字，以动物、植物、河流、方位、地形命名。由于各氏族的不断迁徙，把文字的原始信息逐渐传播到中原黄河流域及华夏大地。

文字及汉字也是由少到多、由繁到简，经历几千年的演变，成为我们今天的汉字。

5000年前黄帝时期的古人类在永定河畔的活动和事件应该能使我们现代人开阔眼界。

传说故事一：文字的始祖仓颉

远古时代，我们的祖先并没有文字，在长期的生产生活和社会活动中逐渐产生了最初的文字——象形文字，而造字功臣首推仓颉。

仓颉，据传是汉字的创始人、轩辕黄帝的记事官员、中华民族的文字之相。本姓侯冈，名颉。由于创造文字，功德无量，黄帝赐他"仓"姓，意思仓颉是人下一君，君上一人。仓颉依据象形创造文字，通过画卦、结绳，再到鸟迹书，是破天荒的事业，是文字的发展过程。

相传，仓颉小时候就喜欢在地上涂涂画画，有一次，他随父亲外出打猎时被外族人捉住了，猎物被分光，父亲被捆在一棵大树上，仓颉自己则被两手两脚对捆着，但他的手指还能动弹，身体也能慢慢地移动。他趁看守人走开的一小会儿工夫急忙滚到大树旁，用长指甲在树皮上刻下他和父亲被绑的样子，再小心地撕下树皮，让藏在附近的猎狗叼回去。仓颉的母亲看到树皮上的字画后，急忙邀集本部落的人前去援救，赶走了外族人，救回了仓颉父子。

通过这次事件，人们认识到这小小记号的重大用处，人们鼓励仓颉多创造这样的字画帮助人们送信，表达意思。而仓颉自己创造的欲望也更高了，他一面劳动，一面细心地观察自然界的变化并随手刻在兽皮和木片上。如他用大圆圈代替太阳，用弯弯的镰刀代表月亮，时间久了，这些形象被人们认同了，定型了。人们把自己要表达的意思用记号表示出来，逐渐地就形成了象形文字。

尽管这种文字简单，但它是文字的首创，而且仓颉就是用这种文字写下了人类有史以来的第一封信，因此，后世人们就把仓颉尊奉为文字的创始人。

传说故事二：大、小翩山

延庆的海坨山有三个较大山峰，大海坨是海坨山主峰，大海坨东有两座山峰名为大翩（hé）山、小翩山。《延庆州志》载："高峦截云，层陵断雾，双阜共秀，郡人王次仲改仓颉旧文为隶书，始皇奇而召之，三征不至。始皇怒，令槛车送之。次仲化大鸟翩飞而上，落二翎于斯山，故其峰有大翩山、小翩山之称。"

《水经注·漯水》："（阳沟水）西径大翩、小翩山南，高峦截云，层陵断雾，双阜共秀，竞举群峰之上。郡人王次仲少有异志，年及弱冠，变苍颉旧文为今隶书。秦始皇时，官务烦多，以次仲所易文，简便于事要，奇而召之。三征而辄不至。始皇怒其不恭，命槛车送之。次仲首发于道，化为大鸟，出在车外，翻飞而去，落二翮于斯山。"

王次仲为古代书法大家，因发明隶书被秦始皇所杀，化作大鹏飞去只是人民的美好想象，这两座山峰却由此而得名。

以上两则传说故事美丽动人，传说总是有历史的影子。

关于姓氏起源

有了文字就有姓氏，文字和姓氏是同时代的产物。

姓和氏的起源产生是人类社会发展进程中的必然现象，姓的出现是原始人类逐步摆脱蒙昧状态的一个标志，氏的产生表明人类历史的脚步在迈进阶级社会。姓和氏的产生是人类进步的体现，是文明的产物，姓和氏随社会的发展成为姓氏。

北京古地名

黄帝部落在涿鹿建立北京地区最早的都邑，称幽都。黄帝之孙颛顼（zhuān xū）于幽陵（今北京密云）建城，黄帝之曾孙帝喾（kù）时，北京地区为天下九州之一的冀州。帝喾之子尧时叫幽都。舜帝时叫幽州。"幽"字在商周铭文中表示"黑"色，意思是以五行中水代表北方。远古称，日没于此，万象阴暗，故名幽都。北称幽，则南称明。都，谓所聚也。

幽州、幽都、幽陵之地名，听起来就很古老，史书典籍多处有记述。

《山海经·海内经》载："北海之内，有山，名曰幽都之山，黑水出焉。……有大幽之国。"意思是，北海海内，有座山名叫幽都山，黑水从这座山发源。山上有黑鸟、黑蛇、黑豹、黑虎和长着毛蓬蓬尾巴的黑狐。有大玄山。有玄丘民。有全幽国。有赤胫民。

《尚书·尧典》载："申命和叔，宅朔方，曰幽都。"是说，尧命令和叔居住在北方，那地方叫幽都。幽都，指北方极远的地方。

《尚书·舜典》载："流共工于幽州。"是说，舜命令把共工流放到幽州。

《史记·五帝本纪》载："北至于幽陵"，意思是，黄帝之孙颛顼到过北方幽陵。又载"申命和叔，居北方，曰幽都。便在伏物"，意思是，帝尧命令，和叔住在叫幽州的北方，审慎地预报储藏谷物的时日。又载"请流共工于幽陵，以变北狄"，意思是，舜向帝尧报告，请求把共工流放到幽陵，变为北狄。这些意思与《尚书·尧典》基本一样。幽陵，即幽都。

《尔雅·释地》载："燕曰幽州。""燕"指战国燕地，即今北京市、河北省北部、辽宁西部一带。

《周礼·职方》载："东北曰幽州。"《吕氏春秋·有始》载："北方为幽州，燕也。"

远古时期，炎帝和黄帝在北京附近爆发了三次大战，即史书所说的"阪泉之战"，就发生在今延庆区上阪泉村和下阪泉村，黄帝收服了炎帝，并在北京附近的涿鹿建立了都邑。

北京地区最早叫幽陵，也叫幽州。在这里建立的都邑为幽都，即北京地区最早的都邑。幽都又被称作聚，也就是聚落之意。所谓聚落，指的是由原始人群聚集起来逐渐形成的村落。

从史书的记载可以看出，幽州、幽都、幽陵三个地名差不多同时期多处出现。那么，它们的古遗迹在哪里？

如今，永定河畔还有个叫幽州村的村子，可见其历史遗迹。沿丰沙线铁路西行，穿永定河峡谷，过珠窝水库，在官厅水库下游 20 千米处与门头沟区沿河城交界的地方有个小村子，名曰幽州，这就是北京最古老的地名今所在地（属怀来）。

共工，传说中炎帝后裔的一支，黄帝时的水官。相传他的儿子后土能平水土，治水有功，被祀奉为社神。据古史记载，他曾与颛顼争帝位，怒而撞不周山（昆仑山），支持天的柱子被撞断，地的四周也裂开。可以想见，当时炎、黄两系争夺之激烈。

大约在氏族部落社会晚期，舜帝曾将共工流放到幽陵，密云区就是那时的幽陵之地，共工生活和居住的地方为"共工城"，就在今密云区不老屯镇燕落村的南面，是远古的遗存，所以，幽陵即成为北京地区历史上最早的名称。

《礼记·乐记》记载："武王克殷，反商。未及下车而封黄帝之后于蓟。"《战国策·燕策》记载："蓟丘之植，植于汶篁。"《水经注》说："今城内西北隅有蓟丘。"那么，蓟的由来是怎样的？蓟国又在哪里呢？

古蓟国在哪里？黄帝时代，他们的一支部落从官厅顺永定河而下，来到北京小平原（今北京城）定居下来，以一种植物——蓟草祭祀神灵，作为部落名称，并作为国名——蓟国。随着社会的发展，战争连年，改朝换代，大国兼并小国，燕国吞并蓟国。《史记·周本纪·正义》说："蓟、燕二国，俱武王立，因燕山、蓟丘为名，其地是自立国。蓟微燕盛，乃并蓟居之，蓟名遂绝焉。"所以，北京至今还能够在广安门一带寻找到古蓟城遗迹。

古燕国，最早建立于何时？《山海经·海内东经》载："钜燕在东北陬。"意思是，大燕在东北角。《左传·昭公》九年记载："肃慎、燕、亳，吾北土也。"这是周天子派詹桓伯对晋国说明周初时期北方疆界时的一句话。从中可以看出，早在武王克商之前，"肃慎、燕、亳"等国就已经存在。古燕国的地理位置在北方。所以，武王克商以后，成为西周的"北土"，即周初封燕以前活动于当地的古燕国，今房山琉璃河一带就已经自然发展成了北方——古燕国。燕国的名称来源于图腾崇拜，燕国先民在氏族部落时期以燕子为图腾。

远古时期的北京，三面环山，湖淀棋布，河道纵横，水草茂盛，土地肥沃，由永定河洪水冲积形成了海湾状的地形，故称"北京湾"。北京是人类远古祖先"北京猿人"的故乡，是华夏民族发祥地之一，作为辽、金、元、明、清五朝古都，已有 3000 多年的建城史。北京的名称曾有幽州、幽都、幽陵、蓟城、燕京、南京、中都、大都、京师、北平等，悠久的历史，灿烂的文化，使北京成为世界著名的历史文化名城。

北京城的坊

  现在北京城区有东城、西城两个地区，每个地区又划分为若干个街道办事处。而在古代北京城的居民区是按"坊"划分的。各坊有门，门上署有坊名。每坊的范围大小，各个朝代略有不同，大致相当于今天的街道办事处管辖范围。今天城里人仍把自己的邻居称呼为街坊，它的由来就是古代城坊行政管理地段的划分。坊比胡同的形成要早得多。

  据有关记载，坊市直到明代仍存在。清代坊市数量减少，但范围扩大，之后才出现"街"和"巷"等通用名称。

  唐朝时，北京城叫蓟城。城区方圆二十五里，城区划分为二十八坊，如肃慎坊、铜马坊、卢龙坊、蓟北坊等。坊的四周筑有围墙，出入口修有坊门和门楼，平时有士兵把守，夜晚实行宵禁。辽朝时，幽州被立为南京，称析津府，城区方圆三十六里左右，城区划分为二十六坊。有奉先坊、甘泉芳、显忠坊、永平坊、归厚坊、棠阴坊、时和坊、仙露坊、敬客坊、铜马坊等。金朝为中都，城区方圆三十七里，划分为六十二坊。有津平坊、美俗坊、永乐坊、常清坊、广源坊、西曲河坊、东曲河坊、开阳西坊、开阳东坊、延庆坊、甘泉坊、棠阴坊、会仙坊、时和坊、开远坊、显忠坊、衣锦坊、仙露坊、嘉会坊等。今天的天宁寺一带，当时属延庆坊；菜市口一带叫仙楼坊；天桥一带叫嘉会坊。

  元朝时，中都城改叫大都，划分为五十坊，有金台坊、文德坊、泰亨坊、平在坊、善俗坊、可封坊、清远坊、乾宁坊、怀远坊、丹桂坊、招贤坊、里仁坊、太平坊、由义坊、西城坊、金城坊、阜财坊、时雍坊、析津坊、凤池坊等（这期间才逐渐形成胡同）。

  明朝洪武、建文年间，北平府划为三十三坊。永乐后，北平改成北京，城区划分为中城、东城、西城、南城、北城五城，每城设巡城御史和兵马司管理，下辖若干坊，五城共四十坊，坊下又划分为若干铺。嘉靖时扩建外城，又仿照内城，在外城也划分为东、西、南、北、中五城，下辖坊、铺。现在西城区白纸坊街道办事处管辖范围，大致就是明朝时白纸坊二十一个铺的范围。

  清朝时，承袭了明代的城坊建置，仍设五城及兵马司，不过坊数减少，只有十坊，即中西坊、中东坊、崇南坊、朝阳坊、东南坊、正东坊、关外坊、宣南坊、灵中坊、日南坊。清朝末期，废除了城坊建置，北京全城划分为二十二区，外城十区，内城十二区。

北京都城的历史变迁

  永定河，北京的母亲河。她用乳汁滋润了一座都城——北京。

远古时，北京有幽州、幽都、幽陵、蓟、燕之地名。

商周朝时期——蓟城。

据《礼记·乐记》载："武王克殷反商，未及下车而封黄帝之后于蓟。"蓟城最早建城应是这一时期。"蓟之得名，源于蓟丘"。北京最早因此得名。

《史记·燕召公世家》载："周武王之伐纣，封召公于北燕。"北燕即燕国，后燕国强盛兼并蓟国，迁都蓟城。燕国传位 36 代王侯，历时 600 多年，是当时各封国中历史最长的强国。蓟城之位，大体是现今北京城的发祥地广安门一带，并一直延伸到辽金时期，长达 2000 余年，其连续性为史上仅有。为了永久地纪念蓟城作为北京城的肇始之地，1995 年在今西城区广安门北滨河公园内修建了一座"蓟城纪念柱"。

公元前 222 年秦灭燕，改蓟为上谷郡。

公元前 206 年西汉时，蓟城称广阳国或广阳郡。东汉时称渔阳郡。三国时属魏国，仍称广阳郡。

魏晋至隋唐五代的 700 年间，蓟城间接作为少数民族政权的都邑。经历了慕容儁的前燕（鲜卑）、安禄山的大燕（突厥）、刘守光的刘燕等三个割据王朝。由于战乱不断，城名也累经变迁，先后称燕都、燕郡、幽州、涿郡、范阳郡、广阳郡，也曾以官府命名，总官府、大都督府等。居民多由塞外迁来，有奚人、契丹人、室韦人、高丽人、突厥人、丁令人，以至中亚人的后裔等。他们几乎家家从戎习猎，常驻兵 10 万，加上家属，总人口不下二三十万。

581 年隋文帝时，南北朝的分裂局面结束了。初改燕郡为幽州，隋炀帝时称涿郡。

唐代又复称幽州、范阳郡。安史之乱时，安禄山自称"大燕"皇帝，"号范阳郡为大都"，这是北京第一次称"大都"。后史思明又割据范阳郡，759 年，史思明自称皇帝，国号"燕"，改范阳郡为燕京。北京始称为燕京。

辽代时，改幽州为南京，后又复称燕京。宋称燕山府。

金代时，1153 年迁都时称永安，次年改称中都，元代破中都，改称燕京，又称燕京路。1264 年，复称中都，1271 年定国号大元，次年改中都为大都。

1368 年，朱元璋南京称帝，同年 8 月，大将徐达攻克大都城，改称北平府。1399 年，朱棣发动"靖难之役"，1402 年攻下南京。1403 年，朱棣登基改北平府为北京，升为陪都。从此，有了这个响亮的名字——北京。永乐十八年（1420），明成祖下诏迁都北京，以有效控制东北抗击蒙古南侵。

京，象形字。甲骨文、金文形体像建在高丘上的宫殿，表示国家的首都。

"北京"成为地名，最早在后唐（923—936）的北京太原府（今太原西南）。"京"字与方向合成一个地名，最早是北周静帝大象元年（579）以洛阳为东京。

清朝称京师顺天府，但老百姓仍称北京。民国十七年（1928），北京在更换了 13 任总统、46 届内阁后，被国民党取消了民国的"国都"地位，又复称北平。1949 年 9 月 27 日，中国人民政治协商会议第一次全体会议上，改北平为北京。

由此可见，北京城的变迁，从北从西逐渐向平原今北京西城区广安门一带发展。在 5000 多年的历史变迁中，北京城曾使用过 30 多个城名。

　　北京有多少次成为都城？有金、元、明、清的"四都"说，还有加上辽的"五都"说。其实，北京城在历史上作为一个自然国家的都城，其年代更久远，次数也远不止这 5 次。

　　东晋时鲜卑族的前燕君主慕容儁从东北入主中原，将都城从龙城（辽宁辽阳）迁到蓟城，前后 8 年。

　　唐代安史之乱时，安禄山自称"大燕"皇帝，建都蓟城，"号范阳郡为大都"。

　　继安禄山之后，史思明又割据范阳郡，759 年，史思明自称皇帝，国号"燕"，改范阳郡为燕京。

　　五代时期，刘守光率军夺取幽州（北京），即皇帝位，"国号大燕"，以蓟城为都城。为与安禄山、史思明的"大燕"区分开来，历史上称刘守光的大燕为"刘燕"。

　　由此可知，加上辽、金、元、明、清、民国及中华人民共和国，北京共有十多次成为都城。

　　按金、元、明、清的"四都"说，从金海陵王公元 1153 年迁都作为国都算起，便是北京成为首都的开始，北京作为都城，其连续性至今 865 年。

长安街的历史变迁

　　长安街，驰名中外，被誉为"神州第一街"。

　　长安街，其名取自盛唐时期的都城"长安"，寓意长治久安。

　　长安街，修建于明代。明朝永乐四年至十八年（1406—1420），与皇城同时建造，距今有 600 年的历史。

　　如今的天安门广场，是明清时代天安门前的一个"T"形宫廷广场。从明朝建北京城后至清末，广场封闭而严密，是禁区。沿广场的边缘筑有红墙，红墙内侧建有千步廊。在清代，因为东边是户部、吏部这些有钱有势的衙门，人们叫作"富贵街"；又因西边是审判司法的衙门，人们说："东边掌生，西边掌死。"今天人们在这里游览，已经很难想象到封建时代广场两边都是操掌人民生死大权的所在。

　　天安门前有一条东西走向宽敞的街，东西长 364 米，南北宽 15 米，名叫"御街"。该街东西各有一门，即长安左门与长安右门。长安街便以此得名。

　　长安左门，其位置在劳动人民文化宫前面的长安街大道上。长安右门，位置在中山公园前面的长安街大道上。

　　1911 年后，中华民国政府废止了"御街"称呼，百姓可以自由通行。

　　从天安门中轴线起，以东至东单牌楼（原位于王府井南口稍西），名东长安街；以西至西单牌楼（原位于府右街南口稍东），称西长安街；共有 8 里，人称十里长街。

东单牌楼的匾额上题写"就日"，与西单牌楼的"瞻云"相对，意为东边看日出，西边望彩云。

1937 年日寇侵占北平。1940 年在长安街东西，内城城墙上扒开两处缺口，未设门洞。东称"启明"门，西称"长安"门，相距 13.4 里，长安街延伸至此。

1945 年抗战胜利后，国民党北平市政府将"启明门"改名"建国门"，"长安门"改名"复兴门"。那时，道路狭窄，最宽处也不过 11 米。

1949 年新中国成立后，长安街道路拓宽，长安左门和长安右门被拆除了。

1955 年，东西长安街扩建，将东长安街牌楼、西长安街牌楼拆除，移建于陶然亭公园。

至此，对长安街不断地进行分段扩建，街面展宽为 50~100 米，两侧的建筑物也发生着日新月异的变化。向东西延长，先是东到国贸，西到公主坟。之后，东至通州八里桥，西至石景山首钢东门，全长 38 千米。

长安街从东到西穿越通州、朝阳、东城、西城、海淀、石景山六区。

东单往东依次称为建国门内大街、建国门外大街、建国路。西单往西分别称为复兴门内大街、复兴门外大街、复兴路和石景山路。

随着城市交通的发展，长安街的东、西逐步继续向两端延伸。西从公主坟向西又延伸至首钢东门，东从大北窑向东又延伸至通州运河广场，总长度达 94 里，人称"百里长街"。

长安街笔直宽敞，横贯京城的正东正西，与南北中轴线垂直相交于天安门前，宏伟壮观。

天安门是明清两朝皇城的正门，建成于明永乐十五年（1417），名叫承天门，以后两度失火焚毁，两次重建。清顺治八年（1651）再次重建后，更名为天安门。

天安门是皇室向万民颁布诏令之所，皇帝冬至、夏至到天、地二坛郊祭天地，孟春祈谷、仲春籍田、出征、大婚，都从天安门出入。

宣统三年（1911）隆裕太后颁布溥仪退位诏书，其仪式就在天安门城楼上举行的。

1949 年 10 月 1 日中华人民共和国的开国大典。毛泽东主席站在天安门城楼上，以气壮山河的洪亮声音，向全世界庄严宣布：中华人民共和国成立了！

天安门的左右是劳动人民文化宫和中山公园，后面是故宫，前面是一片开阔的广场。广场中央屹立着人民英雄纪念碑，碑南是毛主席纪念堂。西边是人民大会堂，东边是国家博物馆。五星红旗飘扬在上空。它们和天安门浑然一体，构成一幅美丽的图画。

东长安街的建国门有古观象台。古观象台从明正统年间到 1929 年，共连续观测近 500 年，在世界现存的观象台中，保持着在同一地点连续观测最久的历史纪录。

西长安街石景山路有著名的八宝山革命公墓。其前身是护国寺，属太监庙。建于明永乐初年。全称"黑山会司礼监太监刚公护国寺"，俗称"八宝山护国寺"，简称"护国寺"。护国寺是为礼祭、护守刚炳墓而建。刚炳又名刚铁，任明代永乐皇帝的司礼监太监。跟随燕王扫北，屡建战功，北征瓦剌，战死于八宝山。刚炳为开国元勋，朱棣"敕祭刚铁太监"。1950

年护国寺改建为北京市革命公墓，1970年改称八宝山革命公墓。

如今，长安街西延，从石景山的古城南路向西延伸6.4千米，跨过永定河，穿越西六环，抵达门头沟的三石路，成为名副其实的百里长街。

那时，百里长街，东连京杭大运河，西接北京母亲河。北京长安街，世界最长的街。

其实，长安街本身就是京城的一大景致：夏日，街旁的榆树、白杨、青松、垂柳筑起一条绿色的长廊；冬天，雪后的长安街如同银色的丝带。街道两边，古老的红墙黄瓦与各色现代大厦交相辉映。长安街，记录着北京的过去，也预示着她美好的未来。

漫步长安街，融入的是一段段历史。五四运动的呐喊，新中国开国大典毛泽东主席的庄严宣告，重大庆典活动集会，阅兵仪仗的踏步……

暮色降临，似花的街灯盏盏盛开，串串车灯漫舞于长街。

元、明、清三朝选国都

元朝

忽必烈（1215—1294），元朝建立者，成吉思汗的孙子，拖雷第四子，1269—1294年在位。1260年三月，在开平（今内蒙古正蓝旗石别苏木）即大汗位，建年号中统。至元四年（1267）建大都城（今北京），并迁都于此。同年，发动灭宋战争。至元八年（1271），忽必烈根据刘秉忠的建议，取《易经》上"乾元"（极大）的意思，把蒙古国改为"大元"，元朝正式建立了，忽必烈就是元世祖。第二年，忽必烈把燕京改为大都，正式定为全国的首都。十三年（1276），南宋恭帝赵显投降。十六年（1279），灭南宋余部，全国统一。

明朝蒋一葵著《长安客话》记载了元朝建都的事由：

京师故元大都，辽金并尝都此。先是元世祖欲定都，问刘太保秉忠："上都（古开平宣府北）大都两处何为最佳？"秉忠曰："上都国祚短，民风淳，大都国祚长，民风淫。"遂定都燕之计。我皇祖既克元都，置北平布政司，亲策问廷臣："北平建都可以控制胡虏，比南京何如？"翰林修撰鲍频谓："胡主起自沙漠，立国在燕，及是百年，地气已尽。南京兴王之地，不必改图。"途都南京。成祖初龙潜于此，比靖难，乃建为北京，卒徙都焉。夫直石晋以后，此地为胡虏窃据，殆数百年，曷足当王气占形胜？至是汎埽腥膻，奠安神鼎，始称万世鸿基矣。

都城周回四十里，并无旧基。世祖问刘秉忠："自古无不败之家，不亡之国，朕之天下当谁得之？"秉忠对曰："西方之人得之。"后命刘筑京城，掘基得一巨穴，有红头虫数万。世祖问此何祥，秉忠曰："异日亡下者乃此物也。"及元为我明所灭，刘言悉验。

都城九门，正南曰正阳，南之左曰崇文，右曰宣武，北之东曰安定，西曰德胜，东之北曰东直，南曰朝阳，西之北曰西直，南曰阜成。今京师人呼崇文曰海岱，宣武门曰顺承，朝阳门曰齐化，阜成门曰平则，皆元之旧名，相沿数百年，竟不能改。

明朝修成的《元史》记载："幽燕之地，龙盘虎踞，形势雄伟。南控江淮，北连朔漠。驻跸之所，非此不可。"

元朝是中国历史上第一个由少数民族建立的大一统皇朝。

明朝

明初定都于应天的重要理由是从经济上出发的：一是因为江浙富庶，不但有长江三角洲大谷仓，而且还是纺织工业、盐业的中心，应天是这些物资的集散地，所谓"财赋出于东南，而金陵为其会"。二是吴王时代所奠定的宫阙，也不愿轻易放弃，而且如另建都城，则又得再加一番劳费。三是朱元璋的左右文武重臣都是江淮子弟，也不愿意远离乡土。

虽然如此，朝廷上下又觉得不是十分妥当，因为从照应北方军事的观点来说，这个都城的地理位置偏在东南，显然是不合适的。洪武元年取下汴梁以后，朱元璋亲自去视察，认为这地方虽然地位适中，但是在军事上却无险可守，四面受敌，论形势还不如应天。只是因为西北未定，要运送粮饷和补充军力，不能不设置一个军事上的补给基地，于是模仿古代两京之制，八月以应天为南京，开封（汴梁）为北京。次年八月，陕西平定，北方全入版图，形势改变了，国都重建问题又再次提出。廷臣中有人主张关中险固，金城天府之国；有人建议洛阳为全国中心，四方朝贡距离相等；也有人提出开封是宋朝旧都，漕运方便；又有人以为北平（元大都）宫室完备，建都可省营造费用。各种各样的意见都引史论今，提出讨论。朱元璋批评这些建议都有片面的理由，但都不全面，都不能适应当前局势。

长安、洛阳、开封过去周、秦、汉、魏、唐、宋都曾经建过都，但从今天的情况来说，打了几十年仗，人民还未休息过来，如在这些地方新建都城，供给力役都出于江南，百姓负担不了。即使是北平吧，虽然有元朝的旧宫室，总得有些改变，还是费事。还不如仍旧在南京，据形势之地，长江天堑，龙盘虎踞，可以立国。次之，临濠（濠州）前长江，后淮水，地势险要，运输方便，也是一个可以建都的地方。就决定以临濠为中都，动工修造城池宫殿，从洪武二年（1369）九月起，到八年九月，修建工程还在进行。刘基坚决反对，以为临濠虽然是皇帝乡里，但就种种条件来说，都不适宜建都，方才停工。洪武十一年（1378）下诏改南京为京师，踌躇了十年的建都问题，到那时才下了决心。

决心虽然下了，但是为了防御北元，控扼北方边防，朱元璋还是有迁都西北的打算，选定的地点仍是长安和洛阳。洪武二十四年八月特派皇太子巡规西北，比较两地的形势。太子回来后，献陕西地图，提出意见。不料第二年太子病死，迁都大事只好搁下不谈了。

大明的意义出于明教。明教本有明王出世的传说，经过500多年公开和秘密地传播，明王出世成为民间所熟知的预言。元末红巾军领袖韩山童自称明王起事，败亡后，他的儿子韩林儿继称小明王。西系红巾军的别支明昇，也称小明王。朱元璋原来是小明王的部将，害死小明王继之而起，国号大明。

明朝蒋一葵著《长安客话》记载，先是元帝召一术士问以国事，对曰："国家千秋万岁，垂祚无疆，除是日月并行，数始尽耳。"此我明兵至而元亡，盖日月并行乃明字隐语也。

第六章　永定河畔的北京城

公元 1368 年正月初四，建成明朝帝业，朱元璋称帝，号明太祖，上祀天地，幸诣太庙，追尊四代祖考，建元洪武，国号大明，国都南京。

公元 1368 年 8 月，大将徐达攻克大都城，改称北平府。

洪武二十五年（1392）四月，太子标病死。九月立太子嫡子允炆为皇太孙。

朱元璋的妃嫔很多，生有二十六个儿子，十六个女儿。

洪武二十六年（1393）以后，开国的元勋宿将都死完了，北边对付蒙古的军事任务，就不能不交给第二子秦王、第三子晋王、第四子燕王指挥。可是，秦王、晋王先于朱元璋病死。

公元 1399 年，燕王朱棣发动"靖难之役"，1402 年攻下南京。

公元 1403 年，朱棣登基改北平府为北京，从此，有了一个响亮的国都名号——北京。

公元 1420 年（永乐十八年）明成祖下诏迁都北京。

至此，大明王朝以北京作为国都统治了 224 年。

清朝

天命元年（1616），太祖努尔哈赤任命皇太极为和硕贝勒，与大贝勒代善、二贝勒阿敏、三贝勒莽古尔泰共称四大贝勒。皇太极排在第四位，称为四贝勒。

太祖去世时，皇位的继承人尚未确定。代善和他的儿子岳讬、萨哈廉等人认为，皇太极德才超群，便和各贝勒商议，请他即位。太宗再三推辞，最后才答应了他们的请求。

天命十一年（1626）九月一日，皇太极在沈阳即位。颁布诏令，将第二年改为天聪元年。当初，太祖给太宗起名字时，是随意起的，后来得知汉族人把将来继任皇位的人叫"皇太子"，蒙古族把将来继承王位的人叫"黄台吉"，"皇太极"这个名字与这些称呼字音都相合。到太宗即位时，都认为是天的旨意。

崇德元年（1636）四月十一日，太宗祭告天地，举行接受尊号的礼仪，定国号叫"大清"，改年号叫"崇德"，大臣们给他的尊号是"宽温仁圣皇帝"，接受了群臣的祝贺。第一次规定祭祀上天用的食品要用熟食。派遣官员建太庙，追封他的祖先，祭告山陵。十二日，追认始祖为泽王，高祖为庆王，曾祖为昌王，祖父为福王，给父亲（努尔哈赤）的尊号称武皇帝，庙号太祖，他的陵墓叫福陵。四月十三日，群臣献上贺辞祝贺太宗即皇帝位。太宗说："朕德行浅薄，恐怕会辜负大家的希望。你们大家应该同心纠正和帮助，各尽本职责任，端正自己，带领属下的人，竭尽忠诚，立下制度，规定纪律，爱护和关心百姓，做到使君主英明，做臣属的贤良，国家政治和谐兴旺，大概就能完成上天给予的美好使命。"群臣都叩头说："圣上讲到这些道理，真是国家的幸福。"

太宗名叫皇太极，太祖努尔哈赤的第八个儿子，母亲是孝慈高皇后。皇太极仪表堂堂，身材魁伟，自幼聪明过人，长大以后更加神勇无比，善于骑马、射箭。生性喜欢读书，读起书来不知疲倦，为人仁慈，讲孝道，待人宽厚，心胸坦荡，有度量。皇太极病死，顺治即位。

顺治元年（1644）三月，李自成进入北京，明崇祯帝在煤山（在今北京景山公园）自缢死。四月李自成兵败。五月清军进入北京。十月，六岁的顺治皇帝福临（皇太极的第九子）

在北京即皇帝位，由叔父多尔衮辅政，用小皇帝的名义发布诏书，宣布国都——北京。从此开始了长达 267 年的大清帝国的封建统治。

清朝编纂的《日下旧闻考》曰："燕蓟为轩黄建都之地，宸山带海，形势之雄伟博大，甲于天下。我朝定鼎于兹，巩亿万载丕丕基，美矣，茂矣。"

幽州之地，左环沧海，右拥太行，北枕居庸，南襟河济，诚天府之国。而太行之山自平阳之绛西来，北为居庸，东入于海，龙飞凤舞，绵亘千里。重关峻口，一可当万。独开南面，以朝万国，非天造此形胜也哉！

金中都城的建设者

在北京的建城史上有一位敢作敢为的皇帝，不仅迁都，而且迁陵，这在中国 2000 多年的封建社会历史上绝无仅有，这就是金朝第四位皇帝完颜亮，史称海陵王。尤其是他在公元 1153 年迁都，便是北京成为首都的开始。此后北京一直是中国的首善之区、政治文化中心。北京作为都城，连续至今 856 年。

完颜亮其人

完颜亮（1122—1161），女真族，太祖孙，契丹名为迪古乃，汉名为亮，字元功。其父是太祖完颜阿骨打的次子辽王完颜宗干，完颜亮是次子，母亲大氏是宗干的侧室。完颜亮为人剽悍，多怀疑忌，性情残忍，外貌像汉人。喜欢读书，也爱对弈、游戏，结交儒生，谈吐不凡。长大以后，风度严谨，深情闲远，外若宽和，城府莫测。

金熙宗天眷三年，公元 1140 年，任奉国上将军，后迁骠骑士上将军，这年 18 岁。皇统四年，公元 1144 年，迁龙虎卫上将军，中京留守，擢光禄大夫，这年 22 岁。后累官尚书左丞、平章事、右丞相、兼都元帅，领三省事。

皇统九年，完颜亮杀金熙宗，自立皇帝，公元 1149—1161 年在位。即位后，诛杀曾为自己即位立有大功的完颜秉德、唐恬辩和金太宗子孙 70 余人，宗翰子孙 30 余人，其他宗室 70 余人，清除政敌对手，为稳固政权及他的改革大计铺平了道路。

天德三年（1151），命张浩修建燕京（今北京）宫室。贞元元年（1153），迁都燕京，改名中都。正隆三年（1158），又遣张浩修建汴京（今河南开封），寻再南迁。六年，征集大军南下，意在灭宋。十月，东京（今辽宁辽阳）留守完颜雍起兵自立。时他率军在采石矶（今安徽马鞍山西南）被宋军击败。十一月，在瓜州（今江苏扬州西南）为部将完颜元宜所杀。被金世宗完颜雍降谥金海陵王，史称海陵王。

海陵王在位时，大胆改革，重用汉人、契丹人、渤海人，让他们主掌朝政。废行台尚书省、改革中央官制，废去中书门下省。废都元帅府，仿辽设枢密院。大修宫殿，迁都燕京，确定五京制。改革科举，废南北选制和儒学经义制，只考词赋。大修陵寝，迁陵房山。

海陵王是个有才干、想要干一番大事业的人。为了灭亡南宋，统一中国，海陵王决定把金国的都城从偏僻的上京会宁府（今黑龙江阿城县南）迁到燕京（今北京）。燕京地处华北平原的北部，金军南下比较方便。

海陵王派人到燕京去扩大旧城，营建宫殿。有人按照阴阳五行的规定绘制一张燕京宫殿规划图，呈献给海陵王，并说只有照这样营建宫殿，才能大吉大利。海陵王反对这种迷信的说法，他说："国家的前途是凶是吉，在于皇帝是否英明，不在于是否符合阴阳五行。即使选择一块好地方修建宫殿，让桀、纣这样的暴君住进去，国家照样要灭亡；如果让尧、舜去住，就不用选择地方，宫殿修在哪儿都行。"1151年，海陵王颁迁都诏书，任命尚书右丞相张浩负责燕京的营建工程，调征各路工匠，仿照宋汴京之建制营造宫室，限令三年为期，宫殿修成后就正式迁都。

营建中都

张浩，金朝大臣，辽宁辽阳人，他对汉族的文化很有研究，擅长建筑。他负责营建的燕京城在今天的北京西城区及偏西的地方，城是正方形的，分外城、内城和宫城。迁都燕京后，海陵王认为"燕"乃六国之名，不当为京师之号，于是把燕京改名为中都。

中都城是在辽南京城的基础上分别向东、西、南各扩展了三里，向北扩展了百米而成。以南京城的子城为皇城，使宫城居于全城的中心。旧城部分是唐以来形成的封闭的坊制，新扩展的部分则是开放式的街巷制。城区方圆三十七里，划分为"六十二坊"，有津平坊、美俗坊、永乐坊、常清坊、广源坊、延庆坊、甘泉坊、棠阴坊、开远坊、衣锦坊、仙露坊、嘉会坊等。今天的天宁寺一带，当时属延庆坊；菜市口一带叫仙楼坊；天桥一带叫嘉会坊。那时，金中都的人口已达40万之多，且有汉、契丹、女真、渤海、奚、回鹘、诸虬人等聚居。

修建好的金中都北城垣长4900米，西城垣长4530米，东城垣长4510米，南城垣长4750米，略呈正方形。其西北城角在今羊坊店附近，东北城角在今宣武门内翠花街附近，西南城角在今丰台凤凰嘴村，东南城角在今北京南站附近。

中都城的布局采取外城、内城、宫城回字形相套的形式。外城的范围以今宣武门为主，周长三十七里，有十三门：东有施仁门、宣曜门、阳春门；南有景风门、丰宜门、端礼门；西有丽泽门、颢华门、彰义门；北有会城门、通玄门、崇智门、光泰门。

外城以外还有外郭，"入城，道傍无居民，城壕外土岸高厚，夹道植柳甚整，行约五里，经端礼门外"。大城之内还有子城，金朝末年迁都汴京后为防御蒙古军进攻，增建子城。《大金国志（金国·南迁录）》："初，男献王粘罕有志于都燕，因辽人宫阙，于内城外筑四城，每各三里，先后各一门，柚橹城堑，悉如边城。廒仓甲仗库所，各穿复道，与内城通。"

外城还修建了一些花园，是供皇帝贵族游玩的地方。今天的北海公园里的琼华岛、瑶光楼，就是当年金海陵王时修建的。北海公园大门西边的团城，当年也已经初步建成，还在院子里种植了一棵松树，至今已经800多年了，长得根深叶茂，是历史的见证。整个燕京修建得气魄宏伟、整齐大方，宫殿富丽堂皇，为今天北京城的规模奠定了基础，后来经过元、明、清三朝的不断扩建，气势就更加雄伟了。

内城即皇城，其东垣约在今牛街以西老君地东侧一带。宫殿前后九重，有三十六个殿。最前面的大殿叫大安殿，是皇帝接见国宾的地方，后面有座仁政殿，是皇帝处理国家大事的地方。皇城有四门：东为宣华门，西为玉华门，北为拱辰门，南为宣阳门。宣阳门夹道有沟，沿沟植柳，道旁为东西千步廊。廊东有太庙，是祭祖的地方；西边有尚书省，是协助皇帝处理政务的机构所在地。千步廊的尽头则是宫城的南门应天门。

宫城位于皇城之中，在辽南京子城宫殿区基础上扩增而成。宫城周长九里三十步，面积与明清紫禁城相仿。宫城的修建倾注了海陵王的不少心血，建宫前他遣画工密写汴京宫室制度。1151年，"诏广燕，建宫室，按图兴建"，修建好的中都城，环境优美、街市繁华，城内宫廷宏伟。

中都城的建筑横向分为三部分：中路，即皇宫之中轴线，主要的殿和门，位于这条线上。有应天门、太安门、太安殿、大安后门、宣明门、仁政殿、皇帝正位、皇后正位、宫城北门。西路，入右掖门向北，为鱼藻池区，岛上有鱼藻池殿，又称琼林苑。北岸为中宫宫殿，其中有泰和殿、神龙殿、厚德殿、蕊珠宫及蕊珠殿等，中宫之北为十六位，即西宫，为各妃嫔居住之地，有似福位、温芳位、惠妃位等。东路，入左掖门，敷德门内正对广佑楼为东宫，东宫为太子所居。集英门、寿康宫在敷德门正北。寿康宫是皇后所居。集禧门外东华门内道路之北为尚书省，实为宫内衙署所在之"内省"，相当于明清故宫的内务府。

金宫殿林立，结构华美并有完善的护卫系统，许多方面为元明清宫城所沿袭。自海陵王扩燕城，世宗得大统，天下安逸。金大定七年（1167）建社稷坛，十四年（1174）增衍庆宫，十九年（1179）建京城北离宫，宫始称大宁。修瑶光台、琼华岛。大定之后唯章宗之世略有营造，其后国势衰微，无所建设。

金人重苑囿。今日北京众多园林实肇始于金。当时，城内有西苑、南苑、东苑、北苑、兴德宫。有两首诗描述西苑风光："采风肖声彻晓闻，宫墙烟柳接龙津；月边横吹非清夜，镜里琼华总是春。""石作垣墙竹映门，水回山复几桃源；毛飘水面知鹅棚，角出墙头认鹿园。"金中都城四周也修建了许多园林、行宫，主要有建春宫、长春宫、万宁宫、钓鱼台、西湖。中都的美丽不仅美在其建筑的富丽，还美在环境的自然优雅。

燕京城南有一条河流叫卢沟河，经常泛滥成灾，影响南北来往，把它治理好，需要在上面修建一座坚固的桥梁。当时有人提出这个建议，海陵王只派人勘查了地形，没有来得及修建。后来金章宗完颜璟在位的时候，用了两年多时间，到1192年这座大石拱桥才建成，明清时重修重建，就是今天闻名中外的卢沟桥。

坐落在海淀区玉渊潭公园的北面、驰名中外的钓鱼台国宾馆，因金章宗完颜璟在位的时候在这里建台垂钓，故被后世称为"钓鱼台"。古钓鱼台，经过了几度兴衰。耸立在芳菲苑前的宽阔草坪中央的一棵高大苍劲的塔松，主干粗壮、挺拔，直指蓝天。修长的枝丫有如少女柔美的臂膀，伸向四方，好像在迎接五湖四海的朋友。

金贞元元年（1153），燕京城的修建全部竣工，海陵王正式宣布迁都燕京，并且把燕京改为中都，原先辽国在这里设有析津府，海陵王把它改为大兴府，表示国家将要大大兴隆起来。同时，把开封府定为南京，阿城为上京，辽阳为东京，大同为西京。

其间有一个小插曲，因中都城是在辽南京城的基础上营建，在营建宫室过程中，从地下挖出一枚古钱，上有"永安一千"四个字，金的臣僚们以为是一种祥瑞，便决定改中都的府名为永安。由于永安是金朝京城，所以凡与此重名的地方都因回避而改了名。河南的永安县改称芝田县，中都的永安坊改称为长宁坊。它证明1153年至1154年这一年中都的府名确实改称过永安。但永安之名只存在了一年，第二年又改为中都。所以，北京建都的历史上也叫过永安，只是太短暂了，没有流传下来。

迁都燕京以后，海陵王继续改革。他下令叫东北的女真人迁移到今天的河北、河南一带居住。有些人留恋故土，不愿意搬迁，特别是贵族富户，更舍不得他们宽敞的住宅和大片的土地。海陵王下令拆毁上京会宁府的旧宫殿和贵族富户的住宅，作为耕地，交给当地农民耕种。凡是愿意迁到河北、河南居住的，一律赐给他们上等的土地和建筑住宅的费用。

海陵王迁都燕京，在金国历史上是一件大事。从此以后，金国由氏族部落发展成为强大的封建制国家。女真人大量进入中原地区，开始和汉族人民杂居。由于受汉族文化的影响，国内的经济文化发展很快，双方的交流更加频繁，促进了女真族和汉族的融合。

金末朝廷北有蒙古，南有南宋，南北交困。强悍的蒙古族人在1215年攻破中都后，焚毁都城，"宫室为乱兵所焚，火月余不灭"，形成"废苑莺花尽，荒台燕麦生"的残破景象。金中都自此废弃，辉煌壮烈的金中都仅存了62年。而今能看到的只有南城垣的水关遗址和丰台区的凤凰嘴村、高楼村、万泉寺三处土垣遗址了。

元大都城的建设者

元大都城是从1267年（至元四年）开始兴建，到1285年（至元二十二年）才全部建成，历时达18年之久。其中仅宫城部分的工程，便花了4年时间，征调了中都、真定、顺天、河间、平滦等地的民工28000余人，实际上参加这个偌大城市设计和建造的劳动人民，远远超出这个数字，而且涉及的地区不仅限于全国各地，还有来自亚洲其他国家的各色手工匠人。

在大都城的设计和建造过程中，刘秉忠和郭守敬的贡献是不可磨灭的。刘秉忠是大都城的主要设计者，而在解决大都城的水源、沟通南北运河以便于把大批漕粮北运的问题上，郭守敬则做出了重大的贡献。

刘秉忠（1216—1274），河北邢台人。初名侃，秉忠是元世祖忽必烈赐给他的名字。他少时为僧，自号藏春散人。由于他学问渊博，尤其是精通易经及邵氏经世书，对天文、地理、历法等无不精通，因此深受忽必烈的赏识。当忽必烈还在蒙古高原的时候，刘秉忠已是他手下的谋臣。他曾奉忽必烈之命选址滦河北岸龙岗建造开平城（今内蒙古多伦县西北），1263年（中统四年）升开平府为上都。又过了四年（即1267，至元四年），刘秉忠受忽必烈之命筑中都城，随后改称大都城。关于这件事，《元史传》上有比较具体的记载："至元四年又命刘秉忠筑中都城，始建宗庙宫室。八年秉忠奏建国号曰大元，而以中都为大都。他如颁章服、举朝仪、给俸禄、定官职，皆自秉忠发之，为一代成宪。"这就是说，不但大都城是刘秉忠主持建造的，连元朝的国号以及开国的典章制度也是出自刘秉忠的建议。《续资治通鉴》记载了一段很值得注意的史料，说："景定四年春正月（即元世祖中统四年），蒙古刘秉忠请定都于燕，蒙古主从之。"如此说来，连忽必烈决定定都北京，也是与刘秉忠的主张分不开的。

刘秉忠受命建筑上都开平城时，他一开始就从选择城址着手，因此刘秉忠不是一般的领导这项工程的具体实施，还包括了城市的规划和设计。后来受命筑大都城，想来也是如此。《析津志》这本书里记载有如下一个传说："世皇（指忽必烈）建都之时，问于刘太保秉忠定大内方向，秉忠以丽正门（相当于今正阳门）外第三桥南一树为向以对，上制可，遂封为独树将军。"从这个传说中也可以看出，刘秉忠在兴建大都宫殿时所起的作用。不过更为重要的是，如前所述，大都城的中心思想，是基本按照《周礼·考工记》中关于帝王之都建设的理想布局的。刘秉忠是个熟悉儒家经典的汉族知识分子，同时又深得蒙古最高统治者的信任，因此他在修筑大都城时，正是根据这一理想设计进行规划，并付诸实践。

郭守敬（1231—1316），元代水利学家、地理学家，字若思，河北邢台人。幼年从精通数学和水利的祖父郭荣及精通天文和地理的学者刘秉忠学习，精通天文、历法、水利及地理等科学，崇尚实地考察和勘测。他20岁时即从事北京附近的水利兴修工作，沿西山山麓引白浮泉水入北京。《元史·河渠志》记载："通惠河，其源于白浮、瓮山诸泉水也。世祖至元二十八年，都水监郭守敬奉诏兴举水利"，因建言："疏凿通州至大都河，改引浑水溉田，于旧闸河踪迹导清水，上自昌平县白浮村引神山泉，西折南转，过双塔、榆河、一亩、玉泉诸水，至西门入都城，南汇为积水潭，东南出文明门，东至通州高丽庄入白河。总长一百六十四里一百四步……"

翻阅今天北京郊区昌平和海淀的地图，知道白浮村海拔约为60米，瓮山泊入水口海拔约为48米。由白浮村到瓮山泊50余里，地势徐徐下降，如果没有科学的测量和勘查，是无法得知的。这条河流由白浮堰到高丽庄，沿途设许多闸坝及斗门，以便使运粮船只能直达大都，这是北京水利工程史上的杰作之一。

这里着重谈郭守敬在天文学方面的成就，特别是他在大都城兴建天文台的经过。

据史书记载，元初为了颁布新的历法而于1276年设立太史局，后改称太史院，这是专管天文观测和制定历法的中央机构。郭守敬担任太史院的副长官以及改历工作的实际负责人。为了改定历法，进行天文观测的需要，郭守敬着手进行两方面工作：首先他创制了一整套天文仪器，包括简仪、高表、窥几、日月食仪、星晷、定时等，以及供野外天文观测用的正方案、丸表、悬正仪、座正仪等。

郭守敬制造的天文观测仪器和大都司天文台的设备是相当齐备的，在当时世界上也是先进的，它反映了元代科学技术达到的先进水平。只是在明破大都之后，郭守敬制造的简仪和仰仪运往南京，陈列在鸡鸣山（今紫金山）观象台。后来在正统年间（1437—1442），明代天文官员仿造了一批天文仪器，其中包括郭守敬制造的简仪和仰仪，都陈列在北京城东南墙下。这些天文观测仪器历经数百年，一直完好保存到清代。不幸的是，郭守敬制造的实物，后来在1715年被西方传教士所毁，唯有他首创的大都司天台，经过明清改建，称为观象台。这座改建后的观象台，至今仍然屹立在北京建国门旁，纪念着这位伟大的科学家的不朽功绩。

　　当然，元大都的建成，除了刘秉忠和郭守敬的功绩外，还要归功于胼手胝足的劳动人民，其中包括当时许多有丰富建筑经验的能工巧匠。当时，在大都设有名目繁多的营造官署，如大木局、小木局、车局、铜局、采石局等，为城市建设尤其是为统治者享用的宫殿苑囿的建造服务。只是这些建设者的名字很难见诸史册，他们的事迹也多已无考。

　　元世祖忽必烈（1215—1294），是成吉思汗的孙子，宪宗蒙哥的弟弟。1271年，忽必烈建立了元朝，即元世祖。1279年，经历了长达40年之久的灭南宋战争，终于完成了国家的大统一。他是一个有作为的封建统治政治家，也是一位出色的军事统帅。

　　忽必烈1260—1294年在位期间，继续实行中央集权的封建统治，以蒙古贵族为主体的蒙、汉等各族地主阶级的联合政权。他做了三方面的事：第一，镇压蒙古旧贵族和大地主武装的叛乱，消灭分裂割据势力，维护和巩固全国的统一；第二，采用"汉法"，改革"旧章"，实行封建制度的革新；第三，实行重视农业生产的政策，采取各种有利于社会生产力发展的措施。考求前代典章，建立有行政、军事、赋税等制度，其中行省制度影响深远。注重农桑，兴修水利，使元初社会经济得以恢复和发展。

　　元朝的大统一，在中国历史上具有深远的意义，元朝是中国历史上第一个由少数民族建立的大统一王朝。它结束了从唐末以来国内分裂割据和几个政权并立的政治局面，从而奠定了元、明、清600多年国家的长期统一。

　　元朝大统一后，行省制度是秦汉以来的一个重大发展。把我国各地划为若干行省，全国分置十个行省：岭北、辽阳、河南、陕西、四川、甘肃、云南、江浙、江西、湖广。我国第一级行政区划定名为省就是从元代开始的，奠定了我国今天的行政区划省的规模。

　　元朝的疆域十分辽阔，所谓"北逾阴山，西极流沙，东尽辽左，南越海表"。例如，岭北行省的治所设在和林（今蒙古国乌兰巴托西南），称和宁路，管辖范围除了蒙古高原外，北边一直到北冰洋。东北地区主要由辽阳行省管辖，设开元路，管辖黑龙江中游，设水达路，管辖黑龙江下游和乌苏里江流域，又在黑龙江奴儿干地方设东元帅府，管理包括库页岛在内的广大地区。元朝又在澎湖设巡检司，管辖澎湖、台湾，巡检司是划归江浙省泉州路通安县的。元朝在西藏设立了乌斯藏、纳里、速古鲁孙三路宣慰使司都元帅府，其下又设若干万户府。西藏没有设行省，归中央宣政院管理。

　　元朝时，把全国人民分为蒙古人、色目人、汉人、南人等，四等人的政治地位不同，逐渐下降，因此民族矛盾十分尖锐。尖锐的民族矛盾引起了大规模的农民起义，最后被朱元璋建立的明朝灭亡。

明北京城的建设者

公元 1368 年，明朝朱元璋建都南京。同年 8 月，明将徐达率兵攻下大都，改称北平府。

公元 1403 年（永乐元年），燕王朱棣登基，把都城从南京迁到北平，改称北京。从此，有了这个响亮的名字——北京。

公元 1406 年（永乐四年）开始筹建北京城，而后，从全国各地征集大批工匠和民工，开始修建北京城。

北京的宫殿是仿照南京建造的，但是比南京的更宏伟壮观。紫禁城外有皇城，皇城外有内城，耗费的人力财力难以计数。工程历时 14 年，一直到永乐十八年（1420）才完工。第二年，明朝正式迁都北京。北京城的外城，是在嘉靖年间修的，因为经费不足，只建了一半。所以，后来的北京城成了一个"凸"形。

新建的北城墙仍然只是两个门，东为安定门，西为德胜门，从而奠定了明北京城的北界。

对此，史书记载有"洪武初（1368—1398），改大都路为北平府，缩其城之北五里，废东西之北光熙、肃清二门，其九门俱仍旧。又，大将军徐达命指挥华云龙经理故元都，新筑城垣，南北取径直，东西长一千八百九十丈；又令指挥张焕，计度故元皇城，周围一千二百六丈。又令指挥叶国珍，计度南城，周围五千三百二十八丈。南城，故金时旧基也。改故元都安贞门为安定门，健德门为德胜门……""创包砖甓，周围四十里。其东南西三面各高三丈有余，上阔二丈；北面高四丈有奇，阔五丈。濠池各深阔不等，深至一丈有奇，阔至十八丈有奇。城门为九，南三门：正南曰丽正，左曰文明，右曰顺承；北二门：左曰安定，右曰德胜；东二门：东南曰齐化，东北曰崇仁；西二门：西南曰平则，西北曰和义。"

明朝洪武年间，当北平尚未成为新王朝京城时，其范围和城墙情况大抵如此。东、西、南三面的旧土墙已开始用砖包砌。

1419 年（永乐十七年）11 月，展拓南城城墙，即从今东西长安街往南展拓到今前三门一线。城楼的大规模修建，是明中叶进行的。正统元年（1436），英宗命令安南人太监阮安、都督同知沈青和少保工部尚书吴中，率领军役数万人，修筑京师九门的城楼，工程进行了 4 年，一直到正统四年（1439）才完工。此时的城门不仅建筑了城楼，门外还设立了箭楼，月牙城也建起了城楼。各门外立牌楼，城四隅立角楼。此外，又把城壕加深了，并用砖石衬砌两壁。九门的外面，将旧用木桥通渡全部撤去而改为石桥，并设立了水闸。这样整个城墙、壕沟已是规模颇具。碧绿的濠水可自成西北角环城而东，历九桥九闸，再从城东南隅经大通桥而流去。原来的城垣，仅外侧有砖皮，正统十年（1445），把城垣的内侧也统统用砖包砌。九门的名称除北面的德胜、安定外，南面的丽正、文明、顺承，改为正阳、崇文、宣武，东面的齐化改为朝阳，西面的平则改为阜城，崇仁、和义改为东直门、西直门。

至于明北京外城的修建，则是嘉靖年间的事。远在成化十二年（1476），定西侯蒋琬便提出过修筑外城，但未被采纳。至嘉靖三十二年（1553），因北边告警，群臣请增筑北京外城。给事中朱伯辰言："臣窃见城外居民繁伙，无虑数千万户，四方万国，商旅货贿所集，不宜无以圉之。"都御史毛伯温则言："古者有城必有郭。城以卫民，郭以卫城，常也。若城外居民尚多，则有重城。凡重地皆然，京师尤重。今城外之民殆倍城中，宜筑外城。包络既广，控制更雄。"后命相度兴工。兵部尚书聂豹等言："相度京城外四面宜筑外城，约七十余里，得旨允行。乙丑，建京师外城兴工，敕御陈圭、陆丙、许论提督工程。四月，上又虑工费重大，成功不易，以问严嵩等，嵩等乃自旨工所视之。还言先筑南面，俟财力裕时再因地计度以成四面之制。于是嵩、会、圭等议附：前此度地画图原为四周之制，所以南面横阔凡二十里，今拟建筑正南二面城基，东折转北，接城东南角，西折转北，接城西南角，可以克期完报。"（《明世宗实录》）外城工程于嘉靖四十三年（1564）完工。于是，北京城便形成了独一无二的"凸"字形城郭。

完工以后的外城，全长28里。设门七座：正南为永定门，其东为左安门，其西为右安门，东向为广渠门，西向为广宁门（清道光时改为广安门）。东、西与内城交接的东西转角有两小门，东为东便门，西为西便门。嘉靖四十三年（1564）又增修了各门的瓮城。

经实测，整个北京城墙的内城东西长约6650米，南北长约5350米，外城东西长约7950米，南北长约3100米。

历史上，改朝换代，新王朝都摧毁前朝的都城，重建新城。明朝也不例外，出于纯粹封建迷信，明代把元大都内城拆毁，从而建起了新城。

清朝定都北京之后，对于明代遗留下的城墙，基本上没有变动，"定都京师，宫邑维旧"。清朝定都北京，没有对明朝北京城毁城而重建，这与历史上的改朝换代是不一样的，这也是清朝初期封建社会的进步表现。所以，现在人们所见到的北京城郭，基本上是明朝的模样。

清朝北京城完全沿袭明代，只是在城墙倒塌时，或城楼破坏、城壕堵塞时，进行修缮或疏浚。但清朝把主要力量放在北京西郊的两座离宫上，一是当时被称为万物之园的圆明园，一是今日的颐和园，包括昆明湖。为了解决北京的水源问题，扩大元瓮山前的小湖并在东岸筑堤，拦截玉泉山东流之水，使湖泊面积大增。由此瓮山改名万寿山，湖泊改名为昆明湖，经过整理后的昆明湖，既是北京风景名胜区，又是提供北京城水源的水库。

明朝名谋姚广孝

沿京石高速路西南行，穿长辛店，过云岗，在丰台区与房山区交界的青龙湖镇（属房山）

常乐寺村的东侧有一座墓塔，八角九级密檐式塔，塔前有公元1426年（明宣德元年）所立明成祖朱棣"敕建姚广孝神道碑"一座。1984年列为北京市重点文物保护单位。墓塔是佛教的一种墓葬形式。

姚广孝（1335—1418），明朝僧人。幼名天禧，长洲（今江苏苏州）人。医家出身，年十四出家为僧，名道衍，字斯道。通儒术，工诗画。永乐二年授予资善大夫、太子少师之职，因功劳第一，朱棣赐名广孝，恢复姚姓。《明史·姚广孝传》有传记。

《长安客话》记载：太祖将封十王，每王择一各僧辅之。姚广孝自请于文庙曰："殿下若能用臣，臣当奉一白帽子与大王戴也。"（王字上加白为皇帝）文庙默会其意，竟请得之。广孝遂从至燕。一日寒甚，广孝侍宴，文庙命句云："天寒地冻，水无一点不成冰。"广孝应声曰："国乱民愁，王不出头谁作主？"文庙大喜，自是靖难之谋决矣。

明成祖朱棣能成帝业，就是因为有这样一位非常重要的有名的谋臣姚广孝，在策动"靖难之役"和明成祖夺取帝位的斗争中，发挥了重要的作用。一代名臣，一代帝王。

燕王朱棣是朱元璋的第四个儿子，1370年（洪武三年）封王，宫城在北平。他身材魁梧，胡子长得也好看，非常勇敢，智虑过人。朱元璋从小就喜欢他，别人也都说朱棣很像他的父亲。他爱学习，熟悉兵法，擅长带兵打仗，能诚恳地对待部下，威望也很高。

洪武年间，太祖朱元璋挑选高僧服侍各位亲王，并为他们诵经献福。宗泐当时为左善世，举荐了道衍。从此，道衍跟随燕王来到北平，住在庆寿寺，并做了寺住持。他经常出入燕王府，秘密交谈。及至太祖去世，惠帝即位，开始逐步削夺各位亲王权力，周王、湘王、齐王、代王、岷王相继被削藩定罪。道衍得知这一消息，遂秘密劝朱棣起兵反抗。朱棣道："民心向着惠帝，怎么办？"道衍说："我知道天意，不必议论民心。"因而向朱棣推荐了袁珙和占卜者金忠。于是朱棣信心更足，暗地挑选将校，召集军兵和勇猛有特殊能力之人。

果真，建文帝朱允炆着手削藩，精明的朱棣自知威名在外，目标很大，朝廷不会放过他。他为了自身的安全，不得不戒备起来。

朝廷先以防边为由，调燕府护卫精锐出塞，接着逮捕了王府的一些属官，杀了两个得力的护卫百户（护卫军的下级官员），同时，把北平布政使和都指挥使（省的最高军事长官）也换了朝廷的心腹张昺、谢贵。张、谢二人已经得到皇帝密令，调兵包围了王府，伺机逮捕他。张昺他们知道朱棣谋略过人，不敢骤然用武力解决，就串通王府长史葛诚与指挥卢振为内应。北平有个都指挥张信，曾是燕王的旧部，把这个秘密泄露给了朱棣。朱棣也秘密地挑选了800多名精壮亲兵，乘夜调入府中加强了保卫，并与和尚道衍等人商议应变的计划。

1399年（建文元年）7月，削除燕王爵位和逮捕王府所有属官的诏令公布了。朱棣和道衍等亲信商量，以交付所逮属官为名，把张昺、谢贵骗进王府。朱棣装病拄着拐杖，招待他们吃西瓜，刚吃完一块，生气地说："老百姓家里，兄弟宗族之间还知道互相关心，我是天子的亲属，却连性命都保不住。对叔父至亲都是如此，他什么事情干不出来呢？"说罢，狠狠地将瓜皮摔在地上。这是规定的信号，于是卫士一拥而上，捆住张昺、谢贵及葛诚等人。朱棣扔了拐杖，怒气冲冲地说："我有什么病？是被奸臣逼成这个样子的!"

杀了张昺、谢贵等人之后，包围王城的那些将士溃散了，朱棣轻而易举地控制了北平城。

明太祖封王的时候曾经说过："朝廷里如果出了奸贼，诸王可以发兵诛讨。"这话现在对朱棣非常有利，他说朝廷出了奸臣，要铲除奸臣，解救朝廷的危难。第二天他便打出"靖难"的旗号在北平誓师，布告将士。同时给建文帝上了一份奏疏，要求他杀掉齐泰、黄子澄两人。建文帝不仅没有理会，反而任命耿炳文做大将军，率师征讨燕王。从此叔侄兵戎相见，打了四年的内战，历史上称"靖难之役"。

朱棣是久经沙场、谋勇双全的皇子。他以北平作大本营，迅速占领了当时交通要道通州（今北京通州），然后，控制居庸关，克蓟州（今河北蓟县），破怀来（今河北怀来县东南），取密云，平定遵化，扫清了北平的外围。不到20天，归顺朱棣的军队已有数万人马。

这年八月，朝廷派耿炳文带领30万大军来到了真定府（今河北省正定县），先锋杨松已占据了雄县（今河北省雄县）。朱棣也身穿铠甲，亲自率兵到了涿州。中秋节的夜晚，他率军跨过白沟河（今拒马河），乘敌不备，半夜爬城而入，一举全歼了雄县敌人，接着设伏打援，活捉了都指挥潘忠。朱棣又领兵到了真定，亲自带两个骑兵，突然冲进敌人运粮的车队中，抓了两个俘虏。根据俘虏提供的情报，他让护卫指挥张玉等正面进攻，自己率领骑兵绕到敌后，前后夹击。耿军本来军心不稳，又见燕兵在朱棣的督率下异常骁勇，阵营一乱，人马自相践踏，大败而逃。

建文帝连忙撤换了耿炳文，以李景隆挂帅，又调集了天下50万军队伐燕。朱棣听了哈哈大笑，说："李景隆小名九江，是我表哥守九江（今江西省九江市）时生的孩子，根本就没有见过大仗。把50万军队交给他，这不是自己坑自己吗？"他对部下说："我在这里，李景隆是不敢来的，等我赶走朝廷的辽东兵后，再回来收拾李九江。"临行告诉儿子朱高炽，李景隆来了坚守不战。

李景隆听说朱棣领兵在外，率师直抵北平城下。攻城最紧张的时候，北平城里的妇女都上城助战，抛掷砖瓦，打退了敌兵。他们还连夜担水浇灌城墙，那时正是冬天，水一结冰，城墙溜滑，敌人无法攀登。十一月，朱棣率兵会师，用奇兵左右夹击，把李景隆打得大败。李军丢下粮食器械，日夜南奔，最后退到德州。

第二年的夏天，李景隆重整旗鼓，会合郭英、吴杰60万大军，号称百万雄师，从德州北上伐燕。双方又在白沟河展开了一次激烈的大战。双方全力以赴，仗打得十分艰苦。朱棣亲自率兵左冲右杀，几次陷入敌阵之中，几乎丢掉了性命。他的战马因负伤而更换了三匹。第二天又杀得难解难分，快到中午时分，朱棣率领数千骑兵，绕道敌后，突然冲入敌阵，东杀西砍，势不可当。李景隆的几员战将战死，指挥失灵，军无斗志，阵营一下子崩溃了。燕兵奋勇追杀，又乘风纵火，烧了敌营。李景隆单骑逃回了德州。

这以后，双方又多次交锋，燕军越战越勇，不断向南推进，终于绕过济南，大败平安军于灵璧（今安徽省灵璧县），接着攻破泗州（今江苏省泗洪县东南），拜祭了祖先的陵墓，渡过淮河，拿下盱眙（今江苏省盱眙县），进抵扬州。朝廷这时候已经乱成一团。一些六卿大臣，见他们叔侄同室操戈，谁也不出力，纷纷借故外逃。

外无援兵，孤城难守。侍讲学士方孝孺为缓兵之计，出了个馊主意，请朱棣的姐姐庆城郡主劝说朱棣，朝廷愿割地分南北求和。朱棣苦笑着说："太祖封我的燕地都保不住，何况割地给我呢!"

公元1402年（建文四年），燕兵进至浦口（今江苏省南京市浦口镇），朱棣誓师渡江，突破盛庸的江防，兵临南京城下。谷王朱橞和李景隆开金川门投降，燕兵涌进城内。建文帝下落不明，有说他死在皇宫里，有说他逃到云贵去了。朱棣在一班文武大臣的劝进下登上了天子宝座，他就是明成祖，至此，历时四年的叔侄内战终于结束了。

成祖即帝位后，授予道衍僧录司左善世。成祖在任藩王期间，所接触者都是军人，却独有道衍制定计策起兵。乃至成祖转战山东、河北，在军中四年，或还师或在外，战守机要之事皆取决于道衍。道衍虽没有亲临战场，然而成祖用兵夺取天下，道衍出力最多，功劳第一。

皇帝与道衍谈话时，称少师而不叫其名。成祖命其蓄发，他不肯，赏赐府第和两名宫女，他一概不接受。道衍经常居住在僧寺中，身着朝服冠带上朝，退朝返回，仍穿着僧服。他到苏州、湖州等地赈济灾民，至长洲时，将朝廷赏赐的金银绢帛都给了宗族乡邻。重修《太祖实录》时，由姚广孝负责兼修。他又与解缙等人纂修《永乐大典》，成书后，得到成祖的褒奖赞美。成祖往来于南北二京或出塞北伐蒙古时，都是让广孝辅佐太子。

道衍去世，成祖非常哀痛，停止上朝两天，命令有关官署治丧，按照僧门礼仪埋葬，追赠为推诚辅国协谋宣力文臣，特进荣禄大夫、上柱国、荣国公等官爵，谥号恭靖。特赐予葬在房山县东北。成祖亲自撰写神道碑文记载其功勋，将广孝养子姚继授予尚宝少卿官职。

朱棣（1360—1424），明朝第三位皇帝。在位期间（1403—1424）励精图治，建紫禁城，筑长城，恢复生产，派郑和下西洋。死后谥号孝文皇帝，称作"文皇"，庙号太宗，年号永乐，又称永乐皇帝。嘉靖年间，又增加了个谥号"成祖"。所以，又称明成祖。

紫禁城的建设者

北京的紫禁城，宛如一幅立体的绘画作品，宏伟壮观，气势恢宏。紫禁城精湛无比的艺术设计，庄严雄伟的皇家气派，严整通达的建筑布局，气宇轩昂的建筑结构，金碧辉煌的建筑装饰，优美律动的檐角线条，令每一个观者叹为观止。紫禁城是人类建筑史上最伟大的艺术奇葩，是世界文化历史遗产中一颗璀璨的明珠，更是中华民族文化的标记。

当您仔细观看太和殿的建筑设计，呼吸着御花园飘香的空气时，人们总是在问，是谁营造了紫禁城？

"紫禁"的由来

故宫，是明清两朝的皇宫，当时又称"紫禁城"。皇宫为什么称为"紫禁城"？那是因为，古代宫殿建筑与古代天文学有关。

古代中国，天文学非常发达。古人将天空中央分为太微、紫微、天市三垣。三垣中，太微为上垣，紫微为中垣，天市为下垣。紫微垣为中天的中心，是天帝居住的地方，共十五颗星。司马迁《史记》中记载，与天文相表里，人间皇帝为天帝之子，"天子"居住的皇宫便是"紫微宫"，汉代人就称皇宫为"紫宫"，又因为皇宫为常人不得出入的禁地，又称"禁城""禁中"。《晋书》更指出："紫微，大帝之座，天子之常居也。"

唐代宫殿也是模仿紫微垣，并将紫微垣的"紫"字，与禁城、禁中的"禁"字连用，称为"紫禁"。如初唐骆宾王诗中有："紫禁终难叫，朱门不易排。"中唐韩翃诗中有："先朝亲与会龙华，紫禁鸣钟白日斜。"晚唐白居易诗中有："朝从紫禁归，暮出青门去。"

明代建设北京紫禁城，继承了汉唐的传统，当时把奉天殿（即今太和殿）作为与紫微垣中天皇大帝星座对应的建置。紫禁城内后寝部分作为天子之常居，更要模仿天帝之常居的紫微垣。内廷中央为乾清宫、坤宁宫、交泰殿三座宫殿，应三垣之数，连同东西六宫，共为十五宫，正合紫微垣两藩十五星之数。

紫禁城是当代人对当代皇宫的称谓。当一个朝代灭亡，另一个朝代建立，人们便称前朝的宫殿为"故宫"。如元代灭亡后，明代人萧洵写了一本记录元大都宫殿的书，名为《故宫遗录》。明朝灭亡后，清朝皇帝继续沿用，成为明清两朝的紫禁城。明清两朝的二十四代皇帝在这里居住，实行对全国的最高统治，前后达 500 年。

蒯祥和他的香山帮匠人

北京紫禁城是蒯祥及以蒯祥带领的香山帮匠人集体营造的。蒯祥充当了鲁班的角色，是总设计师。

蒯祥是苏州香山渔帆村人。生于 1398 年，卒于 1481 年。香山是山名，又是地名，今属苏州胥口镇。香山是"吴中第一峰"穹隆山的余脉。高仅 120 米，虽小，但地处幽雅，风光旖旎，颇具形胜。香山帮以木匠领衔，是一个集木匠、泥水匠、石匠、漆匠、堆灰匠、雕塑匠、叠山匠、彩绘匠等古典建筑中全部工种于一体的建筑工匠群体。

明永乐年间，蒯祥设计营造了北京故宫、天安门、午门和两宫。明正统年间，他领导过重建三大殿、五府、六部衙署和御花园的建设。京城中文武诸司的营建，也大多数出于他手。他奠定了明清两代宫殿建筑的基础，所以明代故宫的鸟瞰图上，把蒯祥的像画在上面。

蒯祥精于建筑构造，"略用尺准度……造成以置原所，不差毫厘"，他擅长宫殿装銮，把具有苏南特色的苏式彩绘和陆墓御窑金砖运用到皇宫建设中去，他自己"能双手握笔画龙，合之为一"，他还善于创新，发明了宫殿、厅堂建设中的"金刚腿"（俗称"活门槛"）而被授职"营缮所丞"。蒯祥技艺超群，"凡殿阁楼榭，以至回廊曲宇，随手图之，无不中上意"，不久便擢升为工部左侍郎，食从一品俸禄。

对于蒯祥的建筑造诣，当时就有极高评价，同行叹其技艺如鬼斧神工，而在京城"违其教者，辄不称旨"，皇帝也"每每以蒯鲁班称之"。

蒯祥晚年，还经手建造十三陵中的裕陵。到宪宗成化年间，他已 80 多岁，仍执技供奉，保持着"蒯鲁班"的称号。他是一个时代建筑工艺水平的代表，堪称香山帮建筑工匠中的泰斗。

香山帮建筑工匠群体，不但工种齐全，而且分工细密，能适应高难度建筑工艺的需求。例如木匠分为"大木"和"小木"。大木从事房屋梁架建造，上梁、架檩、铺椽、做斗栱、飞檐、翘角等。小木进行门板、挂落、窗格、地罩、栏杆、隔扇等建筑装修。小木中有专门从事雕花工艺的（清以后木工中产生了专门的雕花匠）。木雕的工艺流程有整体规划、设计放样、打轮廓线、分层打坯、细部雕刻、修光打磨、揩油上漆。除了分工细密外，香山帮工具也是很先进的。例如木匠用的凿子分手凿、圆凿、翘头凿、蝴蝶凿、三角凿五种，而每一种又有若干不同尺寸或角度的凿子。

香山帮建筑具有色调和谐、结构紧凑、制造精巧和布局机变的特点。可谓是技术精湛，名享天下，代代相传。

紫禁城的诞生

明永乐皇帝朱棣迁都北京后，决定建造明皇宫，要求其规模、气势和精美程度都超过南京的明皇宫。以蒯祥为代表的香山帮人应征参加营造北京紫禁城，由于其技艺精湛，在诸营造大军中，异军突起，成为工匠中的佼佼者，而蒯祥被推为设计和建造北京紫禁城的领衔人物。一方水土养一方人。是太湖香山的风水滋养了一帮香山人，这环境给适宜人才的诞生创造了合适的土壤和条件，创造了待机而出的人才细胞。

春秋战国时期，吴地的冶金在诸侯国中享有盛誉。木工、瓦工所用的斧头、锯子、刨子、凿子、瓦刀等工具，优良无比，为香山帮匠人提供了得心应手的"武器"。而香山及太湖沿岸山上的树木、石材（太湖石、石灰石、花岗石和黄石）为建筑准备了材料。特别是苏州郊外，还出产烧制优质砖瓦的细泥。有资料记载，苏州齐门外陆慕一带砖窑林立，被皇帝钦定为"御窑"。

历史上任何一个王朝都要选择适合其发展的地方建造王宫。春秋战国时期，吴王开凿胥溪，伍子胥相土尝水，象天法地，规划营造阖闾大城。夫差在灵岩山上建造馆娃宫，在香里建造大型离宫——南宫。在姑苏台上建造的姑苏台，更是工程浩大，规模惊人。"阖闾大城""馆娃宫""南宫""姑苏台"，还有"二妃庙""胥子庙"等，这些大型建筑的兴建孕育了香山帮匠人，也使其建筑艺术能得以一代一代往下传。

汉晋时代，吴地佛道两教空前盛行。南朝时期的道观佛寺之多，更是盛况空前。道观佛寺的建设使香山帮匠人的队伍逐步扩大。建筑技艺得以保留和发展。

唐代是中国历史上的一个辉煌鼎盛时代，经济发达，文化先进，疆土辽阔。吴地的"塑圣"杨惠之和"画圣"吴道子齐名天下，杨惠之创造了数不清且形象各异的佛像供奉在寺庙（今苏州东山紫金庵仍保留其真迹），活灵活现，可见寺庙之多，香火之旺。

苏州濒临太湖，风景秀美，四季分明，风调雨顺，非常适合人的居住和生息。据《苏州府志》记载，苏州城区明代有园林 271 座。小桥流水，青砖黛瓦，富有江南特色的苏州民居星罗棋布，这些都是香山帮建筑艺术的伟大业绩。香山帮技术的有效承传和人才的辈出为紫禁城的创造准备了充分的人才和技术。而紫禁城的建造也成了香山帮兴盛极致的佳作，蒯祥很自然地把江南建筑风格带进北京城，使其融为一体。蒯祥成为皇帝尊称的"蒯鲁班"，官至工部左侍郎，成为香山帮的鼻祖，这一切顺理成章。

由此观之不能不说是吴文化创造了一代建筑艺术人才，是吴文化孕育和催生了紫禁城的诞生。

有专家认为，故宫真正的设计人是蔡信，江苏武进人，木工世家，他不仅营造了紫禁城，还建造了昌平的陵墓。其实不然，可以想象，这样一个宏伟的系统工程，非一个人、两个人的能力所为，必须是一个"帮"的智慧，一大"帮"能工巧匠才能完成。

公元1407年（明成祖永乐五年），明朝皇帝集中了全国著名的工匠，并且征调了二三十万农民和一部分卫军做壮工，在北京大兴土木，开始建造皇宫，到1420年（永乐十八年）才完成。以后历朝还继续修建。这些工匠和壮工流血流汗，绞尽脑汁，辛勤劳动，修成了这座规模宏伟的宫殿，却没有能够在明清两代的史册上留下他们的名字。

这些前前后后为修建这座皇宫出力的工匠们，在某些文献上也还可以零星地查到几位，如：

杨青，瓦工，永乐朝在京师营造宫殿；

蒯福，木工，永乐朝营建北京宫殿；

蒯群，木工，永乐、正统两朝营建北京宫殿；

蔡信，工艺，永乐朝营造北京宫殿；

蒯义，木工，永乐朝营造宫殿；

蒯纲，木工，永乐朝营造宫殿；

陆祥，石工，宣德朝营建宫殿；

徐杲，木工，嘉靖朝营建三殿；

郭文英，木工；

赵德秀，木工。

紫禁城是中华文化的标记

宗白华先生曾经说过，一部西洋美术史是以建筑为骨干来贯穿的。我们可不可以这样认为：一部中华建筑史是以紫禁城的建筑为其典范、为其文化标记的。难怪，法国文化年在中国举办的时候，法国总统希拉克站在故宫广场上说，中国文化是世界上最伟大的文化。

紫禁城是一幅立体的绘画作品，是人类艺术创作的结晶。无论从整体的布局，还是每一建筑设计的位置到建筑色彩、线条，甚至室内装饰，都与绘画作品同一个思想。而它给人的整体印象是：气韵生动。

不但如此，紫禁城承载着中华民族优秀的品格。合理通畅的空间布局，预示了中国人博大、宽阔的胸怀；厅堂典雅的设计表现了中国人热情友好的品德；江南园林风格的再现，体现了中国人对大自然的热爱；精美的室内装饰，说明了中国人对美好生活的向往；那些做工考究、雕刻细微的设计，充分说明了中国人认真、刻苦、精益求精的精神；而那些飞檐和翘角则展示着中国人积极向上的奋斗精神。

蒯祥、香山帮匠人以及各地匠人创建了紫禁城，而吴文化孕育了蒯祥及香山帮匠人。所以紫禁城表现为吴文化的产物，从根本上来说，紫禁城是中华文化的产物。由于紫禁城的特殊性和唯一性，紫禁城成为中华文化的标记。

吴文化不但孕育了蒯祥及香山帮匠人，而且以沈周为首的明四家、书画大师董其昌等人的优秀文化，使吴文化更加丰富、灿烂。建筑艺术在传统文化的大环境中一代一代传承下去，明正德四年建造的苏州园林的代表作拙政园，就是最好的说明。蒯祥之后，清代活跃在建筑界的姚氏家族也诞生在香山。其杰出代表一代宗师姚承祖是香山墅里村人，生于1866年，卒于1938年。其祖父姚灿庭，是一位出色的木匠，曾作《梓业遗书》五卷，可惜今已失传。姚承祖不但继承了父业的精湛手艺，而且在50多年的建筑生涯中，积累了丰富经验，出版发行了《营造法原》，全文13.5万字，分列16章，图版52幅，插图照片128帧。此书改变了香山帮匠人口授带徒的习惯，填补了文献的缺失，实为一部学术价值极高的传世之作，被国人誉为中国南方传统建筑的宝典。苏州怡园藕香榭、光福香雪海梅花亭、木渎灵岩山大雄宝殿和严家花园，均是他的代表作。

永定河畔的抗日英烈

走进永定河畔，看一看，听一听，在那个烽火连天的岁月，在真实的环境中体味历史的回响。在河畔有许许多多可歌可泣的抗日斗争的故事。

"三一八"烈士纪念碑，位于海淀区圆明园西南角福元门内，坐北朝南，占地300多平方米，1929年北平市政府立碑纪念。墓园遍植松柏，一米高的圆形墓基上立有高约5米的纪念碑，碑体六面，正面篆书"三一八烈士纪念碑"，碑铭记述事件经过及烈士姓名。1926年3月18日，为反对日本帝国主义武装干涉中国内政，李大钊等带领爱国学生、工人和各界人士在天安门和段祺瑞执政府前举行示威，段祺瑞下令开枪镇压。此处即安葬着被杀害的41位烈士，其中有鲁迅先生撰文纪念的刘和珍、杨德群两位女士。在陵园的东北角，还有一座高约3米的三棱柱形纪念碑，为北京工业大学为该校烈士单独所立。

古北口战役阵亡将士墓，位于密云区古北口镇。1933年3月，东北军和十七军将士同侵华日军激战于长城古北口镇。战斗结束后，当地居民收殓中国军队阵亡将士遗体360具，合葬于长城脚下。墓前竖立石碑，碑书"古北口战役阵亡将士公墓"。1995年被列为北京市文物保护单位。

卢沟桥东为宛平县城，1638年（明崇祯十一年）建。1937年7月7日夜，驻丰台日军在卢沟桥畔中国守军防区内进行军事演习。演习结束后，日军借口失踪一名士兵，无理要求进入中国军队防守的宛平城搜查，遭到中国守军的拒绝。日军遂向位于桥东的宛平城和卢沟桥发动攻击，并企图强夺卢沟桥。这就是"卢沟桥事变"或称"七七事变"。中国守军二十九军官兵，在日军蛮横无理的挑衅和攻击下，忍无可忍，奋起抗击，打响了中华民族全面抗击日本侵略者的第一枪。

"卢沟桥事变"标志着中华全民族抗日战争的开始。从此，中国人民团结起来，在中国共产党倡导的抗日民族统一战线下，前仆后继，英勇斗争，终于打败了日本侵略者。

至今，卢沟桥的望柱及宛平城城墙上，当年日军的弹痕犹斑斑可见。现在，卢沟古桥仅让行人步行通过，为全国重点保护文物。卢沟桥、宛平城、中国人民抗日战争纪念雕塑园以及中国人民抗日战争纪念馆，已经成为目前全国最大的纪念抗日战争的爱国主义教育基地。

宛平县人民抗日战争为国牺牲烈士纪念碑，位于门头沟斋堂镇。纪念碑建于抗日战争时期，为方形重檐四门塔形建筑，总高度为 8.75 米，下部有四个券洞，券洞中镶嵌石碑，碑上书有碑铭和 467 位烈士姓名及出生地。肖克、邓华、宋时轮、杨成武、焦若愚等众多的老战士都曾在这里留下战斗的足迹。1995 年被列为北京市文物保护单位。

八路军冀热察挺进军司令部旧址，位于门头沟区马栏村。1939 年 1 月下旬，冀热察挺进军成立，肖克任司令员兼政委。1939 年 10 月，挺进军司令部进驻马栏村这所四合院内，肖克司令员在此指挥平西人民抗战。该所四合院保存完好，共有瓦房 10 间，为冀热察地区抗日战争纪念地。1995 年被列为北京市文物保护单位。

白乙化烈士陵园，位于密云区石磨乡。白乙化同志为丰、滦、密抗日根据地的创建者。1944 年，在战斗中壮烈牺牲。1984 年密云县委修建了白乙化烈士陵园。陵园入口建 6 米高石牌坊，正书"白乙化烈士陵园"，背书"民族精英"，院内有用汉白玉雕成的烈士半身塑像，塑像后有四块汉白玉屏风，刻有烈士生平传记，陵园北部山上为白乙化牺牲地。白乙化烈士陵园 1995 年被列为北京市文物保护单位。

平西抗日烈士纪念碑，位于房山区十渡镇西庄村。碑坐北朝南。碑为卧式下承须弥座。高 1.8 米，宽 4 米。碑阳为肖克题"抗日战争在平西牺牲的烈士永垂不朽"。碑阴为苗培时撰写的碑文，记述了平西抗日战争的壮举。

平北红色第一村——沙塘沟，坐落在永定河畔，延庆区大庄科乡西北 9 千米处。

平北抗日根据地是抗日战争时期最早的根据地。1938 年平北地区第一个农村党支部在沙塘沟村诞生，共产党在这里播下了火种，发展了 6 名农村党员。战争年代，老区人民同日本鬼子进行了艰苦卓绝的斗争，游击队后方支援前线，妇救会为战士做饭、做军鞋、缝补军装，儿童团站岗放哨，村民团结一心抗击日寇，为抗日做出了重大贡献。

为了纪念这段革命历史，砥砺后人，大庄科乡于 2003 年 6 月在沙塘沟举办了"平北红色第一村"革命传统教育展览。展览以展板和大量实物为主，介绍平北地区革命发源地、党员发展史及宋时轮、邓华四纵队领导人民同日伪军斗争情况及老区人民进行土地改革和积极支援解放战争的情况。

2004年平北红色第一村被北京市委宣传部、团市委、首都大学生联合会等五家单位联合命名为"大学生社会实践基地"。

平北红色第一村不仅是革命传统教育之地，同时也是体验生活的好去处。村民居住在一个"人"字形的山圈里，小村80户，200多人，山庄人好和睦处，邻里团结祖辈传，旧宅土炕，门楼老样，进家后能让您感到淳朴厚道的大爷大妈，不管是亲家邻居，还是朋友客人，都能从自己不很宽裕的碗里挤出部分接济他人，让您终生难忘一粥一饭一捆柴的这份真情和恩泽。朴实忠厚待人总让您恋恋不舍，很有一种怀旧心情。

小村民居很有特色，您来后就会感受到：村民都在北山住，细心观察就知道每户民居都是后山靠，前山照，"人"字山脉村口抱，从山脉走向就让您感到非常隐秘。当您来到村后会感觉到，山清悠悠，伴您进入"村静喜鹊叫，山低雁尾遥"的梦境般的回味无穷。

古老的小村，山林茂盛，百年以上古树众多，更神奇的是古老的核桃树，树上又长出了一棵小桑树，成为人们从未见到的树上树。闲时您可与老农过把农家活的瘾。叮在这绿野天地里，走走石阶关道，看看圆口井，摸摸拴马桩，推推大石碾，看看农民扶犁耕田，叠埂种菜，修剪果树，体验淳朴风土民情，回到大自然的怀抱。

这里有平西抗日根据地斋堂川斗争史展。京西的山山水水留下了英雄的足迹，无数烈士长眠于京西这方热土。平西抗日根据地斋堂川斗争史展馆，是有着光荣革命传统的门头沟人民向社会奉献的珍贵的红色记忆。

进入纪念馆首先看到的是60余名曾经在这里战斗过的将军的照片以及曾经在这片土地上抛头颅、洒热血的烈士的名单。通过许多当年拍摄的照片、文字材料和讲解员的生动讲解，可以了解到八路军当年为巩固和扩大在华北抗日根据地所进行的艰苦卓绝的斗争。

展览分前言、点燃火种、建立根据地、浴血斋堂川、走向胜利、结束语六部分。占地500余平方米的展览，用500余幅历史图片，2万余说明文字，生动地再现了这里的英雄儿女在革命斗争中的辉煌业绩，展示了烽火岁月中60余位共和国将军的彪炳战绩，讴歌了数以千计的门头沟优秀儿女舍家从军奔赴抗日战场，800多人为民族解放壮烈牺牲的悲壮历史。

革命遗址、革命遗迹是革命英烈留下的足迹，是固化了的历史，通过红色旅游，看到的不仅是面前的一景一物，而是这景物负载的革命先辈追求真理、坚定不移的中华民族精神。

新中国成立后北京的建制沿革

1949年10月1日，新中国建都北京以来，市辖范围几经扩展。1952年，将河北省宛平县划归北京市。1956年，将昌平县划归北京市。

1958年3月7日，国务院第七十二次会议通过决定，为了适应北京和河北两个地区社会主义经济建设的发展的需要，将原属河北省的通县、顺义、大兴、良乡、房山五个县和通州市划归北京市领导。

1958 年 5 月 29 日，国务院第七十七次会议通过决定，根据北京市人民委员会 1958 年 3 月 29 日报告决定：

1. 撤销通县和通州市，将原通县和通州市的行政区域合并设立通州区。

2. 撤销房山、良乡两县，将原房山、良乡两县的行政区域合并设立周口店区。

3. 撤销大兴县和南苑区，将原大兴县和南苑区的行政区域合并设立大兴区。

4. 撤销顺义县，将原顺义县的行政区域设立为顺义区。

1958 年 10 月 20 日，国务院第八十一次会议通过，根据河北省人民委员会 1958 年 9 月 29 日报告决定，将河北省的怀柔、密云、平谷、延庆四个县划归北京市。

1960 年 1 月 7 日，国务院第九十三次会议通过决定：

1. 设立昌平县，撤销昌平区，以原昌平区的行政区域为昌平县的行政区域。

2. 设立通县，撤销通州区，以原通州区的行政区域为通县的行政区域。

3. 设立顺义县，撤销顺义区，以原顺义区的行政区域为顺义县的行政区域。

4. 设立大兴县，撤销大兴区，以原大兴区的行政区域为大兴县的行政区域。

5. 设立房山县，撤销周口店区，以原周口店区的行政区域为房山县的行政区域。

以后又逐年进行了调整撤并。1987 年 1 月房山县、燕山区合并设立房山区；1997 年 4 月撤销通县设立通州区；1998 年撤销顺义县设立顺义区；1999 年 9 月撤销昌平县设立昌平区；2001 年 3 月撤销大兴县设立大兴区。

2010 年 6 月，经国务院批准，北京市政府调整首都功能核心区行政区划，撤销原东城区、崇文区，设立新的东城区，以原东城区、崇文区的行政区域为东城区的行政区域；撤销原西城区、宣武区，设立新的西城区，以原西城区、宣武区的行政区域为西城区的行政区域。

2015 年 7 月，北京市委、市政府《关于贯彻落实〈京津冀协同发展规划纲要〉的意见》，提出要聚焦通州，加快市行政副中心的规划建设。未来，一座北京新城即将在京东拔起。

2015 年 11 月，经国务院批准，撤销密云县、延庆县，设立密云区、延庆区。至此，北京最后的两个山区县规划为区级。

密云古时曾称渔阳，因位于渔水（白河的古称）之阳而得名。因数次变迁，其原址在今河北省丰宁县大阁镇东北的南关村一带，后迁至今址，原址东南方向有一座高山，长年云雾缭绕，因而名为密云山（今丰宁县的云雾山），密云地名就是来自这座山名。

密云区位于北京东北部，地处燕山山脉南麓，是华北大平原与蒙古高原过渡地带。为中原地区至东北、内蒙古地区的交通孔道，战略地位十分重要，自古为兵家必争之地，有"京师锁钥"之称。著名的京密引水渠全长 110 千米，引渠沿途风景如画，被誉为北京的绿色长城。

延庆古时曾名龙庆州、隆庆州，是因元代仁宗皇帝诞生于县域内，故名龙庆。明代成祖北巡至延庆团山时则改为隆庆，明代穆宗即位后，为避年号，将隆庆改为延庆。

延庆区位于北京北部，是北京最大的山间盆地，位于海坨山与军都山之间，北、东、南三面环山，西隔浩渺的官厅水库与怀来盆地相对。盆地边缘的环山，均属燕山山脉。南部为军都山，海拔在 1000 米至 1500 米，八达岭海拔 1015 米。北部为海坨山、松山，海拔均在1200 米以上，2022 年冬奥会的高山滑雪和雪车雪橇赛场就在此。

城市发展，日新月异。北京与周边地区正在实施京津冀协同发展的国家战略，规划有数个副中心城市，共同建设世界城市。展望未来，交通更便捷，空气更清新，人民生活更加美好。

第七章　永定河畔的桥梁文化

历史经济地理是研究历史时期的生产、商业、城市与交通布局及变化规律。永定河畔大小桥梁达 100 多座，金代的卢沟桥、清末的公路桥、近代的铁路桥、现代的京广与京九铁路大桥，陆续新建的宛平桥、定水桥、卢沟新桥……既有古老的，又有现代的，有中国人修的，也有外国人修的，形态各异，代表了不同历史时期的风貌，堪称最直观的中国桥梁博物馆。

永定河上的桥梁

卢沟桥渡口，从春秋战国时代开始，就是北京地区沿太行山脉东麓通往华北平原的要津。据史籍记载，金代以前卢沟桥是木桥或浮桥，但因河水湍急，经常泛滥改道，木桥或浮桥也就随着河道的变迁而移动，引渡极为不便。

1170 年，南宋诗人范成大奉朝廷差遣，出使金国时用诗描述卢沟桥渡口："草草舆梁枕河坻，匆匆小驻濯涟漪。河边服匿多生口，长记辐车放雁时。"其中的"草草舆梁"就是浮桥，"枕河坻"指浮桥是架在河里一块块水洲上。

金定都中都后，为了南下用兵并加强对河北地区的控制，当时有人提出建桥的建议，金帝海陵王只派人勘查了地形，没有来得及修建。1185 年夏（金世宗大定二十五年五月），卢沟河洪水泛滥，决口于上阳村。世宗征令中都城周围三百里以内的民夫前往堵塞决口，但是未能奏效。又过了三年，世宗下诏说，卢沟河乃"使旅往来之津"，令建石桥。但是这项决定未能实施，金世宗就死了。

后来金章宗完颜璟在位的时候，用了两年多时间，到 1192 年这座大石拱桥才建成，明清时重修重建，这就是今天闻名中外的卢沟桥。

在《金史》里有记载：大定十年议决卢沟以通京师漕运，上（世宗完颜雍大定皇帝）忻然曰："如此则诸路之物，可经达京师，利莫大焉！"当命计之，当役千里内民夫，上免被灾之地民夫，以百官从人助役。大定二十八年（1188）诏卢沟河使旅往来之要津，令建石桥，大定二十八年（1189），以涉者病河流湍急，诏命造船舟，既而更命建石桥。明昌三年三月称，勅命名曰广利。

这座桥落成后，对于当时金朝的军事、交通、经济等方面，起了重要的作用。

1937 年 7 月 7 日，日本侵略者在这里制造了"卢沟桥事变"，中国抗日军队在卢沟桥打响了全面抗战的第一枪。

十里铺渡口，位于永定河下游北京最南端的大兴区，也是一个著名的渡口，其地位仅次于上游的卢沟桥渡口，历史上有"小大道"之称。清朝时，康熙帝、乾隆帝曾设法在此建桥，由于河水湍急，屡建屡毁，只得放弃。南北客商只能依靠摆渡过河。

十里铺大桥，1948 年冬，冀中军民冒着敌机轰炸的危险，在十里铺渡口，仅用六七天时间就架起一座横跨永定河的木桥，为平津战役做出了贡献。1965 年 6 月建成十里铺大桥。

三家店渡口，三家店坐落于门头沟区龙泉镇的永定河畔，辽代的时候就已经形成村落。据说最早在此定居的只有三家，有的说是张、刘、杨三家，有的说是田、王、赵三家，到底是哪三家已难以考证，但村名却是因最早三户人家而得，称"三家店"。这里不仅是明清京西大道的起点，也是永定河的出山口，当年这里曾是京西故道上最大的一个古渡口，是西山通往京城的咽喉要道，也是山区平原间物流的交易中心。明清时期，京城用的京西煤以三家店村为集散地。早在明朝的万历年间，这里就因为运煤的需要，横架于永定河之上一座木板桥，是永定河历史上重要的渡口之一，是通往门头沟矿区的必经之路。由于门头沟煤矿经济的不断发展，人们日益感到靠船只摆渡往来的不便，其仓储物流的重要作用直到清末民初铁路修通之后才衰落下来。

三家店钢筋混凝土公路拱桥，1921 年京兆尹公署拨款大洋 30 万元，请来法国工程师设计，修建了这座当时在欧洲流行的钢筋混凝土拱桥，所雇用的劳动力大部分为三家店村和城子村人。历时两年八个月，于 1923 年 12 月正式竣工通车。大桥为当时流行的欧式风格的拱桥，全长 253 米，宽 9 米，高 14 米。因为当时水泥大多从国外进口，老百姓把水泥称作"洋灰"，所以，这座桥老百姓称作"洋灰桥"。据门头沟公路分局人讲，1982 年收到一封由"洋灰桥"当年设计者的后人寄来的书信，寄信人提醒说：这座桥当年的设计使用寿命是 60 年，如今时间已到，应立即停止使用。经过国内权威的公路专家检测后发现，"洋灰桥"的主体结构依然完好，不存在承重问题。但是，为了保护老桥，同时满足日益增长的通行需要，2001年，在紧邻"洋灰桥"旁建起了一座宽 24.6 米的新桥，新桥结构式样与老桥完全一致，两者连成一体，而老桥目前只作为人行通道，不再让车辆行走。

在京西门头沟三家店村附近，永定河的出山口，葱翠的群山之下，宽阔的河道之上，近百年来，一座座桥梁飞架两岸，如同一幅立体的交通图，繁荣了百年来的京西工业，为北京近代工业留下了宝贵的遗产。丰沙线铁路沿永定河筑路，犹如铁龙、水龙在峡谷中穿梭。

沿京门公路桥前行，在 1 千米的河道上依次分布着大大小小 5 座桥梁，有建于 2002 年的新公路大桥，建于 1985 年的斜军线铁路弧形大桥，建于 1972 年的丰沙复线铁路桥，建于 1956

年的桥闸公路桥，还有建于1944年废弃的丰沙铁路桥桥墩遗址。

京门铁路桥，在100年前就用上最好的钢材。黝黑的钢梁结构桥体、敦实的水泥桥墩、实用的外形设计，横跨在永定河上的京门铁路桥与现在任何一座铁路桥几乎没有什么差别。然而，有谁会想到，这是中国人自己设计施工的最早的铁路桥。而百年前主持这座铁路桥修建的，就是中国近代史上最著名的铁路工程师詹天佑。如今，这座桥的桥架上仍然标有"1907"的字样，显示着这座铁路桥悠久而光荣的历史。

珍珠湖铁路拱桥，为著名的亚洲第一铁路拱桥，凌空飞架横跨湖上，气势如长虹卧波，成为珍珠湖上一处独特的景观。它在20世纪70年代是亚洲屈指可数的大跨度钢筋混凝土拱桥，曾获得1978年全国科技大会成果奖和全国铁路科技大会成果奖。（图片见封面）

珍珠湖位于门头沟区斋堂镇永定河官厅山峡中段，为兴建永定河珠窝水库形成的湖泊，原名珠窝水库，因湖内生长的河蚌数量多且大而得名，湖区呈狭长状，全长9.5千米，是典型的高峡平湖风景区。

珍珠湖有京西小三峡、小漓江之称，它具有很多著名山水景观的优点，既有泰山之雄，亦有华山之险，更兼雁荡之幽。湖水涟漪，峰峦叠嶂，山环水绕，湖光山色，构成了各地雄山秀水的浓缩集锦。沿湖而上，您可以领略到大坝风采、杏花村、三仙洞、湖心双柳岛、55千米的湖畔小站、24洞鸣铁龙、亚洲第一桥、同心岛、石舫桥、横流湾、野营岛、珍珠山庄、珍珠湖等湖中胜景，还可以游览山洞古刹"盖不严"、边塞古城"沿河城"、黄草梁古长城遗址"七座楼"、仙人洞、龙门一线天、柏山寺遗址、抗战时期日军桥头堡等景区周边景点。

桥史概况：桥，最初名曰"梁"或"徒杠"。据史籍载：秦以前，将桥叫"梁"或"徒杠"，直至三国时期，也还把桥叫"梁"。如三国魏文学家嵇康在《琴赋》中载："乃相与登飞梁。"再如《孟子·离娄下》载："岁十一月，徒杠成。""梁"的记载，始见自《史记·秦本纪》："昭襄王五十年，初作河桥。"对秦以前将桥称作"梁"或"徒杠"，东汉经学界许慎在《说文解字》里作了说明："梁小桥也，徒步行也，杠横木也。"其实，所谓"杠"，就是架木于水上，横亘如梁，仅供徒步之用，这种简单的桥被称作"独木桥"。

仅有徒步之用的独木桥，不能满足生产和生活的需要，因而就产生了各种不同的交通桥。古时的交通桥，以外观及结构性质分之，约有梁式之桥、拱桥、绳桥三种不同的形式。梁式之桥大体上可分为柱桥、浮桥、飞桥等；拱桥大约有五边形拱、圆拱、瓣拱、平拱、尖拱、椭圆形拱等；绳桥有竹索、藤索及铁索之分。绳桥盛行于陕川黔滇诸省，盖因山溪深谷急湍，不能建立柱墩之桥梁，故悬长缏为渡。

永定河畔的江湖圣地——天桥

天上有扇门，叫天安门；天上有座坛，叫天坛；天上有座桥，叫天桥。可是，见天不见桥，桥在哪里？

天桥位于正阳门外，原有南北走向的大石桥一座，建于明永乐十八年（1420），三梁四栏。桥下有一条小河，由西向东流向天坛北门外的鱼藻池（俗名金鱼池）。池亦为种苇者所侵，地多于水。因是明清两代皇帝祭天坛时的必经之路而得名天桥。其范围包括正阳门大街，经东西珠市口而南邻天坛西墙一线、永定门之北地区。乾隆、嘉庆时，天桥附近已有酒楼，但未具规模。

1900年，八国联军入侵北京，用炮将天桥两头的亭子和石屋击毁。1906年，清政府将大的桥身拆除，改为石板平桥。

清末，天桥周围相继开辟为市场和杂耍场。这里除了出售旧货、小吃外，还有大批江湖艺人在此耍把式献艺，一度成为旧北京的一个社会缩影。此外，天桥还有卖旧衣的估衣摊儿、卖旧货的破烂市儿，便宜的各种小吃，说书的，唱十不闲、莲花落、数来宝、京韵大鼓的场子，引人发笑的相声、双簧，叫人目瞪口呆的戏法，以及被称作"八大怪"的艺人长期在此演出。

1913年，拆除正阳门瓮城外东西荷包巷商店民居大小60余处。商民将所拆存之木石砖瓦移至天桥西，盖起了七条街巷，开设酒饭、镶牙、清唱茶社、百货等店肆，从此天桥渐渐成为正式的市场。

1917年筑土路。先农坛围墙东面水田中建有水心亭。水心亭四周皆水，中有一楼，东南西北皆可远眺。东北西三隅各建草亭，其形为三角、六角、八角。水心亭外茶棚鳞次栉比，宛如小巷，沿河筑堤植柳，其南其西各启一门。环亭之水跨有三座木桥，小船可从下面过。亭西空地有跑马场。

1934年修建马路时，又将石板桥拆去，桥下龙须沟西段改为暗河，上面修了今天的永安路，东段则演变成臭河，即老舍描写过的那条污水河。

北平解放初期，天桥除了有中华、天桥两座电影院外，还保留着一些民间艺人的演出，主要是看演出和吃小吃。练武术的、摔跤的、变戏法的、演杂技的、唱评戏和京剧的、说书和表演曲艺的，几乎是各种形式的演出在天桥都有。与其他各种演出不一样的是，先看后付钱。

看练武术摔跤或者曲艺表演的时候多，"天桥的把式——光说不练"，这句带有明显北京特色的歇后语，就是出自江湖圣地——天桥。由于演出用的场地多数规模比较小，且是露天，四周摆两排长木凳子，先来的观众坐满了，后来的人只能站着看。连坐着带站着的，满打满算一场演出观众的人数超不过四五十。招徕观众的锣鼓响过一阵后，穿着灯笼裤扎着腰带的表演者看到场的人数差不多了，就会拱手绕场转一圈，扯着嗓门大声说："各位观众，您大老远过来看演出是瞧得起我们，有钱您捧个钱场，没钱您捧个人场。只要您高兴，钱给多给少都没关系。您给一分二分不嫌少，您要是给一毛两毛，我这儿提前给您鞠躬了。"说着低头弯腰朝不同方向的观众鞠躬。最多半个小时表演结束，演员拿着装钱用的盒子，绕场收钱。观众多是掏出一分二分或者五分的硬币扔进盒子，如果有人给一角或两角的毛票，在当时算是有钱的大方人。假使囊中羞涩，一分钱不给，也不会有人轰你走。

天桥的名声不在桥，而在于它的往事在老北京人的心中久久不能散去。

天桥在北京的历史上是一处繁华之地。这里曾经有过河，曾经有过桥，曾经有过人头攒动、车水马龙的集市，曾经有过鱼龙混杂、鬼蜮横行的黑暗……

随着历史的变迁，如今这一切都不复存在了，但天桥的名字却保留至今。

京西南琉璃河桥

京城西南古桥——琉璃河桥，自古以来就是北京通往南方各省和北上东北、西北的必经之地，其地理位置十分重要。这座桥是房山区境内最大的一座联拱石拱桥，就其规模来说，仅次于卢沟桥。1984 年列为北京市重点文物保护单位。

琉璃河石桥坐落于房山区西南部与河北省交界处的琉璃河镇。该镇镇北有河流一道，古称圣水，今名大石河。大石河发源于房山区与门头沟交界的百花山小寒岭，下游从窦店镇经琉璃河镇到小清河一段当地称琉璃河，琉璃河镇便由此河得名。琉璃河石桥横跨于镇北河道之上，是一座多孔石拱桥，桥身长 165.5 米，宽 10.3 米，高 8 米，有桥孔 11 个，中拱最大。拱券正中雕有精美的兽头。桥身全部用巨大的方石砌筑，结构严谨，气势宏伟。桥面两侧竖有石望柱 88 对，柱与柱间有石栏板，全桥计 178 块。栏板长 1.65 米，宽 0.80 米，厚 0.28 米。望柱和栏板上雕刻着海棠线等纹饰，古朴简洁，敦实大方。至今仍保留着原有风貌。桥面以条石平铺，条石衔接处嵌以"银锭扣"，异常坚固。作为北京地区著名的古代桥梁之一，琉璃河石桥在北京古代桥梁建筑史上有着十分重要的地位。

琉璃河桥，于明嘉靖十八年（1539）开始修建，嘉靖二十五年（1546）落成，前后历时7 年。建桥时间为什么拉得这么长呢？明世宗（朱厚熜）嘉靖十八年下皇诏，令工部尚书甘为霖督修琉璃河桥。但桥尚未修完，甘为霖已病去，未终其事。《明会典》记载：甘为霖死后，明世宗（朱厚熜）于"嘉靖二十四年（1545）题准，良乡琉璃河建桥一座，取用各处帑银三十余万两，内钦助银九万三千八百余两"复命侍郎杨麟、内官监太监陈準、袁亨建石桥。所以，琉璃河的修建，前后历时 7 年。

这座石桥建成后，虽然南北交通比以前方便了许多，但因桥址地势偏低，每年汛期一到，洪水仍然到处漫溢，交通仍时常受阻。所以明世宗于嘉靖四十年（1561）又命尚书徐杲在桥的两端增修筑路 2000 米，堤宽 19.8 米，高近 4 米。路堤与石桥连为一体，终于使琉璃河天堑变为南北通途。

琉璃河桥的建筑结构与装饰效果都很有讲究，桥上的雕刻精致，线条简洁明快，古朴大方。例如，桥中三孔拱券的券脸上雕有精美的吸水兽，它豁鼻瞠目，怒视着河面，十分威严。

不仅如此，据《明实录》一书记载：琉璃河石桥的两端，原建有"玄恩""咸济"两座点缀性的牌坊，敕名原题南为"利民济事"，北曰"天命仙传"。在桥北还建有神祠，供奉河神。

"良乡八景"之第一景"燕谷长桥"，就是指这座古老美丽的历史名桥。琉璃河桥，是北京地区保存较完整的古代石桥之一，长度仅次于卢沟桥，可以说是中国桥梁史和明代京城南方之交通的重要实物资料，具有一定的科学和艺术价值。

琉璃河桥至今已经有400余年历史，琉璃河石桥进行过五次修缮：分别在明嘉靖四十一年（1562）、万历二十八年（1600）和清光绪十六年（1890）、20世纪50年代，最近一次是2001年5月29日北京市文物局投巨资350万元进行了修缮。

京东永通桥

永通桥，位于通惠河东段与通州交界处，因距通州城西八里，所以又名八里桥，始建于明正统十一年（1446）八月。永通桥历经500多年，为北京现存的三大古代石桥之一。

永通桥经明、清、民国和20世纪80年代屡加修茸，现状为石砌三孔拱券形，南北走向，全长50米，宽16米。中间桥洞高8.5米，宽6.7米，侧孔高3.5米，宽5.5米。砌石多为花岗岩，桥面石下实以黄土，桥两侧护栏雕饰精美，清光绪二十六年（1900）遭破坏后重修，每侧望柱各33根，柱头雕有姿态各异的石狮。实心栏板32块，桥头栏端戗以石兽，桥的雁翅部各雕伏踞状的镇水兽一只，桥墩、拱券等部位使用腰铁以加强砌石之间的拉力。

该桥地处交通要冲，曾是东至山海关，南至天津陆路交通的咽喉，历史上该地曾进行过两次大规模的中外战争，第一次为咸丰十年（1860）英法侵略军攻陷天津、通州后，清政府在这里阻击侵略军，进行了浴血奋战的八里桥之役，虽以失败告终，但体现了中华民族顽强抗击外来侵略的英雄气概。八里桥之战永垂史册。第二次为光绪二十六年（1900）八国联军入侵北京，义和团在八里桥狠狠打击了侵略者的嚣张气焰，使八里桥再次名扬中外。

海淀青龙桥

颐和园北宫门外，往西步行300米，有条河，河上有一座单孔石拱桥，叫青龙桥（现在的桥为近代重建）。桥旁有一古镇叫青龙桥镇。原名七里泊、碾庄，镇以桥得名，也是海淀区仅存古镇。桥为元朝水利专家郭守敬所建，筑在白浮堰上。

《长安客话》记载："瓮山以北五里为青龙桥，元时白浮堰之上游也。其西通金山口，其北斜界百望山。"

《明一统志》："七里泊在碾庄，源自昌平州，东南流至宛平县，合高梁河，青龙桥跨其上。"

《日下旧闻考·郊垌西十》记载："香山、碧云、玉泉诸水，东流至万寿山之西，已分为二。其正流则东汇于昆明湖，南入长河，由高粱桥东南分流入德胜门西水关，环绕大内，出玉河桥，远东水关，南合大通河，此昆明湖迤南之水道也。其旁流之北归青龙桥者，则经圆明园后，合御园诸水东北注清河以入白河，此青龙桥迤北之水道也。"

元朝至元二十九年（1292），郭守敬引昌平白浮泉及西山诸泉，汇入昆明湖。地名原叫碾庄，又因有片水泊而叫七里泊。发源于白浮诸泉之水一路南流，而挡护的堤坝则叫白浮堰。白浮堰断了人们往来，就要架桥。桥以传说中的祥瑞之物青龙名之，便叫青龙桥。当地沾了朝廷水利之光，获架祥瑞之桥，"碾庄""七里泊"土名俗呼便淡出历史，而以青龙桥代之。

青龙桥是连接京都至西山、西郊至山后的重要交通枢纽。周围有金代的玉泉山行宫、元代的护圣寺（功德寺）、明代的景帝陵及诸王公主墓等历史古迹。

清代三山五园的大规模开发、邻近的正红旗和镶红旗的设立、都市人的踏青、民间的集市贸易和朝拜进香等活动，都促进了该地从村庄到市镇的发展。当时镇上有豆腐店、油盐店、饽饽铺、药铺、水果店、烟铺、布铺、肉铺、切面铺、粮店、茶叶铺、熟货屋、香料铺、煤铺、染户、箍桶铺、鞋铺、首饰铺、麻铺等几十家。著名的大茶楼热闹非凡。陈家的冻豆腐、马七伯的烧羊肉、烧饼以及德连园的酱菜等成为宫廷食品。每逢四月天台山庙会更是盛极一时。

1860 年和 1900 年英法联军和八国联军两次火烧西郊园林，青龙桥镇也从此衰落。1949 年后，随着颐和园、香山公园的繁荣和镇区附近的城市建设，青龙桥镇才又日渐兴旺。

街巷主要有东街、西街和后街 3 条大街。东街有澡堂胡同、桶铺胡同、筹胡同 3 条胡同及卧虎山西里一处居民地；西街有穿堂胡同。京密引水渠从镇中穿过，与东西两街交汇处，即今青龙桥。东西两街东西走向，是镇内主要的商业集中地带。

该镇环境优美，历史悠久，名胜古迹众多，留下许多古人诗句。

清乾隆七年御制青龙桥晓行诗：屏山积翠水澄潭，飒沓衣襟爽气含。夹岸垂杨看绿褪，映波晚蓼正红酣。风来谷口溪鸣瑟，雨过河源天蔚蓝。十里稻畦秋早熟，分明画里小江南。猎猎金飔荡彩桼，迎凉辇上露华流。横桥雁齿回朱舫，远浦兰苕起白鸥。禾黍香中千顷翠，梧桐风里十分秋。凭舆喜动丰年咏，却忆三春午夜忧。

清查慎行诗《宸垣识略·青龙桥》："瓮山西北巴沟上，指点平桥接碾庄。自甃清渠成石碣，尽回流水入宫墙。残荷落瓣鱼鳞活，高柳飘丝鹭顶凉。不碍蹇驴行蹩蹩，有人缓辔正思乡。"

古人何御《白湖集·青龙桥南遇汪旦》诗："沿湖行欲竟，前望青龙桥。茅茨郁烟火，稍已邻份嚣。故人欸相值，誉言相招邀。山居当瓮麓，转歧路非遥。松膏堪续夜，菰未足供朝。畦蔬摘露韭，林果来新樵。慷慨珍来意，宛娈停予镳。野风吹秋水，征马鸣萧萧。原留竟莫克，投赠愧琼瑶。"

镇区原有慈恩寺、园通庵、隐修庵等几处寺庙。桥东街设有城关，原有一石楼，上有乾隆所题，东面曰"山馆环阗"、西面曰"湖桥列市"的横额。民国时期，京剧四大名旦之一的程砚秋先生曾隐居在青龙桥穿堂门胡同。他筹办了颐和园中学（即玉泉山中学的前身），还在颐和园西北侧开办孤儿院。

一条小河，一座小桥，让古人这么赞美。如今，有桥有景，京密引水渠从青龙桥下流过进入颐和园昆明湖。

海淀广济桥

广济桥，在海淀区清河镇南，因横跨清河，故又称清河大桥，建于明代永乐十四年（1416），昰明代都城通往西北边关和明帝陵的必经之桥，桥为三券孔石拱桥，全长48.04米，宽12.46米。中孔尺度大于两边的次孔。内部结构用条石和城砖混砌而成，并浇灌白灰浆。拱券系用纵联式结构。内券石之间用铁银锭榫连接，结构严谨坚固。桥上保存有明代石栏板、望柱及抱鼓石，纹饰腾壁古朴简洁，是明代石拱桥中建造年代较早、保存较完整的一座。由于石桥年久阻水，不能排洪，1983年将清河裁弯取直，把桥拆迁至清河南的小月河上，改为东西走向，1984年修复。该桥虽与三大桥（卢沟桥、琉璃河桥、永通桥）相比规模较小，但也是北京仅存的古桥之一，属市级保护文物。

第八章　永定河畔北京水文化

1998 年 4 月，北京市委、市政府作出决定，加大对北京河湖治理的投资和力度，还北京古都风貌。从治理北京心脏地区的六颗明珠"六海"开始，治理的目标是"水清、岸绿、流畅、通航"。之后，昆玉河和长河，于 1999 年 7 月完成治理，实现了昆明湖至玉渊潭、昆明湖至北展后湖的通航，这条南线航道西起玉渊潭，串起南护城河上的大观园、陶然亭、龙潭湖等景点。2007 年，北京市规划委已编制完成《北京中心城地区湿地系统规划方案》。2008 年，北京自来水事业度过百年风雨春秋。2017 年，北京市水务局发布《北京市进一步全面推进河长制工作方案》。

地球上有多少水

水是生命之源，是人类赖以生存、发展的必要条件。水是一切生物生理组成中不可缺少的重要物质，一般植物体内含水量在 70%，人体含量最多的是水，约占 70%。人类探索地球之外星球是否有人类生存的基本条件就是水。可见，水对人类是多么的重要啊！

水是地球表面的主要组成物质之一，虽然它在地球表面的分布很不均匀，但总量却十分丰富，在自然力太阳能的作用下，进行水循环，不断更新，但并不是取之不尽、用之不竭。

那么，地球表面究竟有多少水资源呢？根据粗略的统计，地球表面的总水量约有 14 亿立方千米。它包括地表水、地下水和大气水等几种形式，其中地表水又包括海洋水和陆地水两种。

海洋水是地球表面最主要的水体，它的总体积为 13.7 亿立方千米，占地球表面总水量的 97%以上。我们知道，整个地球表面，海洋的面积要占 71%左右，海洋的深度也很大，太平洋平均水深 4330 米左右，大西洋和印度洋平均水深 3900 米左右。如果把整个海洋的水体铺在地球的表面，水深也可达 2700 余米。由此可见，海洋水体在地球的表面确是浩大无比。当然，就整个地球的体积来说，它仍然显得微乎其微。海洋水体的体积只占整个地球的 1/800 左右。

陆地水，包括陆地表面的各种流水和积水，如江河湖沼，以及寒冷地区的冰川等。陆地水虽然还不足地球总水量的 3%，但是它对于生活在陆地上的人类来说，却有着非常重要的意义。

存在于岩石和土壤空隙、裂缝和洞穴的水，叫地下水。它们大约只占地球表面总水量的 0.6%，虽然为数甚小，但是长期以来，也是人类开发利用的主要对象。

以云雾等水汽形态存在于大气中的大气水为数更少，总计不过 13000 立方千米。大气水可以行云致雨，是地球水分移动的主要形式之一。

地球表面各种形式的水体是不断互相转化的。但是非常有趣的是，在一般情况下，它们却又总是各自保持着相对不变的数量。这里的奥秘究竟在哪里呢？原来，地球表面的水在始终不断地进行着一种有规律的循环。

众所周知，陆地上所有的江湖水面、地面，以及动植物本身，都有水分向空中蒸发、蒸腾，变成看不见的水汽。而水汽在天空中又会凝结成云雾雨雪，再降到地面。降水渗入土壤，流入江河，或者重新被动植物吸收。降回地面的水，以后还会蒸发，变成水汽，浮于空中。如此周而复始，循环不已。同样地，辽阔的海面也会有大量的水汽蒸发，并且以降水的形式再返回大海。

根据多年的统计，平均每年从海洋蒸发到空中的水汽，可达 448000 亿立方米，而从陆地上蒸发到空中的水汽只有 63000 亿立方米。

但引人注意的是，从空中回落到海洋的总降水量，每年却仅有 412000 亿立方米，比从海洋上蒸发的水汽少了 36000 亿立方米。而在陆地，年降水量是 99000 亿立方米，比这里的年蒸发量多了 36000 亿立方米。多的这 36000 亿立方米降水量，正好是海洋上空丢失的 36000 亿立方米的水汽。这就是说，海洋上空每年都有 36000 亿立方米的水汽，随云飘移，奔往大陆，再以雨雪等形式，降落到陆地的表面。

那么，这样下去大海会不会入不敷出了呢？不会。常言说，江湖千条归大海。每年由海洋转往陆地的水量，还会再由江河注入海洋。每年由陆地河川注入海洋的水量大致也为 36000 亿立方米。

这样，地球上各种水体的水量，就实现了每年相对的平衡，即海洋上的蒸发量，等于海洋上的降水量与河川入海径流量的总和，从而保持了海洋水体总量不变。而陆地上的降水量，等于陆地上的蒸发量与河川入海径流量的总和，也保持了陆地水总量的不变。对于全球来说，年总降水量等于年总蒸发量。这就叫全球的水量平衡。

当然，这种平衡只能是相对的。由于全球性的气候波动，常常会打乱这种平衡。比如，由于气候变冷，陆地上的冰川便会大规模地发展。这时，由海洋输送到大陆的水汽很大一部分以雪的形式降到地面，其中又有很大一部分会以冰川的形式堆积下来。这样，流返大海的水量就达不到 36000 亿立方米了。如果这种情况连续多年出现，海水的水量就会明显减少。相反，等温暖的气候来时，冰雪消融，江河奔流，注入海洋的水量大大增加。这时，海水又会出现收大于支的局面，并恢复其原有的水量。在距今数万年前，地球上的气候，曾发生过多次明显的冷暖交替。那时，地球上水量的平衡就曾出现过这样的变化。

中国有多少水

中国地域辽阔，气候多样，拥有气态、固态和液态三种形式的水。

中国大陆上空多年平均水汽降水量约为18.2万亿立方米，每年降水总量为6.2亿立方米，成为水的重要来源。

其西部海拔3500米以上的高山、高原，非常适合冰川发育，使之成为世界上冰川最多的国家之一。冰川面积5.7万亿立方米，冰川总储水量有2.3亿立方米。它们分布在南起云南的玉龙山，北至新疆的阿尔泰山，东至四川的贡嘎山，西到新疆境内帕米尔高原的广大地区。这些冰川融水一方面源源不断地补给江河；另一方面成为西北干旱地区农业灌溉的主要水源。中国多年冻土面积为215万平方千米，约占国土面积的1/5，分布在东北北部和青藏高原。

中国不仅是幅员辽阔的大陆国家，而且也是海域广大的海洋国家，面积为470万平方千米，分为渤海、黄海、东海和南海四大海域。中国河流众多，流域面积在100平方千米以上的河流有5万多条，在1万平方千米以上的河流有79条。长江是中国最大的河流，年流入太平洋的水量约有1000亿立方千米。中国的湖泊也很多，水面面积在1平方千米的有2300多个，总储水量7000多亿立方米，其中淡水储量约占30%。淡水湖泊集中在青藏高原、东部平原和云贵高原等3个湖区内，它们的淡水储量占全国湖泊淡水总储量的89.9%。位于江西境内的鄱阳湖是中国最大的淡水湖，总储水量251.7亿立方米。位于青海省的青海湖，是中国最大的咸水湖，总储水量742亿立方米。

中国多年平均地下水资源为8288亿立方米。每年开采地下水400亿立方米，占全国总用水量的8.7%。

随着我国工农业生产的发展和人们物质生活水平的提高，水的需求量越来越大，水的浪费和水源污染，使我国面临着"水荒"的威胁，所以，我们必须节约每一滴水。

据估算，中国地表水资源总量为2.71多万亿立方米，占世界河川径流总量的5.7%，居第6位。

中国水资源与国外比较

国名	巴西	俄罗斯	加拿大	美国	印度尼西亚	中国
水资源量（亿立方米）	51912	47140	31220	29702	28100	27114

北京有多少水

根据北京市水务局《北京市水资源公报 2007 年》报告：

2007 年全市平均降水量 499 毫米，比上年降水量 448 毫米多 11%，比多年平均 585 毫米少 15%，为偏枯年。

全市地表水资源量为 7.60 亿立方米，地下水资源量为 16.21 亿立方米，水资源总量为 23.81 亿立方米，比多年平均 37.39 亿立方米少 36%。

全市入境水量为 3.45 亿立方米，出境水量为 7.42 亿立方米（其中包括污水和再生水 5.6 亿立方米）。

全市 17 座大、中型水库年末蓄水总量为 12.52 亿立方米，可利用水量 4.02 亿立方米。

官厅、密云两大水库年末蓄水量 11.06 亿立方米，可利用水量 2.64 亿立方米（包括密云水库收白河堡、遥桥峪水库等补水 0.73 亿立方米和官厅水库收河北、山西补水 0.18 亿立方米）。

全市平原区年末地下水平均埋深为 22.79 米，地下水位比 2006 年年末下降 1.27 米，地下水储量减少 6.5 亿立方米，比 1980 年年末减少 79.6 亿立方米，比 1960 年减少 100.4 亿立方米。

2007 年全市总供水量 34.8 亿立方米，比 2006 年 34.3 亿立方米增加 0.5 亿立方米。

全市总用水量为 34.8 亿立方米，其中生活用水 13.89 亿立方米、环境用水 2.72 亿立方米、工业用水 5.75 亿立方米、农业用水 12.44 亿立方米。

大中型水库除官厅水库水质为Ⅳ类外，其他均符合Ⅱ—Ⅲ类水质标准。

以上就是我们北京水资源的家底。

在人们的心目中，水是取之不尽、用之不竭的资源。虽然节水的话题年年都在说，但为什么要节水？我们每天用的自来水是"自来"的吗？

北京的水资源由地表水和地下水两部分组成，官厅和密云两座水库是北京地表水主要来源。官厅水库因污染于 1997 年退出饮用水水源，后经治理，于 2007 年重新纳入北京城市供水系统。地下水水量衰减，水温逐年上升，水位连续累计下降。北京市水资源的补给完全靠大气降水，降水量的多少和分配是否均匀，直接影响水资源的丰枯和时空的变化幅度，供不应求现象十分严重。现在，密云水库是北京重要的地表水源，北京人每天喝两杯水，其中就有一杯是来自密云水库。由此可见，密云水库对于北京人来说有多么重要。

据水利部门 1956 年至 1979 年统计，北京市地表水资源和地下水资源的总量 37.5 亿立方米，按人口需水量 44.4 亿立方米，平均每年亏约 7 亿立方米。人口在增加，水量在减少，用水量急增，供需紧张。

现在，北京市城区每人每月的用水量标准是 9 立方米，北京水资源人均占有量不足 300 立方米，为全国均值的 1/8，是世界人均的 1/30，大大低于 1000 立方米/人的重度缺水标准。2007 年最高一天用水量达到 270 万~275 万吨。作为严重缺水大城市，水资源不足已成为首都社会和经济发展的严重制约因素。

1950 年以来，政府投入巨大的物力和财力，开展大规模水利设施建设，建成了相对完善的水源和供水工程体系，全市建成总库容 94 亿立方米的大中小型水库 84 座，城镇自来水厂 23 个，保证了人民生活用水的需要，维护了经济的发展和社会的稳定。除此之外，北京市还采取了 20 多项有效措施，加大节水力度，提高用水效率，实现水资源的合理利用，增强城市蓄水能力和保水能力。

从 2000 年起，北京通过开源、节流、水资源保护、改革水管理体制、调整水价和流域水资源统一规划与管理等工程和非工程措施，把北京逐渐建设成为节水型城市，全力保证首都经济发展和城市生活用水的需要。

"拧开水龙头，清水自然来。"在人们的生活中，自来水似乎就像空气一样，是我们生活中随手可得的东西。其实，自来水不是"自来"的。

从密云水库来的水源要在水厂经过机械加速澄清池、砂滤池、碳滤池等多道复杂细致的程序才能变成自来水。在维持正常运转的大量投入中，仅活性炭一项，每年的费用就在 1500 万元以上。

供水上巨大的资金投入，使政府每年要投入相当大的补贴，最多的时候补贴近 2 亿元。虽然自来水价经过多次调价，居民用水价由 0.12 元涨到 2.80 元，但自来水的成本却越来越大。

如今，北京又喝上千里之外南水北调（中线）的水，北京的每一滴水都珍贵如油，节水，从我做起，从一点一滴做起。保护水资源，应该成为全社会的共同责任。

人体有多少水

水是人体内含量最多的物质

从化学组成上看，人体由水、蛋白质、核酸、糖类、脂类、无机盐等组成。其中含量最多的是水，约占 60%，新生儿可达 80%，老年人可降至 50%。体内的水大部分与蛋白质、多糖、电解质等结合以结合水形式存在，一部分以自由状态存在。水是维持人体正常功能活动所必需的营养素。由于在一般情况下水很容易得到，所以人们往往感觉不到它的重要性，人可以几天不吃食物，但几天不喝水就会有生命危险。因为水是组成原生质的重要成分，营养物和废物进出细胞大多以溶解在水中的形式进行，生物体的生化反应均离不开水。没有水，细胞生命活动将立即停止。

水是人体容量最大的体液

体内的水与无机盐、一些低分子有机物和蛋白质等组成体液。人体内的体液作为媒介，

北京的母亲河

带给细胞营养物质，并将细胞分泌的物质运到全身或排出体外，人体的代谢活动在体液环境中进行，并依赖于体液的正常容量和组成。体液以细胞膜为间隔，分为细胞内液和细胞外液，成年人体液占体重的60%左右，其中分布在细胞内的体液占体重的40%，是体内容量最大的液体，人体大部分生化反应都在细胞内液中进行。细胞外的体液占体重的20%，以血管为间隔又分为约占体重15%的细胞间液和约占体重5%的血浆，它们是细胞生存的内环境。

肾是人体排水的最主要器官

正常成人每天进、出水分各约2500毫升。每天水的排出是：呼吸时以水蒸气形式排出350毫升；经过皮肤向体外蒸发500毫升；由粪便排出150毫升；肾是排水量最主要的器官，每天约排1500毫升。肾以尿的形式排出水溶性代谢产物、无机盐、过多的酸碱及多余的水分，对细胞外液的容量、渗透压、pH值起重要的调节作用，禁食病人若其肾功能良好，并发挥它的最大浓缩功能，每日排出废物有最低尿量500毫升，若低于此量，体内代谢废物就不能顺利排出，潴留在体液中导致氮质血症。

南水进京

古有京杭大运河，今有京丹引水渠。大运河、引水渠都是古今中外的伟大水利工程。

南北大运河，也称京杭大运河，全长1794千米，是世界上最长的一条人工运河，是苏伊士运河的16倍，巴拿马运河的33倍。它北起北京，南至杭州，经过北京、天津、河北、山东、江苏、浙江六省市，沟通了海河、黄河、淮河、长江、钱塘江五大水系。

南水北调中线工程，也称南水进京，穿越总长1277千米的干渠，将秦岭以南的汉水和丹江水滚滚流向广袤的华北平原，造福河南、河北、北京、天津四省市百姓。这些清水的源头，便是位于湖北、河南交界处的丹江口水库。

1952年10月，毛泽东主席视察黄河时曾提出"南方水多，北方水少，如有可能，借点水来也是可以的"。如今，设想成为现实。

南水北调，一路走来，千里长渠穿山越岭，跨江渡河，明渠暗渠，可谓历尽艰险。如此浩大的历史性工程，不仅创造了无数的世界之最，更凝聚着建设者们的智慧与辛劳。

丹江，发源于秦岭深处，自陕西洛南县一路南下，缓缓流淌到豫、鄂、陕交界的南阳市淅川县境内。这里是南水北调中线工程的水源地和渠首所在地，一池清水从这里开闸北上流入北京、天津。

汉江，又称汉水或襄河，为长江最长支流，流经汉中盆地，穿过黄金峡和凤凰山与大巴山之间的山地，进入安康盆地，向东蜿蜒于丘陵山区，至白河县流入湖北丹江口。

汉江发源于陕西汉中市宁强县的米仓山西麓。干流经陕、鄂两省，于武汉汇入长江，全长1577千米。汉江流域属亚热带季风性湿润气候，水资源丰富，年降水量800毫米左右，钟祥碾盘山站年均径流量539亿立方米。汉江主要来自降雨，年内最大与最小月径流量之比，一般达10倍以上，如遇丰水年可达25倍。沿途支流众多，植被茂密，生态环境优良。阳安铁路、襄渝铁路沿江穿越，上中游已建成多座大中型水电站，充分开发了汉江的水力资源。

丹江大坝始建于1958年，1968年蓄水发电。南水北调中线标志性建筑、控制性工程位于丹江口市城区，在汉江与丹江汇合口下游800米处。工程建筑物由混凝土坝、电站厂房、升船机提升系统及上游30千米的两座引水渠道组成。

丹江大坝是我国自行设计、自行建造和管理的以防洪为主，有发电、灌溉、航运、养殖等综合利用的大型水利枢纽工程。它不仅是治理汉江、开发汉江的关键工程，而且也是南水北调中线水源工程。丹江大坝总长2.5千米，坝高97米，坝顶高程162米，内装6台发电机组，装机容量90万千瓦，平均发电量38.3亿千瓦时。整个水库水域面积745平方千米，堪称亚洲最大的人工湖，水库的水质达到了国家地表水的二级标准。

登上坝顶，可以鸟瞰整个丹江口城区，楼房林立，鳞次栉比，青山碧水，粉墙黛瓦尽收眼底。抬头远眺，武当山隐隐再现；回首平视，巍巍大坝锁双江，构成一幅绚丽多彩的山水画。

举世瞩目的南水北调二期工程，于2006年9月开工，5年后坝顶高程将增加到175米，近期年均调水达145亿立方米，远期调水可达230亿立方米，2014年，北京人民就喝上了原汁原味的丹江水。

江水从河北进京后，首先经房山北拒马河渠首进入惠南庄泵站，然后经过PCCP管道（即预应力钢筒混凝土管道）推送至永定河以西的大宁水库调压池。稳压后，两路分流，一路将穿永定河，过丰台，沿西四环路北上，至团城湖调节池；另一路将向东进入南干渠和东干渠，最终形成以西四环和北、东、南五环为环带的供水环路系统。这条输水"巨龙"可向沿线各个水厂供水，主要包括九厂、十厂、通州、亦庄、黄村、郭公庄等水厂，经过自来水厂处理后，输送至城市供水管网，最后进入千家万户。

北京渴啊，吃水不忘打井人。

（此文系本书作者文章，刊登在《中国电视报》2015年2月5日第6期）

北京湖泊水的成因

人们常在池塘、湖泊边静坐，赏花看水，或驾独木舟荡漾于湖中，凝视着湖水，很想知道水中世界的奥秘。在北京城里有20多个湖泊，它们是怎样形成的？它们又为什么称"海"？

一、形成于地下水溢出带：北京城坐落在"北京湾"，北及西北部靠山，东及东南部与华北平原相连，山前冲洪积物发育，构成面积广阔的冲洪积扇。在岩层相变的临界带上，由西北向东南流动的地下水，因受阻，地下水位抬高，出露地表，在地形低洼处形成沼泽或湖泊。

如昆明湖、紫竹院湖、玉渊潭湖、莲花池湖及西郊青年湖等，在历史上这些地方都是泉流四出的自然湖泊，以后加上人工修饰，开辟成公园。现今由于地下水位大幅度下降，泉水早已无踪，湖水已由地表水补给。

二、古河道的遗迹：由于地质构造运动的原因，永定河由北向南逐渐迁移，它在南迁的过程中，留下的古河道，积水成湖。据考察，西海、后海、前海、北海、中海、南海、龙潭湖（其中南海是明代人工开凿的）等，为永定河的主流高梁河的遗迹，南苑大泡子一带的海子，是古㶟水（今永定河）的古河道。

三、窑坑积水成湖：这一类湖泊分布在东郊、东南郊及东北郊。多为过去烧窑取土的洼地积水成湖，湖的形态支离破碎。如南湖渠湖、安家楼湖、水碓湖、窑洼湖等。

湖泊形成的基础有以上三个方面，但是前两种成因不好截然分开。因为永定河由北向南迁的范围大，北起清河，南至大兴，西起石景山，东到通州，面积约为1000平方千米。又分多股支流，后经河水改道从而形成了现今城内的众多湖泊。经紫竹院而有积水潭、后海、什刹海、前三海，过前门有龙潭湖。尤其是紫竹院湖、玉渊潭、莲花池等很难说一种成因。再者，园林内的湖泊，都经过了人工修饰，改变了自然的面貌，像昆明湖、北海、中南海等都是在自然的湖泊地区开挖修建而成。

湖泊古称"泽薮"。湖泊一旦形成总是越来越浅，越来越小，原因是流入湖泊的溪流冲来的沉积物逐渐淤积，以及遭受在湖泊边缘地带生长的植物蚕食。湖泊也日趋干涸，因为湖泊的排水出口逐渐在遭受侵蚀。这种逐渐缩小的过程，只要比较当地的湖泊、池塘、沼泽、湿地以及薛沼等，就很容易勾勒出来。许多土壤肥沃的农田所在地，正是某个干涸的湖底。像永定河的平原地带大兴区、房山区的农田地即是。

昆明湖，位于颐和园内，北依万寿山，南向平野，初为自然湖泊，已有3500年历史。源于玉泉诸水，古称"七里泺""瓮山泊""大泊湖""西湖"。金、元、明之际，湖状如半月，西北岸呈半圆形，以青龙桥、功德寺为界；东北岸为西堤，似弦，位于瓮山（今万寿山）西侧至南湖一线。清乾隆十四年（1749），将西湖向东、南两面扩展，成为北京最早的、最大的人工水库。清乾隆十五年（1750），将湖更名为"昆明湖"，瓮山改名为"万寿山"。清乾隆十六年（1751）又将昆明湖改为"清漪园"。光绪十四年（1888）重修清漪园，并改名为颐和园。

玉渊潭，一潭绿水，宛如碧玉，和它的名称十分贴切，玉渊潭原叫钓鱼台，"有泉从地涌出，汇为池，其水至冬不竭。金时，郡人王郁隐此，作台池上，假钓为乐。至今人呼其地为钓鱼台"。钓鱼台也是"金章宗于春月钓鱼之地"。玉渊潭也是古蓟城和金中都的供水源地。

元代，在钓鱼台建有玉渊亭、饮山亭、婆娑亭，它"前有长溪，镜天一碧，十顷有余。夏则薰风南来，清凉可爱，俗呼百官厅。盖都城冠盖每集于斯，故名之"。因为有玉渊亭，钓鱼台又获得了玉渊潭的名字。

明代，玉渊潭"柳堤环抱，景气萧爽，沙禽水鸟多翔集其间"。万历初，这里有皇亲李伟的别墅。

　　清代，香山一带山水皆注于此。"每遇夏秋雨潦，西山沥水灌注，辄泪如，阻行率"。乾隆三十七年，"命于香山别开引河，引卧佛、碧云一带山水亦注于此。并芟治苇塘，疏剔所有诸泉，汇成一湖，复穿凿建闸，以资节宣。导流由阜成门外分支：一入西便门城渠，流为正阳门迁之护城河；一由外罗城（即外城）而东，为永定（门）前之护城河，皆汇入通惠河以济运"。

　　乾隆三十九年，"始命（玉渊潭）修建台座，御书'钓鱼台'三字，悬之台西面。……台左有养源斋、潇碧亭诸胜"。在这里建"行宫一所，南向，每届重阳，长安（北京）少年多于此处赛马，俗称望海楼"。

　　1956 年，为配合永定河引水工程，进一步扩大了玉渊潭，并沿湖植树。现在，玉渊潭吞吐着永定河引水渠和京密引水渠的水流，环湖绿树成荫，景色极其优美。

　　北京的湖泊为什么称"海"？原来，元代蒙古族在蒙古草原，那里少水，进入中原后见到水则较珍惜而称之为海，在元代，后海为一片相通的积水，辽、金时称积水潭，而元代改称海子。《宸垣识略》记载："……北人凡水之积者，辄目为海，如宝坻之七里海，昌平北之四海冶是也。"此书又说："禁城中外海，即古燕市积水潭也。"海的旧称沿用至今。

　　海淀，古时，海淀镇附近为一片浅湖水淀，曾名"丹稜沜"，后称"海淀"。元代时已形成村落，至明代，水面仍较大，有"十里荷花海淀还"的诗句。最初开发海淀的人们在淀边定居，遂以"海淀"代为地名。历史上亦书写过"海甸"或"海店"。元初，文学家王恽《中堂事记》中记载："中统元年（1260 年）赴开平，三月五日发燕京，宿通玄北郭。六日午憩海店，距京城二十里。"这是迄今所知海淀地名最早的记录，至今已历时 700 多年。

　　什刹海，在乾隆年间，曾任四库馆提调、国子监祭酒的蒙古族学者法式善，居住在什刹海附近，邻近明代李西涯（东阳）的故居，故自号为"小西涯"。他曾请扬州八怪之一的罗聘（号两峰）画了《小西涯诗意图》。在一次诗文酒会间，出示于当时的名流面前。其中有一幅视景图：在一片松林之中，有一宽广寺院，中间有两座两层的楼阁，两旁列有较低矮的 10 座庙宇。大学士翁方纲在画下边题诗："一源汇而西，十刹沿以次。"法式善的自题小诗是："十刹俨号舍，而名什刹海。"古代官员文人外出时，多喜住在庙宇，左都御史吴省钦在他题诗后又有注："予以丙午、戊申、己酉视武乡试外场皆宿此刹。"己酉是乾隆五十四年，此图所画的什刹海是当时的布局，因此，法式善指出什刹海一名来源于湖边 10 个庙。

　　现今，北京城区的湖有团城湖、昆明湖、圆明园湖、八一湖、玉渊潭、紫竹院湖、六海、展览馆后湖、筒子河、陶然亭湖、龙潭湖、青年湖、朝阳公园湖、红领巾湖、莲花池、奥运湖、柳荫公园湖等。它们不仅滋润着北京城的空气，更美化着北京城的环境。

现代的永定河畔

　　永定河不愧是北京的母亲河，永定河水没有白白流淌，而是在造福北京。

直到 1954 年 5 月，建成河北官厅水库后，永定河上又建有三座大型水库，即珠窝水库、落坡岭水库、三家店水库。它们和后来在支流上建的斋堂水库、苇子水库、鲁家滩水库、大宁水库、崇青水库等，拦沙、蓄洪、发电、灌溉，逐渐稳定了永定河的流向。1957 年建成永定河引水渠，引水渠首先在三家店拦河闸上游左岸，经模式口、十王坟与南旱河故道相接，在五孔桥附近分为两支：一支向南，在罗道庄从左岸汇合京密引水渠入玉渊潭。出玉渊潭经西护城河、南护城河，在东便门入通惠河，干渠全长 26.1 千米。另一支称双紫支渠，入紫竹院湖，在白石桥与南长河汇合向东流入北护城河，转东护城河，在东便门入通惠河。永定河引水渠设计流量 60 立方米/秒，供北京西郊工业生产及城市生活用水。引水渠与 1966 年建成的京密引水渠相通，构成了北京城区河湖水网。

西山自然资源丰富，以矿产、水利、森林为主，其中以煤最为著名。京西门头沟区的煤分布广，储量大。已开发的煤矿有城子、杨坨、王平村、大台、木城涧等。西山地区是北京能源工业集中的地方。

京西石景山区是北京重工业集中的地区。这里有全国闻名的首都钢铁公司和华北地区最大的石景山火力发电厂以及北京重型电机厂、北京特殊钢厂、北京锅炉厂、北京燕山水泥厂等，这些厂拥有产业工人达十余万人。

京西南房山区有燕山石化、高压聚乙烯合成厂等。

这些大型企业都是北京的基础工业、重要能源、动力心脏，都是消耗水资源大户，所以它们都建在京西永定河畔。

在京西门头沟三家店村附近，永定河的出山口，葱翠的群山之下，宽阔的河道之上，近百年来，一座座桥梁飞架两岸，如同一幅立体的交通图，不仅繁荣了百年来的京西工业，还为北京近代工业留下了宝贵的遗产。丰沙线铁路沿永定河筑路，铁路、河流犹如铁龙、水龙在峡谷中穿梭。

永定河畔桥梁多，金代的卢沟桥，近代的铁路桥，现代的京广、京九铁路大桥，陆续建的卢沟新桥、宛平桥、定水桥……堪称最直观的中国桥梁博物馆。

永定河畔，古老的北京城，日新月异，百里长街，贯通东西。城铁地铁，交通繁忙，商厦林立，住宅小区，安居乐业。

永定河畔，2008 年 8 月 8 日，举行了第 29 届奥林匹克运动会，使古老的北京焕然一新，走向世界，赢得了世人的笑脸。

永定河畔，2022 年将举办第 24 届奥林匹克冬季奥运会，又一次展现了中国的综合实力，让世界瞩目。

永定河畔，现代的永定河畔。我们现在仍处在地质年代的第四纪，西山还在增高，东南还在沉降，永定河还在发育，北京还在发展。

永定河啊，北京永远的母亲河！

永定河上的水库

北京分布着大小河流 200 余条，它们分属于海河流域的五大水系，即大清河、永定河、温榆北运河、潮白河及蓟运河，这些河流的流向是自西北向东南。

北京西部属太行山脉，北部属燕山山脉，东南部为华北平原，地势高差 2000 多米，多年平均降水 585 毫米，但时空分布极不均匀。春旱秋涝、连旱连涝和夏季降水集中的特点，治理和利用，防洪减灾，使得这一地域水事活动至关重要。

自古至今，北京是缺水的城市，但又受洪水的威胁。古人有"水可载舟，亦可覆舟"的至理名言，永定河同样如此。它可以造福于京城，如果对其掉以轻心，它若泛滥，也将对京城形成一定的威胁，北京历史上曾发生过许多次洪涝灾害。

由于长期的流水作用，陆地表面河流经过的地方往往形成明显的长条形凹地，也就是常说的"河谷"。由于河谷非常狭窄，两岸被陡峭的山地所挟持，又称作峡谷。峡谷往往被选择作为建设水电站的坝址。在上中游修建水库，控制和调节洪水；下游培修，加固河沿岸大堤，兴建分洪，蓄洪工程。

1950 年以后，本着"上蓄、中疏、下排和城区西蓄东排、南北分流"的治水思路，修建水库、修筑堤坝、疏浚河道、建造水闸、开挖减河，控制了山区流域面积的 62%，构成了北京防洪排水工程体系。可抵御万年一遇洪水的永定河卢沟桥以上的左堤，有效地确保了城区安澜无患。

官厅水库是新中国修建的第一座大型水库，也是北京历史上第一座水库，兴建于 1951 年 10 月至 1954 年 5 月。它位于河北省怀来县永定河上，截桑干河、洋河及妫水河的水流，距京城约 108 千米。总库容 22.7 亿立方米，相应的水面面积 265.42 平方千米。它是一座多年调节综合利用的水库。在防洪上，消除了永定河洪水对北京、天津及下游的威胁。水库建成后，拦蓄了 2000 立方米/秒以上的洪峰 7 次，经调蓄后，洪峰削减 70%~96%，保证了下游堤防安全，使历史上的无定河真正变成永定河。在兴修水利方面，担负着北京城市及工农业用水，自 1955 年蓄水至 1983 年供水 238 亿立方米。它既是根治永定河的骨干工程，又是阻挡永定河洪水威胁北京的重要屏障，同时还是北京市重要水源之一，可防御千年一遇的洪水，是一座具有防洪、供水、发电等多种功能的大型水利枢纽工程。

20 世纪 80 年代后期，库区水受到严重污染，90 年代水质继续恶化，1997 年水库被迫退出城市生活饮用水体系。后官厅水库管理处紧张治污，共同实施了"增殖资源，净化水质"的措施，于 2007 年重新纳入北京城市供水系统。

珠窝水库，位于门头沟区斋堂镇永定河官厅山峡中段，现改名珍珠湖，为兴建永定河珠窝水库形成的湖泊，因湖内生长的河蚌数量多且大而得名，湖区呈狭长状，全长 9.5 千米，是典型的高峡平湖风景区。

落坡岭水库蓄水、发电，库容 365 万立方米，水域面积 96.5 万平方米。

三家店水库：位于门头沟区三家店村，即永定河的出山口，有 18 个闸门可控制流量。

斋堂水库，位于门头沟区斋堂村，永定河支流清水河上。兴建于 1970—1974 年。总库容量 5420 万立方米，防洪库容 4300 万立方米，兴利库容 4360 万立方米，死库容 90 万立方米。它是以防洪、灌溉为目的的中型水库，控制灌溉面积 0.113 万公顷（1.7 万亩）。

京密引水渠，于 1966 年动工兴建，1966 年全县通水。从密云水库白河电站调节池引水，经怀柔水库调节，穿过昆明湖，在罗道庄与永定河引水渠汇流入玉渊潭，自渠首至玉渊潭全长 109.3 千米。它贯穿密云、怀柔、顺义、昌平、海淀五个区，并沟通了怀柔、北台上、桃峪口、南庄、十三陵五座水库，承担着农业灌溉、工业生产、城市生活及公园输水的任务。自渠首至沙河（神山村）段设计流量 70 立方米/秒，沙河至李家史段设计流量 60 立方米/秒，李家史段至昆明湖段设计流量 40 立方米/秒。它是本市东水西调的输水大动脉。

水质标准

一类水质：水质良好。地下水只需消毒处理，地表水经简易净化处理（如过滤）、消毒后即可供生活饮用。

二类水质：水质受轻度污染。经常规净化处理（如絮凝、沉淀、过滤、消毒等），其水质即可供生活饮用。

三类水质：适用于集中式生活饮用水源地二级保护区、一般鱼类保护区及游泳区。

四类水质：适用于一般工业保护区及人体非直接接触的娱乐用水区。

五类水质：适用于农业用水区及一般景观要求水域。超过五类水质标准的水体基本上已无使用功能。

地表水水质类别功能划分

水质类别	适用范围
1 类	主要适用于源头水、国家自然保护区
2 类	主要适用于集中式生活饮用水地表水源地一级保护区等
3 类	主要适用于集中式生活饮用水地表水源地二级保护区、渔业水域及游泳区
4 类	主要适用于一般工业用水区及人体非直接接触的娱乐用水区
5 类	主要适用于农业用水区及一般景观要求水域
劣 6 类	参照执行《城镇污水处理厂污染物排放标准》（GB18918—2002）规定的一级限值 A 标准
劣 7 类	参照执行《城镇污水处理厂污染物排放标准》（GB18918—2002）规定的一级限值 B 标准
劣 8 类	参照执行《城镇污水处理厂污染物排放标准》（GB18918—2002）规定的二级限值标准
劣 9 类	大于《城镇污水处理厂污染物排放标准》（GB18918—2002）规定的二级限值标准

海淀京西稻移植

"海淀呀是个好地方，山清水秀好风光，蔬菜四季青，瓜果满山岗，昆明湖里鱼儿肥，玉泉山下稻花香。"这首歌在 20 世纪 50 年代曾唱遍海淀区的乡村。玉泉山下，从北坞直到六郎庄西苑一带，到处田野阡陌，好一派江南景色，这便是有名的京西稻的故乡。明代诗人王直曾写诗描绘过这里的景色："玉泉东汇浸平沙，八月芙蓉尚有花。堤下连云粳稻熟，江南风物未宜夸。"经过 500 多年的沧桑，如今，既无米也没有鱼，田园不再风光。

北京种稻的历史悠久。史书《周礼·职方》说："幽州谷宜三种"，"三种"即指"黍、稷、稻"。这说明几千年前北京一带就是适宜种稻的地方。后来，历朝历代都有引水开田种稻的记载。如后汉书就曾记载：渔阳太守张堪，"于狐奴（今顺义）开稻田八千余顷，劝民耕种，以致殷富"。

海淀历史上曾是著名的鱼米之乡，水乡泽国，海淀二字与水有关。不过，它不是一般意义的海，而是历史上人们对生态环境及大面积水域的湖泊的一种俗称。如京城的北海、中南海、什刹海的称谓一样。据《元史·河渠志》："海子一名积水潭，聚西北诸泉之水，流行入都而汇于此，汪洋如海，都人因名焉。"海淀称谓由来如此。

海淀区开田种稻最早的记载是在曹魏时期，镇北将军刘靖在嘉平二年（250）为巩固边防，屯田种稻，从梁山（今石景山）开东箱渠引水，东经紫竹院一带，灌田 2000 顷。到公元262 年，魏元帝又派樊晨重修东箱渠，直达潞河（今潮白河），水贯东西，流经四五百里，可灌田万余顷。

稻的种类，一般分为糯、粳两种，粳即粳稻。粳稻除红、白二色外，还有黑色。京西稻又特殊一些。传说乾隆皇帝下江南时，带回"紫金箍"稻种，传旨在京西昆明湖畔开辟御田。这里土质肥沃，气候适宜，又有玉泉水灌溉，形成了京西稻独有的特点：它颗粒长圆，色泽碧透，富于油性而不黏，蒸出的米饭软硬适度，清香可口。虽在盛夏，过夜不馊。

京西稻中，还有一种专为皇家食用的"御稻米"，并规定"纯系供品，庶民不得尝"。米色微红而粒长，美味可口。这种稻米是康熙年间栽种的。康熙皇帝曾亲笔写下"御稻米久"，说："丰泽园中，有水田数区，布玉田谷中……六月下旬，谷穗方颖，忽见一科，高出众稻之上，实已坚好，因收藏真种，待来年验其成熟之早否。明岁六月时，此种果先熟……米色微红而粒长，气香而味腴，以其生自苑田，故名御稻米。"后来这个稻种逐渐推广到宛平、涿州、房山一带。

20 世纪 50 年代起，政府非常重视鼓励乡村发展京西稻。海淀对老稻区进行了综合治理，把小块稻田连成片，隔成方；把老渠旧沟削弯取直，深挖展宽，把地上水和地下水综合利用，建成涝能排、旱能浇、旱涝保收的丰产稳产田。每到夏天，一方方稻田排列有致，似棋盘如棉毯；一道道沟渠引来清水，滔滔流入秧禾垄，滋润着万亩稻田。每到秋天，稻田一片金黄，沉甸甸的稻穗随风飘摇，清淡的芳香，四处飘荡，构成一幅幅绚丽的丰收画卷。

为了让北京更多的人吃上京西稻，1966年京密引水渠建成通水，海淀的乡村不断地扩大种植面积，从原来的老稻区海淀乡的六郎庄、万泉庄、西苑，四季青乡的中坞、北坞，清河乡的黑泉、马房、永太庄，很快发展到东北旺、永丰、温泉、上庄、苏家坨、北安河一带。

20世纪50年代初，京西稻的种植面积已扩大到10万亩，亩产在400多公斤，每年总产量达到4000多万公斤。由于北京的水资源匮乏，2000年起，海淀区就停止了种植和养殖业，10万亩皇宫御米京西稻目前只保留下2000多亩于上庄，为了拯救京西稻，海淀区拨出专款28.8万元，让京西稻"出嫁"异地种植，也为的是保护名特优品牌，使京西御稻成为市民思念的文化载体，百姓能继续品尝皇宫美食。

京西稻是"唯一性地方特色品种"，这种濒危水稻品种不能灭绝。因为，嫁出去的京西稻，一要地区、气候等条件与玉泉山相似；二要水源与玉泉山地下水质差不多，这样京西稻才能保持原有风味。否则，即使长出来，也不是真正意义上的京西稻。

现在，除海淀上庄的2000多亩种植区外，仅剩海淀公园的1.5亩京西稻田风景区，以供游人参观。京西万里稻谷飘香的美景将永远定格在人们的记忆里。

京水百年

古老的永定河，滋润养育着北京。水是生命之源，说说北京百年自来水的风雨春秋。

北京有座自来水博物馆位于东直门外香河园路3号，是1908年北京第一座水厂遗迹——东直门水厂，建筑群内包括54米高的水塔、欧式风格建筑。让人们了解北京自来水的历史，自来水不自来，自来水来之不易。

100年前，京城百姓还不知道什么叫"自来水"，遍布街巷的是"水车"和"土井"。一些受维新思想和洋务运动影响的人士以及商人多次向清政府农工商部建议，在京师兴建自来水厂。1908年（光绪三十四年）3月18日，由于当时火灾迭起，无水扑救，农工商部大臣溥颋（tǐng）、熙彦、杨士琦上书慈禧太后和光绪皇帝，建自来水厂，不到十日，慈禧"诏准"。

慈禧诏准

农工商部溥颋的《奏请筹办京师自来水调员董理以资提倡折》（光绪三十四年三月十八日）写道：

"臣溥颋等跪奏，为筹办京师自来水暨纺纱厂调员董理以资提倡，恭折仰祈圣鉴事。

"窃维臣部综理农工商事宜，凡各项实业友谊与民生日用者，端在择要筹办，以为提倡。即如京师自来水一事，于卫生、消防关系最要……

"惟京师地势高垲，户口殷阗，需水甚多，来源颇少……

"现当创始经营，一切事宜诸需擘画，非有谙悉商情，声望素孚之员预算成本，宽筹项难期成立。兹查有臣部议员头品顶戴，前署直隶按察使，长芦盐运使周学熙，前在直隶历办工艺局厂，成绩昭著。业经臣等于遵旨保荐人才折内奏明在案，拟即饬令该员总理京师自来水……事宜，必能措置裕如，不负委任。

"除一切详细章程仍由臣等督办同该员随时妥为规划，陆续走明办理外，所有遴员等办京师自来水……缘由，理合恭折具陈，伏乞皇太后、皇上圣鉴训示。谨奏。

"臣溥颋臣熙彦臣杨士琦"

慈禧看后在奏折上写了"诏准"两字。

筹建北京首座水厂

周学熙（1869—1947），近代官僚资本家，字辑之，号止庵，安徽建德（今东至）人，袁世凯的亲戚和幕僚，曾在天津、青岛、唐山和安阳等地开办新纱厂等企业。1908 年 4 月，任命周学熙为"总理"，组建官督商办的"京师自来水股份有限公司"。

周学熙上任后首先率人勘查水源，确定京城东北的孙河地表水，兴建孙河净水厂和东直门配水厂等供水设施，预算资金约 300 万银圆。为了筹集建设资金，经呈请农工商部核准，采用招商集资方法，专招华股，由直隶所属天津官银号代办招股事宜。

同年 4 月，筹建京城第一座水厂——东直门水厂。由于周学熙治理有方，官商俱信，300 万银圆股金很快招齐。经招商集股，委托德商天津瑞记洋行承包工程设计施工。经过近两年的努力，克服了重重困难，历时 22 个月，全部工程建成，于 1910 年（宣统二年）1 月完工试水，同年 3 月 20 日正式向市区供水。日供水能力 1.87 万立方米，供水管线 147 千米，供水范围"内以禁城为止，外以关厢为限"。

至此，孙河地表水，经过孙河净水厂的沉淀池、砂滤池处理后，输送到东直门配水厂，再送到高 54 米的水塔上，通过水的自重力流入供水管网中，靠 420 个街市龙头卖水，以及极少量的专用水管用户进行销售。由于天旱，孙河水源枯竭，1938 年（民国二十七年），在宣武门外大街开凿了第一口深 31 米的自来水井，逐渐代替了孙河水源。

1910 年建成的供水管网只有一条主干线，从东直门水厂出厂经东直门城楼穿越护城河，沿东直门内大街到北新桥，向南经东四、东单到崇文门外大街上四条西口，之后从主干线上分成多条支线，分别到磁器口、故宫内北侧、宣武门、菜市口、新街口、地安门等。

1943 年兴建了第二条主干线，供水管线从东直门水厂经北新桥、交道口、鼓楼、地安门等。1946 年修建了德骡主干线，从西皇城根北口向南，经西皇城根大街、府右街、南北新华街到骡马市大街，成为西半城纵贯南北的一条干线。

东直门水厂建成后，京城百姓认为自来水是"洋胰子水"，并怀疑和反对，水夫及井主失业聚众上门讨说法，经协商安排管理水站。虽经极力宣传和推广，饮用自来水的用户只有 3000 多人。随着时间的推移，得到了市民的认可，因当时经济条件的限制，大多数居民还是自挖土井或用压水机取浅层地下水，少部分贫困之家取用住地附近池塘、河流等地表水。

在通水之前，周学熙也曾考虑向皇城里、紫禁城通水。就仿照三海电灯成案，另筹宫款，派员专办。不料当时群臣反对向宫内通洋水，居然以玉泉山水为龙脉，皇帝只能饮龙脉之水为由，而未能安装自来水。在事隔15年后的1924年，紫禁城才安装上了自来水。

据记载，1934年，城内共有居民20万户，饮用自来水的只有9600余户，约5万人，供水普及率仅为5%。1949年，仅东直门1座水厂、29口补压井、367千米供水管线，日供水能力5万立方米，供水范围62平方千米，城区用水人口63万人，城区供水普及率为29.5%。

普及用水　普惠于民

新中国成立后，京城自来水事业迎来了曙光。政府先后新建了第二、三、四、五、六、七、长辛店水厂，本着"先普及、后提高"的原则，兴建公用水站，实施水站进院，解决了全市百姓饮水。到1978年年底，自来水公司共有水厂11座，市区日供水能力132万立方米，供水管线3400千米，供水面积380余平方千米，服务人口400多万，市区用水普及率为100%。

为了满足城市建设发展和人民群众的用水需求，政府高度重视城市供水能力建设。随着北京各项事业的发展，用水量增大，为此，先后于1956年、1958年建成了第三水厂和第四水厂，扩大了市区供水范围，改变了水源偏在城区东北角的布局，实现了水厂的对置供水，缓解了当时的供需矛盾。为了北京工业发展的用水需求，1959年12月，第六水厂正式向东南郊化工工业区供水；1960年6月，第五水厂的建成解决了酒仙桥电子工业区的用水难题。1964年3月，第七水厂正式投产供水，解决了北京南郊马家堡、大红门一带严重缺水问题。

老北京人应还记得，在解放初期，北京胡同里随时能看到吱扭作响的独轮水车。推车人肩挎绳绊，两个水槽分搭在车轮的左右，上面架着两个木水箱，这就是"水车"送水的情景。1949年新中国成立后，京城第一个水站在北京宣武区天桥福长街出现，随后自来水公司在崇文区龙须沟、金鱼池居民贫困区免费安装了4个公用水站作为试点，拉开了全市普及供水的序幕。至1952年，北京城区公用水站达1013处，自来水普及率迅速达到94.41%。至1967年，北京城区公用水站达2677处，自来水普及率达到99.86%。

水站建成了，百姓吃水还是用肩挑手提，有的到百米之外的街巷站去接水，冬季取水更为困难。1973年，为改善用水条件，方便百姓用水，自来水公司陆续将临街水站分期分批接入居民院内。到1984年，三环路以内公用水站全部进入居民院内，从此，百姓不出院就可以用自来水。现如今，自来水管道接入千家万户，居民足不出户，拧开龙头自来水。

京水九厂

九厂是在城市地下水源枯竭、井水水位下降严重的情况下，由市政府决策者们酝酿，组织专家论证，讨论了十多年，决定在京郊北部花虎沟建设的。1986年进点建厂，经过长达七年的建筑施工，引进英、美、德、意、日、法等国的设备及技术，投资第一期工程费用为7.47亿元，到1989年7月1日送水34吨，到1990年7月15日送水50万吨，对缓解北京市民用水及工业用水紧张起了很大的作用。这里所用的水源为怀柔水库的水。

水源九厂是当前国内最先进的水厂，第二期工程到 1992 年完成，水厂为北京提供 100 万吨的自来水。但是，随着人口的增长，北京市的用水量将达到日需水量 190 万吨，供水能力为 210 万吨。这只能是正常的年份，如遇旱情，怀柔水库蓄水量减少，那就有些紧张了。

改革开放 40 年来，政府投入巨资先后建成了第八、第九、田村等大型水厂以及南水北调（中线）工程，从根本上缓解了北京用水紧张的状况；供水管网从 1978 年的 3400 千米发展到目前的近 8000 千米，水质检测能力从 71 项发展到现在的 183 项。

北京市自来水集团公司，其前身是 1908 年 4 月的京师自来水股份有限公司。1999 年集团组建挂牌，依靠科技创新、管理创新，水质等都处于国内同行业领先水平。如今，集团拥有水厂 13 座、调蓄水厂 1 座、郊区新城水厂 13 座，日供水总能力 418 万立方米。全市供水管线总长度 12600 多千米，供水服务面积 1000 多平方千米，供水用户 430 多万户。其中，市区日供水能力 370 万立方米，管网长度 9700 多千米，供水用户 350 余万户，供水服务面积 730 多平方千米，市区自来水普及率为 100%。

北京自来水事业，经历了 100 多个风雨春秋，从无到有，从小到大，铢积寸累，一路走来，展现了传统与时代交相辉映、朝气蓬勃、生机盎然的北京水文化。

（此文参考白仲俭著《北京老字号传奇》）

永定河畔的湿地文化

永定河是流动的河流，湿地使河流在流动。湿地所具有的生态独特功能，使之与森林、海洋一起并列为地球三大生态系统。湿地也被称为"地球之肾"。

2007 年，北京市规划委已通过专家评审，编制完成《北京中心城地区湿地系统规划方案》，这是首次对北京中心城地区湿地规划的系统性研究。

现状：中心城湿地面积仅占 2.08%

湿地被称为"地球之肾"，湿地是自然界最富有生物多样性的生态景观和人类最重要的生存环境之一，其对于一个地区环境具有不可替代的作用。

简单地理解，中心城湿地就是城中的水域，包括天然和人工的河湖。《北京中心城地区湿地系统规划研究》范围东到永定河，西至温榆河、北运河，南到凉水河，北至南沙河、温榆河。研究显示，在总面积 1845 平方千米的范围内，湿地面积仅占 2.08%。专家说，中心城湿地面积占到 3%~4% 属于比较理想的，因此，研究表明，北京市湿地面积比较少。

据历史记载，北京曾是河流、水系众多的"风水宝地"，境内有大小河流 200 余条，随着城市发展和多年干旱等原因，北京的湿地生态系统正面临着巨大压力。历史上北京的湿地面积占到总面积的 15%，据目前的统计，北京的湿地仅剩 5 万公顷左右，不到总面积的 3%。

专家说，北京湿地减少有三方面原因，首先是近年来降水明显减少；其次是人口增加，用水量提高；此外就是城市建设中，人为地将湿地改作他用了。

影响：两栖爬行动物骤减

北京属于温带大陆性气候，冬季严寒干燥，而两栖爬行动物都缺少保温结构和体温调节能力。此外，由于北京连续多年降水量较少，许多河流干涸断流。特别是在众多河流上游修建拦水坝和水库，近些年又建了许多橡胶坝截流，使河流的下游大多干涸。同时，北京又有许多坑塘、水渠、河道被污染，导致依赖水环境繁殖、栖息的两栖爬行动物急剧减少，甚至在一些地区已消失。北京湿地及附近的珍稀鸟类无论是种类还是种群数量都少于20世纪五六十年代，北京历史总记录曾多达300多种，而两年前的一项调查显示，北京湿地及其附近珍稀鸟类只有154种。北京湿地鸟类的减少，也说明了北京湿地环境的逐渐恶化。生物多样性是环境好坏的指示灯，生物多样性越丰富，生态环境越稳定，受破坏的机会越少。湿地的重要功能之一是净化水源，由生物和泥土对污染物进行吸附、分解。而现在植物都承受不了严重污染死掉了，湿地净化水源的作用明显削弱，污染物质全都积存在底泥里了。

对策：亚北将建湿地示范区

目前北京城市湿地的系统研究与建设相对滞后，而很多人并不了解湿地的作用。因此，一些湿地的综合价值并没有被完全挖掘出来。研究发现，每5公顷复合型湿地系统每天可以净化1万立方米流量的污水处理厂出水；而在增设湿地的区域其下风方降温幅度为0.2℃～1.0℃，风速每秒增加了0.1～0.2米。

据了解，20世纪90年代末，官厅水库受到严重污染的五类水，在流经83千米的河道到达三家店水闸之后，已经成为三类水了。专家说："经过污水处理厂处理后的水质可以达到二级，属于五类水，这部分水如果直接流入河湖，水环境并不理想，但如果这些水经过湿地的净化后再流入河湖，水环境则可以明显改善。"

据介绍，北京将在亚北地区建一块20公顷左右的人工湿地。作为示范项目，湿地将"吸收"北小河污水处理厂、清河污水处理厂的出水，经过净化后流到湖中。

北京土地资源有限，因此，中心城湿地更应该注重其综合价值的开发。石景山区的西郊砂石坑是蓄洪区，现在只是一个大深坑，有望对其进行综合利用，维持一定面积的水面，使它既有蓄洪作用，又有景观效果。

北京三大特色湿地

顺义杨镇的天然芦苇沼泽湿地，又称汉石桥水库湿地，位于杨镇和李遂镇交界处，占地约1.5万亩，其茂密的芦苇荡和丰富的生物，形成了京郊平原独有的荒野景观，素有"小白洋淀"之称，上百种鸟类和几十种两栖爬行类动物在此栖息生存，春天还有天鹅光顾。

门头沟的三家店蒲草湿地：这里有大片长满蒲草的湿地，蒲草是这片湿地的一大特色。

延庆区官厅湖畔的野鸭湖湿地：华北最大的湿地鸟类自然保护区，拥有150多万平方米水面，由于这里的自然环境保持良好，被列为北京市市级湿地鸟类自然保护区，是北京最大、最典型的陆地湿地系统。

门头沟王平湿地文化区

一条蜿蜒的小河在花草丛中穿行，鱼儿在睡莲和浮藻中游来游去，鹅卵石将河道分隔成4个堰，方便人们行走。在永定河王平段湿地生态修复示范工程现场看到：以前，河道"水脏、水少、河乱、河床渗漏"等问题，现已得到了有效治理，形成了利用矿井废水、中水和雨洪为水源，30种20万株水生植物共存，滨水步道、河中小岛高低错落的湿地景观，面积达26万平方米。

这项工程是永定河门头沟段湿地自然保护区核心区之一，西起王平镇王平沟口，东至南涧沟口，通过采用水质净化、雨洪滞蓄利用、拟自然减渗、自然河道形态重塑、湿地植物多样性恢复、野生动物生存环境构建、生态护岸、鱼道建设、景观配置等一系列工程及生物措施，恢复了生物多样性，为重现天然河道自然湿地的特性搭建了平台。这项工程还结合湿地建设，开展了卵砾石河道拟自然防渗技术、河滨带生态防护技术、北方干旱地区河道湿地生态修复技术、河道生态修复评价体系等一系列研究，初步探索了一条集生态修复、景观旅游、技术展示、科普教育于一体的河道湿地生态修复技术体系，为永定河湿地生态修复建设提供了技术支撑。

延庆野鸭湖湿地文化区

延庆的野鸭湖是北京最大的一块湿地，1998年时它的水面面积还有80万平方米，四年之后的2002年只剩26万平方米，缩小66%。从全市来看，北京湿地面积在40年间从12万公顷锐减到不足3万公顷，北京湿地保护已迫在眉睫。正值"地球日"，2007年4月22日"北京湿地研究中心"在首都师范大学正式成立。

据介绍，北京的湿地面积最大时曾占全市总面积的5%，历史上宝贵的湿地资源曾发挥了涵养水源、补充地下水，控制污染、净化水质，调节径流、蓄洪防灾，调节小气候、减少温室气体排放、改善大气环境，为野生物提供栖息地等多种功能，然而随着城市化快速发展，北京的天然湿地和坑塘正在迅速消失，持续干旱和水资源的过度利用更加剧了湿地的退化，北京的湿地面积现仅占全市面积的不足3%。

据了解，首都师范大学承担了北京市最主要的湿地自然保护区——野鸭湖、汉石桥湿地自然保护区科考项目，并成立了全国第一所湿地学校——北京湿地学校教育科研基地。北京湿地研究中心专家建议，北京今后应加大对典型湿地的重点保护。

京津冀湿地保护区

据河北省林业部门介绍，到2015年，河北省将在京津周围新建19个湿地自然保护区，届时，河北省环京津周围的湿地保护区将达到23个。

湿地有"地球之肾"之称，地处京津周围的河北省有较丰富的湿地资源，全省湿地面积有1.1万多平方千米，约占全省总面积的5.9%。这些湿地的存在，在调节气候、补充地下水、控制污染、蓄洪抗旱等方面发挥着重要作用，对华北地区生态环境的改善起着重要作用。

据介绍，新建的19个湿地保护区总保护面积近60万公顷。这些保护区中，既有涵养京津

北京的母亲河

水源的官厅水库上游湿地保护区等，也有保护野生动植物和湿地生态系统的保护区。张家口坝上地区是北京、天津的主要水源地，也是北京风沙源之一和重要风沙通道，分布着众多的湖泊、河流和沼泽湿地，2008年，这一地区建立起安固里淖—黄盖淖湿地自然保护区、察汗淖湿地自然保护区、闪电河自然保护区，使之充分发挥保护鸟类、涵养水源和防沙治沙等的生态效益。

河北省林业部门说，这些将建的保护区内将进行退耕还湖、植被恢复、生物多样性保护、栖息地恢复、生物治理等建设，建立较完善的湿地监测系统，初步完成保护管理体系。

湿地知多少

我国地域辽阔，地貌类型千差万别，地理环境复杂，气候条件多样，是世界上湿地类型齐全、数量丰富的国家之一。按照《湿地公约》对湿地类型的划分，我国湿地分为五类28型。即，近海与海岸湿地、河流湿地、湖泊湿地、沼泽湿地、库塘湿地。其中，近海及海岸湿地类包括浅海水域、潮下水生层、珊瑚礁、岩石性海岸、潮间沙石海滩、潮间淤泥海滩、潮间盐水沼泽、红树林沼泽、海岸性咸水湖、海岸性淡水湖、河口水域、三角洲湿地共12型；河流湿地类包括永久性河流、季节性或间歇性河流、泛洪平原湿地共3型；湖泊湿地类包括永久性淡水湖、季节性淡水湖、永久性咸水湖、季节性咸水湖共4型；沼泽湿地类包括藓类沼泽、草本沼泽、沼泽化草甸、灌丛沼泽、森林沼泽、内陆盐沼、地热湿地、淡水泉或绿洲湿地共8型；人工库塘湿地类有多种型，但从面积和湿地功能的重要性考虑，全国湿地调查只调查了库塘湿地1型。

湿地是具有独特功能的生态系统，与森林、海洋一起并列为全球三大生态系统。湿地在抵御洪水、调节径流、改善气候、控制污染、美化环境和维护区域生态平衡等方面有着其他生态系统不可替代的作用，被誉为"地球之肾""生命的摇篮""文明的发源地""物种的基因库"。虽然湿地覆盖地球表面仅为6%，却为地球上40%的已知物种提供了生存环境。

湿地也是人类文明的摇篮。《山海经》记载，春秋战国时期的黄河流域有48条河流。古人称湿地为"薮"或"泽"或"海"。泽是指几条水流汇聚一起而成的大湖泊，薮（读音叟）是指水的凹地，水涨时与泽无所区别，水退后变成了陆地，所谓"泽薮"就是大大小小的湖泊。《吕氏春秋》记载古代中国有"十薮"，其中大部分在黄河中下游。在这些山泽之间，形成千里沃野，河流两岸肥沃的土地和充足的水源为发展农牧业提供了水利条件，华夏民族原始部落沿河而居，创造了灿烂的东方文化。

今天湿地依然为人类提供丰富的动植物食品资源，提供丰富的工业原料和能量来源。在很多发展中国家，湿地是内陆渔业，甚至是农村人口所能获得的首要的动物蛋白质来源，湿地生态系统为人类提供了众多改善人类福祉以及减轻人类贫困的服务。

但是，经济的快速发展使湿地面积缩小，生物多样性降低，湿地环境不断恶化。21世纪初，联合国有关报告认为，一个世纪以来，世界至少一半的湿地面积由于开发和改造而丧失，这些湿地支持着1万余种鱼类和4000余种两栖动物的生存。在亚洲，湿地长期被用作种植稻米或其他农作物，已经令许多原始湿地体无完肤。西亚底格里斯河和幼发拉底河两河流域的湿地，因为河流开发建坝蓄水而得不到更多水量的补充逐渐走向消亡。在北美洲、欧洲，139条最大的河流水系受到水坝等人为的干扰。

湿地生态系统服务的退化和丧失，将损害当地社区和个人的健康和福祉，并阻碍世界各国经济的发展。自 20 世纪以来，地球平均温度比 19 世纪升高了 0.4℃~0.8℃；海平面已上升 15~50 厘米，其中湿地遭到破坏是全球变暖的影响因素之一。保护和恢复湿地，减少温室气体的排放，增加湿地对温室气体的吸收和储存，是减缓气候变化的一项重要措施。

随着人类社会不断发展，人们对环境保护日益关注，中国政府已经采取了措施，加强湿地保护工作。例如，高原湿地常被称作"世界水塔"，这类湿地的保护是全球湿地保护的重要工作之一。喜马拉雅山脉的高原湿地是恒河、印度河、湄公河、长江和黄河等大河的发源地，其流域人口超过 10 亿，湿地国际等国际组织与中国、印度、尼泊尔等国家政府合作，采取多项措施保护这一地区的高原湿地。为保护青藏高原湿地，中国在青海省建立了三江源国家级自然保护区、青海湖国家自然保护区、玉树隆宝国家级自然保护区和青海可可西里国家级自然保护区等 4 处自然保护区，保护面积达 34.38 万平方千米。

没有健康的湿地，就没有健康的人类。《中国湿地百科全书》编委会说："关注湿地，关注生态，就是关注人类自己；保护湿地，保护生态，也是保护我们的家园。"

我国每年有 20 个天然湖泊消失

2007 年 7 月，国家环保总局局长周生贤在全国湖泊污染防治工作会议上介绍，我国湖泊生态功能退化问题十分突出，平均每年消失 20 个天然湖泊，水环境恶化趋势仍在继续。

周生贤介绍，由于盲目围垦，过度利用水资源，导致湖泊面积减少，甚至消亡。我国每年平均有 20 个天然湖泊在消亡，新中国成立 50 多年来已经减少了约 1000 个内陆湖泊。"千湖之省"的湖北由 1000 多个湖泊已锐减为 300 多个。

展望未来　北京更美

近年来，北京疏解整治环境，城市森林公园、湿地、湖泊、水道逐渐增多，有南苑森林湿地公园、城市郊野公园、城市绿道、城市码头、前门三里河水系……

2017 年，《北京城市总体规划（2016—2030）草案》明确提出拓展绿色发展空间，要求建立"一屏、三环、五河、九楔"的生态空间格局。一屏：强化西部山区重要生态源地和生态屏障功能；三环：一道绿化隔离地区城市公园环，二道绿化隔离地区郊野公园环，三道首都森林湿地公园环；五河：永定河、潮白河、北运河、拒马河、沟河为主构成的河湖水系；九楔：九条楔形绿色廊道，打通连接中心城区、周边城区及跨界城市组团的楔形生态空间，形成联系西北部山区和东南部平原地区多条大型生态廊道。展望未来，北京更美。

构建北京水文化

1998 年 9 月，北京城市水系治理拉开序幕，从治理北京心脏地区的六颗明珠"六海"开始。

北京中心地带在古代曾是湖泊群，据史料记载，元代曾船舶云集，吞吐量不小。元代将这里定为大都城，依水而建宫廷内苑、皇家园林，形成诸多独具一格、幽雅别致的优美园林。而且水系相通，从昆明湖可以通航至紫禁城，又有筒子河、护城河环绕皇城、京城，湖水相连，景色延绵，使北京这座历代名都在威严大气之外，又增加了几分秀丽和飘逸。

但自清代末期开始，由于战乱频繁，北京水系疏于管理，河道淤积污染，航运废止。众多湖泊园林在 20 世纪 20 年代后先后开放为公园，也因管理不善而逐渐荒废。后来水源减少，再加人口增加，围湖造田，水面缩小，杂草丛生，一片污秽。

1949 年后，北京市对城市水系进行过三次较大的整治，兴建了官厅和密云两大水库，开掘永定河引水渠、京密引水渠将两大水库的水引入北京，增加了北京的环境用水量，水环境大为改观。但毕竟 40 多年来未对水系进行过彻底治理，20 世纪 80 年代后经济迅速发展，外来人口急剧增加，河湖遭到新的污染，有的河道成了臭水沟。湖泊淤泥深厚，据北京市水利部门的监测，淤泥累计达到 230 万立方米。

北京水环境恶化的状况引起了广泛关注。1997 年 12 月，北京提出要重点治理城区河湖水系，让河水还清，并结合城市供水经常保持一定的流量，实现常年流水，有条件的河段可开辟游船航道，为旅游通航创造条件。市民的环保意识也日益增强，1998 年年初在北京市的人大代表会上，225 名市人大代表联名提出议案，要求治理城市河湖的污染。1998 年 4 月，市委、市政府作出决定，加大对北京河湖治理的投资和力度，还北京古都风貌。北京城市水系治理工程由此正式启动，这种治理为北京历史上的首次，规模大、投入多。

京城水系治理的目标是"水清、岸绿、流畅、通航"。继六海清淤"擦亮"六颗明珠后，昆玉河和长河又于 1999 年 7 月完成治理，实现了昆明湖至玉渊潭、昆明湖至北展后湖的通航，这条南线航道西起玉渊潭，串起南护城河上的大观园、陶然亭、龙潭湖等景点。

借水系通航的"水势"，又沿河道周边开辟红山口、柳浪、麦钟桥、宝联、玉渊潭、陶然亭 6 个公益性游泳场，可同时接待上万人。每个游泳场的设计都匠心独具，风格各异，却又与周边环境融为一体，形成一处一景。

在水系治理过程中，文物保护始终是一个重要的课题。河湖水系是北京得以衍生、发展的重要因素，北京水系存有诸多文物遗址。如长河于金代开挖，元代扩建完善，是供应京城用水的重要水源，明清时代是城区通往西北风景区的唯一水道。古代有"天坛看松，长河看柳"的说法，沿线文物古迹众多。河上的广源闸在元代就被称为"运河第一闸"。这些文物随岁月的推移而湮没，在水系治理前，长河不被人们所重视，河道最窄处可以一跳而过。

水系治理开工前，有关部门就邀请专家、学者对长河进行考察，并采纳了专家的建议：长河本身就是历史文物，不做大的裁弯取直，尽量保留其原有风貌。长河上的麦钟桥遗址原有的高程与拓宽后的长河河道高程有较大矛盾，经过文物部门与水利部门共同研究、反复协商，将遗址的高程适当降低后，原址原样恢复了麦钟桥遗址。广源闸是目前长河上保存最完好的桥闸，但闸宽与北京市总体规划的长河宽度相距甚远，也难以满足泄洪和通航的要求。在反复论证、协商后，最终确定在南部扩建一个闸孔，而使广源闸北部得以全部保留。长河沿线过去有多处御码头，根据文物部门意见，对现存于万寿寺门前的御码头保持原样不动。

2017 年，北京市水务局发布《北京市进一步全面推进河长制工作方案》，设立市、区、乡镇（街道）、村四级河长制，并公示各级河长名单。在推行落实河长制时，先出台了《永定河流域河长制实施方案》和《官厅水库流域河长制实施方案》，进一步明确了永定河治理和修复的责任，已形成市级、区级、乡镇级、村级四级河长，落实永定河综合治理与生态修复工作。永定河市级河长和官厅水库流域市级河长均由副市长担任。

河长的主要工作就是 12 个字："三查、三清、三治、三管"。三查即严查污水直排入河、垃圾乱堆乱倒、涉河湖违法建设；三清即清河岸、清河面、清河底；三治即水污染防治、水环境治理、水生态治理；三管则是要严格水资源、河湖岸线、执法监督管理。市级河长巡河时，用一整天时间，巡查了流域全境重点区域水体现状，有时甚至跨越四个区。关注的问题包括排水管网覆盖、沿岸黑臭水体治理、加强排污口的溯源整治等。

在河、湖、渠岸边显著位置设立河长信息公示牌，标明河长职责、河湖概况、管护目标、监督电话等内容，接受社会监督。

随着河长的走马上任，北京 200 多条大大小小的河流都有了河长的守护，河流将会越来越清澈，越来越美丽。

京张冬奥

公元 1909 年 9 月，京张铁路竣工通车，举世皆惊。这项工程不仅显示了中国人的志气和才干，也向全世界显示了中国人民自力更生的力量。100 多年后的今天，京张携手成功申办 2022 年冬季奥运会，又一次向世人展现了中国的综合实力，让世界瞩目。

北京、张家口都是历史文化名城，两地都是著名的长城旅游景区，冬奥会的室外比赛场地都在长城附近。长城是中华民族的纽带，也是世界人民的纽带。

北京市有明长城 629 千米，从洪武到万历年间，先后经历了 200 多个春秋。明长城沿北京湾半环状自东往西沿平谷、密云、怀柔、延庆、昌平、门头沟六个区，沿燕山和军都山内侧山脊，呈环抱北京、拱卫京师之势。

延庆区境内有明长城 179 千米，敌楼 473 座，有九眼楼长城、八达岭残长城、八达岭水关长城……这些是北京保存墙体最长、防御体系最完整的长城段落。其中，八达岭长城举世闻名，史称天下九塞之一，是万里长城的精华和杰出代表。

八达岭，因其为居庸关塞之北口，古称北口。古代关沟，羊肠小道，过八达岭后，豁然开朗。东去永宁、四海，西去宣府、大同，北去朔漠、高原，四通八达，故名八达岭。

八达岭关城门洞外面上方，嵌有长方形横额"北门锁钥"四个大字。北门系指关城，是居庸关的门户，是京都北大门，"北门锁钥"则说这座关城坚固而险要，是举足轻重的军事重镇，像是北京城和居庸关的一把大锁，可见在古代关城之重要。

延庆区是北京最大的山间盆地，位于海坨山与军都山之间，北、东、南三面环山，西隔浩渺的官厅水库与怀来盆地相对。盆地边缘的环山，均属燕山山脉。南部为军都山，海拔在 1000 米至 1500 米，八达岭海拔 1015 米。北部为海坨山，松山海拔均在 1200 米以上，2022 年冬奥会的高山滑雪和雪车雪橇赛场就在此。

塞外名城张家口，历史悠久，既有雄浑辽阔的自然风光，又有震古烁今的人文景观。张家口在明朝是长城脚下设置的一座军事小镇，明代属京师宣府镇，为万全右卫地。宣德四年（1429），指挥使张文始筑城堡，名张家堡，有东南两门，东曰"永镇门"，南曰"承恩门"。成化十六年（1480）又展筑关厢。嘉靖八年（1529）守备张珍开筑北一小门，曰"小北门"，因门小如口，俗称"张家口"。清朝时置张家口厅，民国时为万全县治。1928 年后曾为察哈尔省省会，1939 年设张家口市。张家口为河北省、北京市和内蒙古自治区之间的交通要冲，又是繁盛的商贸中心。

张家口市境内有战国、秦、汉、北魏、北齐、唐、金、明等朝代的长城 1476 千米，是全国保存长城最多的省辖市，素有"长城博物馆"之称。

大境门，原为明代长城的一个关隘。此段长城建于明成化二十一年（1485）。城墙下宽 6 米，上宽 5.4 米，墙顶外设垛口，内砌女墙。城墙顺山势蜿蜒而行，至两山交接处，直下数十丈，城楼巍然谷中，即为大境门。明洪武元年大将徐达督兵修补边墙，建此关口。清代筑城楼，为扼守京都之北门，同时在东侧开小境门，今已拆除。门为连接边塞与内地交通要道，素称兵家必争之地，亦为汉蒙民商贸易之货物集散地。门额有清察哈尔都统高维岳所书"大好河山"四字匾，笔力雄浑苍劲，颇为壮观。"九一八事变"后，爱国将领吉鸿昌曾率领抗日健儿出大境门北进，浴血作战，收复宝昌、康保、多伦等地，把日军赶出察哈尔省境。1945 年 8 月 24 日，人民解放军即从此门入城，解放张家口。1979 年曾整修。

鸡鸣驿站，又名鸡鸣山驿站。据史载，唐贞观年间，东突厥侵犯中原，边民不得安宁，太宗李世民亲征，驻跸此山，夜间闻山上有鸡鸣声，故称鸡鸣山。鸡鸣驿始建于元代，1219 年成吉思汗率兵西征，在通入西域的大道上开辟驿路，设置驿站，专供过往官员、驿卒就餐住宿的驿馆。到明永乐十八年（1420）鸡鸣驿扩建为京师北路的第一大驿站。

张家口市崇礼县，地处坝上和坝下过渡地带，海拔从 814 米延伸到 2174 米，拥有媲美东北三省的滑雪资源，天然雪滑雪期可达120天。山坡坡度5°~35°，陡缓适中，可供旅游滑雪和竞技滑雪面积达300平方千米，被誉为"华北地区最理想的滑雪地域"。2022年冬奥会比赛场地的单板滑雪、自由式滑雪、跳台滑雪、越野滑雪和冬季两项在此举办。

永定河畔，大好河山，北门锁钥，长城内外，风景无限，延庆松山，崇礼翠云山，白雪皑皑，银装素裹。2022年冬季，奥运健儿将欢聚在长城脚下。

附录一　地质年代和生物发展历史简表

代	纪		距今年代（百万年）	地质现象和自然条件	植物	动物
新生代	第四纪	全新世	0.011	冰川广布，黄土形成，气温下降	被子植物繁盛	猿人出现，人类发展，高等哺乳类繁盛
		更新世	3			
	第三纪	上新世	12	气候变冷，有造山运动 第三纪末"唐县侵蚀面"	被子植物分化出各科、属	哺乳类及鸟类兴盛，灵长类和类人猿出现，节肢动物、软体动物繁盛、始新世晚出现人类（600万年）
		中新世	25			
		渐新世	40			
		始新世	60			
		古新世	70			
中生代	白垩纪		135	山岳兴起，后期气候变冷	前期裸子植物为主，后期被子植物兴起	有袋类繁盛，有胎盘动物及鸟类兴起，大型爬行类死亡，昆虫类扩展
	侏罗纪		180	大陆升高，气候温暖，早，中侏罗"燕山运动"	被子植物出现	单恐类和恐龙繁盛，昆虫兴起
	三叠纪		225	气候温和、地壳平静	裸子植物（银杏、松柏等）繁盛	恐龙兴起，原始哺乳类出现
	二叠纪		280	末期造山运动频繁，大陆性气候，炎热干燥	裸子植物兴起，蕨类开始衰落	爬行类开始兴盛，昆虫类出现
	石炭纪		345	有造山运动，气候湿润温暖 晚古生代"华力西运动"	种子蕨类繁殖，原始裸子植物出现	两栖类繁盛，爬行类出现

続表

代	纪	距今年代 （百万年）	地质现象和自然条件	植物	动物
古生代	泥盆纪	405	海陆变迁，出现广大陆地，气候干燥炎热	陆生蕨类成林，裸子植物出现	两栖类（坚头类）初现，鱼类繁盛
	志留纪	425	陆地升起，气候变干，海面缩小	陆生植物裸蕨类出现	水生无脊椎动物（珊瑚类）繁盛，原始鱼类出现
	奥陶纪	500	浅海广布，气候温暖，中奥陶"加里东运动"	海藻繁盛	水生无脊椎动物（三叶虫、投足类）繁盛
	寒武纪	600	地壳静止，浅海广布，晚元古代末"蓟县运动"	藻类兴起	所有无脊椎动物门类已出现
远古代	震旦纪	1800	岩层古老地壳变动剧烈 早元古代末"吕梁运动" 太古代末期"阜平运动"	细菌、藻类出现	单细胞动物和低等无脊椎动物
太古代		4600	密云有个同位素年龄值为23亿~24亿年	生命开始发生	
地球演化的天文时期					

资料来源：本表根据《地理基础知识》（张子桢主编，中国青年出版社1985年2月北京第2次印刷）整理而成。

北京的母亲河

192

附录二　中国历代历朝建都简表

朝代		起讫	都城	今地
夏		约前21世纪—前16世纪	安邑	山西夏县
			阳翟	河南禹县
商		约前16世纪—前11世纪	亳	河南商丘
			殷	河南安阳
周	西周	约前11世纪—前771	镐京	陕西西安
	东周	前771—前256	洛邑	河南洛阳
秦		前221—前206	咸阳	陕西咸阳
汉	西汉	前206—公元23	长安	陕西西安
	东汉	25—220	洛阳	河南洛阳
三国	魏	220—265	洛阳	河南洛阳
	蜀	221—263	成都	四川成都
	吴	222—280	建业	江苏南京
晋	西晋	265—316	洛阳	河南洛阳
	东晋	317—420	建康	江苏南京
十六国		304—439	—	—
南朝	宋	420—479	建康	江苏南京
	齐	479—502	建康	江苏南京
	梁	502—557	建康	江苏南京
	陈	557—589	建康	江苏南京
北朝	北魏	386—534	平城	山西大同
			洛阳	河南洛阳
	东魏	534—550	邺	河北临漳
	西魏	535—557	长安	陕西西安
	北齐	550—557	邺	河北临漳
	北周	557—581	长安	陕西西安

朝代		起讫	都城	今地
隋		581－618	大兴	陕西西安
唐		618－907	长安	陕西西安
五代	后梁	907－923	汴	河南开封
	后唐	923－936	洛阳	河南洛阳
	后晋	936－946	汴	河南开封
	后汉	947－950	汴	河南开封
	后周	951－960	汴	河南开封
十国		902－979	—	—
宋	北宋	960－1127	开封	河南开封
	南宋	1127－1279	临安	浙江杭州
辽		907－1125	皇都（上京）	辽宁巴林右旗
大理		937－1254	太和城	云南大理
西夏		1032－1227	兴庆府	宁夏银川
金		1115－1234	会宁	黑龙江阿城
			中都	北京
			开封	河南开封
元		1206－1368	大都	北京
明		1368－1644	北京	北京
清		1644－1911	北京	北京

附录三　西周春秋战国时期燕国历史简表

公元纪年	干支纪年	王、侯	大事记
			召公奭与周同姓，姓姬。周武王之灭纣，封召公于燕。自召公以下九世至惠侯
西周			
前 841 年	庚申	惠侯	国人暴动，周厉王奔彘（山西霍县），共和元年始
前 826 年	乙亥	釐侯	周宣王即位。釐侯三十六年卒
前 790 年	辛亥	顷侯	顷侯二十年，周幽王为犬戎所弑，秦始列为诸侯。顷侯二十四年卒
春秋			
前 766 年	乙亥	哀侯	哀侯二年卒。子郑侯立
前 764 年	丁丑	郑侯	郑侯三十六年卒。子穆侯立
前 728 年	癸丑	穆侯	穆侯七年，鲁隐公元年。穆侯十八年卒。子宣侯立
前 710 年	辛未	宣侯	宣侯十三年卒。子桓侯立
前 697 年	甲申	桓侯	桓侯七年卒。子庄公立
前 690 年	辛卯	庄公	庄公十二年，齐桓公称霸；十六年，燕与宋、卫共伐周惠王，二十七年，齐桓公救燕，伐山戎。三十三年卒。子襄公立
前 657 年	甲子	襄公	襄公二十六年，晋文公为践土之会称伯。襄公三十一年，秦师败于殽。三十七年，秦穆公卒。楚国筑方城。四十年，襄公卒。桓公立
前 617 年	甲辰	桓公	桓公十六年卒。宣公立
前 601 年	庚申	宣公	宣公十五年卒。昭公立
前 586 年	乙亥	昭公	昭公十三年卒，武公立。是岁晋灭郤大夫
前 573 年	庚寅	武公	武公十九年卒。文公立
前 554 年	丁未	文公	文公六年卒。懿公立。四年卒，子惠公立
前 548 年	癸丑	懿公	懿公元年，齐崔杼弑其君庄公

公元纪年	干支纪年	王、侯	大事记
前544年	丁巳	惠公	惠公元年，齐高止来奔。六年，大夫共诛姬宋，惠公惧，奔齐。四年，齐高偃如晋，请共伐燕，入其君。晋平公许，与齐伐燕，入惠公。惠公至燕死。燕立悼公
前535年	丙寅	悼公	悼公七年卒。共公立
前528年	癸酉	共公	共公五年卒。平公立
前523年	戊寅	平公	晋公室卑，六卿始强大。平公十八年，吴王阖闾破楚入郢。平公十九年卒。简公立
前504年	丁酉	简公	简公十二年卒。献公立
前492年	己酉	献公	晋赵鞅围范、中行于朝歌。献公十二年，齐田常弑其君简公。十四年，孔子卒。二十八年，献公卒，孝公立
战国			
前476年	乙丑	燕献公	二十八年，献公卒，孝公立
前464年	丁丑	燕孝公	孝公十二年，韩、魏、赵灭知伯，分其地，三晋强。十五年卒，成公立
前449年	壬辰	燕成公	成公十六年卒。湣公立
前433年	戊申	燕湣公	湣公三十一年卒。釐公立
前402年	戊寅	燕釐公	釐公三十年，伐败于齐林营，釐公卒，桓公立
前372年	己酉	燕桓公	桓公十一年卒，文公立。是岁，秦益强。秦献公卒
前361年	庚申	燕文公	文公十九年，齐威王卒。二十八年，苏秦始来见，说文公。文公予车马金帛以至赵、赵肃侯用之。因约六国，为从长。秦惠王以其女为燕太子妇。二十九年，文公卒。太子立，是为易王
前332年	己丑	燕易王	齐宣王因燕丧伐燕，取十城。苏秦说齐，使复归燕十城。十年，燕君为王。易王十二年卒，子燕哙立。开始修筑南北燕长城
前320年	辛丑	燕王哙	齐人杀苏秦。苏秦之在燕，与其相子之为婚，而苏代与子之交。齐宣王复用苏代。燕哙三年，与楚、三晋攻秦，不胜而还。齐伐燕，国大乱，百姓恐。燕哙死。齐大胜。燕人共立太子平，是为燕昭王
前311年	己酉	燕昭王	招贤才，设黄金台。秦开率军击东胡，扩地千里。公元前284年，燕昭王二十八年，燕国殷富，以乐毅为将，与秦、楚、三晋合谋伐齐。齐败。昭王三十三年卒。子惠王立

公元纪年	干支纪年	王、侯	大事记
前278年	癸未	燕惠王	使骑劫代将，乐毅走赵。齐田单以即墨击败燕军，骑劫死，燕兵引归，齐复得其故城。惠王七年卒。韩、魏、楚共伐燕。燕武成王立
前271年	庚寅	燕武成王	武成王七年，齐田单伐燕，拔中阳。十四年，武成王卒。子孝王立
前257年	甲辰	燕孝王	孝王元年，秦围邯郸者解去。孝王三年卒，子今王喜立
前254年	丁未	燕王喜	前307—前252年，秦昭王筑长城。燕王喜四年，秦昭王卒。六年，秦灭周置三川郡。七年，秦拔赵榆次三十七城。九年，秦王政即位
前222年	己卯	秦灭燕	燕见秦灭六国，秦兵临易水，祸且至燕。荆轲刺秦王。秦王觉，杀荆轲。燕王喜二十三年，太子丹质丁秦，亡归燕。二十九年，秦攻拔蓟，燕王亡，徙居辽东，斩丹以献秦。三十年，秦灭魏。三十三年，秦拔辽东，虏燕王喜，卒灭燕。秦将王贲亦虏代王嘉

据《史记·燕召公世家》上记载了公元前9世纪燕惠侯以来三十六代王、侯的世系，自燕召公以下至燕惠侯九代燕侯的名号，西汉时期就已经失传了。

附录四　北京城历史年代简表

原始社会旧、 新石器时代	北京人在周口店繁衍生活	约50万年前
	山顶洞人在周口店繁衍生活	约1.8万年前
	东胡林人在门头沟、昌平繁衍生活	约1万年前
	远古时，蚩尤、炎帝、黄帝在北京征战，黄帝之孙颛顼在幽陵建都。（幽为北京地区的代称至今）	约前26—前21世纪
（商—南北朝）	北京一带建有中国北方重镇，蓟之名传2000余年	约前17世纪—前589年
夏、商	房山、平谷、昌平的商代文化遗存	约前2000—前1000年
周	周武王灭商，封黄帝之后于燕（今房山琉璃河董家林，北京最早的城邑），封尧帝之后于蓟（今宣武门之南）	约前1045年
蓟	蓟城是燕国的都城（今城区西南），时称"富冠海内"	前475年
燕	燕国在蓟城北部筑长城千余里	前283年
秦	蓟城为广阳郡治所。筑蓟城东达碣石、南至常山（今河北正定南）的皇帝御用驰道	前220年
	对旧秦、燕、赵的长城进行连接补筑（今万里长城之部分）	前214年起
汉	蓟城为燕国、幽州、广阳郡治所	前206—前202年
	改广阳郡为国（汉初分封的诸侯国，今丰台大葆台有广阳王之墓），蓟城为都城	前73年
	在沽河（今河北）与潞水间开泉州渠，以连通通海的平虏渠（此为隋代修大运河北段创造了条件）	206年
三国	蓟城属魏国。增辟水道，在㶟水（今永定河）的梁山（今石景山）一带修戾陵堰和车箱渠（北京历史上第一个大型水利工程），引高梁河上游之水东至潞河（今潮白河）	262年
晋	蓟城为燕王封、幽州之所。佛教开始流行。建佛寺潭柘寺（北京现存最早的佛寺）	265—420年
	鲜卑族所建前燕攻占蓟城，并迁都于此（这是北方少数民族第一次在蓟城建都，是北京历史的转折）	352年
	蓟城宫室因后燕和前秦的战乱被付之一炬	385年
	后燕修缮被毁宫室	389年

南北朝	蓟城为燕郡、幽州之所。北魏在西北（今海淀区温泉西车耳营）建造巨大石雕佛像（今保存完好，有极高的艺术价值）	489 年
	北齐修筑幽州长城（今居庸关附近至山西大同东北，长 900 余里），开凿督亢渠，导高梁河水流入易荆水（今温榆河），东汇于潞河	555—565 年
隋、唐	开通大运河，大量修建道路和庙宇，大批游牧民人口迁入	581—907 年共 326 年
	修筑蓟城之榆林德御道，修筑东西向和南北向的陆路干道各一条，两道在涿郡（今河北涿州）交汇	607 年
	开永济渠（亦称御河），将沁水（河南西北部）之水沿永定河故道（今城南凉水河）引到蓟城南郊	608 年
	僧人静琬在北山（今房山境内，唐在此建云居寺）始刻石板经，凿华严堂（雷音洞）藏经，历时 30 年	609 年
	隋炀帝远征的兵马粮草集结于此	611 年
	在城西马鞍山下建慧聚寺（今戒台寺，现存为明代重建）	622 年
	在城南（今宣武门外）建佛教寺院悯忠寺（今法源寺，几度重建，为北京城区内历史最悠久的寺院）	645 年
	在城西建道教寺院天长观（今白云观，现存为元代所建）	732 年
	幽州一带人口已达 37 万	742 年
五代、辽、宋、金	辽称幽州为南京，金大建中都的城池和宫殿	907—960 年（五代） 907—1125 年（辽） 960—1279 年（宋） 1115—1234 年（金） （共 327 年）
	后晋向辽（契丹）称臣，献燕云十六州。辽以幽州为陪都，改名为南京（又称燕京）。辽南京城沿袭唐幽州蓟城的建筑，只修筑了城墙，在城内西南修筑了很小的宫城大内，陆续在城内外兴建寺庙殿塔（时称有庙宇 36 所）	938 年
	辽南京地震，城郭坍塌。云居寺"四大部经"刻成	1057 年
	辽陆续在南京城的 5 个方位建各色镇塔 5 座。白塔存至元代（今妙应寺白塔，现存为元代重修），在隋代宏业寺旧址（今广安门外）建天宁寺塔（为北京现存辽代最精美的古塔）	1096 年前后
	金以南京为自己的五都之一（此在北京历史上具有重大意义），名中都，随即在莲花池畔（今西城区）营建中都城池和宫殿	1151 年
	金兴建陵园（今房山云峰山一带），将始祖以下十二帝的梓宫迁葬	1156 年

五代、辽、宋、金	金在城东北琼华岛（今北海）建离宫大宁宫（当时规模最大的宫殿）。在西北郊（今颐和园、香山、玉泉山、玉渊潭等）建行宫别院，"燕京八景"见记载	1179 年前后
	金在卢沟河上的渡口建石桥广利桥（今卢沟桥）	1192 年
元	择新址建大都城，大都成为当时世界最宏大的城市	1206—1368 年（共 162 年）
	元军攻取金中都。中都遭毁灭性破坏（此后多年荒废）	1211—1215 年
	元定都燕京，择新址建成。1271 年更名为大都（蒙古语"汉八里"）	1260 年
	元动工建新城（历时近 10 年）。新城三重，以原金中都大宁宫（今北海）为中心，南城墙在今长安街两侧，北城墙在今德胜门外（今有土垣遗址可寻），所弃金中都城（白云观、东岳庙、庆寿寺一带）逐渐成为民间游乐观赏之地	1267 年
	元建司天台（今古观象台，现为明清改建），仪像圭铜制	1279 年
	元皇室、贵族、衙署、商铺迁入	1283 年
	拆旧城城墙，填沟壕	1288 年
	开凿与通州之间的运粮河通惠河（30 年后完工）	1291 年
	修金水河	1292 年
	在城东（今国子监街）建孔庙，1306 年竣工，同年建国子监（又称太学）	1302 年
	在丽正门（今崇文门一带）、文明门（今正阳门）之南建郊坛（今天坛、先农坛一带）	1305 年
	仁圣宫（今朝阳门外东岳庙）竣工，此年，太庙建成	1322 年
	始建碧云寺	1331 年
	居庸关过街塔竣工	1345 年
	京师十一门皆建瓮城，造吊桥	1359 年
明	拓展大都城，沿中轴线建四重城，紫禁城成为世界古代宫殿建筑中的奇迹	1368—1644 年（共 276 年）
	明军占领元大都，设地方行政机构北平布政司，改大都为北平府。将元大都城北城墙（今德胜门外土城）向南缩 5 里	1368 年
	修筑新的北城墙，北城墙（今积水潭西部）外形城有护城河	1371 年
	升北平为北京（北京之名由此开始），改为顺天府	1403 年
	建设城池、宫殿、坛庙的工程正式开始（1420 年基本完工）	1406 年
	在昌平营建山陵，改其山名为天寿山（即今十三陵所在地）	1409 年
	修筑城墙（今崇文门一带有残存）	1415 年
	拆除元皇城以内的宫城，在其东约一里处建西宫（今故宫）	1417 年

	拓南城。将元城墙（今长安街一线）向南移 2 里多（今宣武门、崇文门一线）	1419 年
明	正月初一，正式迁都于此。南方文渊阁所藏书籍共 100 柜运抵北京	1421 年
	设五大厂：神木厂、大木厂、黑窑厂、琉璃厂、台基厂（今仍在）	1422 年
	加固城池，原有城门全部改名，始建九门城楼（历时 4 年）。各门外立牌楼，城四隅立角楼（今存东南角楼），改九门木桥为石桥	1436 年
	修建各部衙门。建会同馆房 150 间，以招待各方使臣	1442 年
	在安定门外始建先蚕坛，建四郊坛，即圜丘坛（今天坛）、方泽坛（今地坛）、朝日坛（今日坛）、夕月坛（今月坛）	1530 年
	在皇城南部（今南池子大街）建成神御阁（今皇史宬）	1536 年
	大高玄殿（在今景山西侧）建成	1542 年
	筑外城城墙（今永定门、右安门、左安门一线）	1553 年
	筑外城永定门等 7 门的瓮城	1564 年
	建万寿寺，寺内悬永乐年间所筑华严钟（1733 年迁到大钟寺内）	1577 年
清	沿袭明代城池，继续修建皇家园林，开发西部风景区，实行民族分区居住制度	1644—1911 年（共 267 年）
	清迁都于此。在御河桥东、南路（今北京贵宾楼饭店一带）建堂子（满族祭祀地）	1644 年
	内城汉人迁到南城居住	1648 年
	西方传教士汤若望在利玛窦所建经堂基址上建南堂（在今前门西大街路北，此为最古老的天主教堂）	1650 年
	毁琼华岛（在今北海内）广寒殿，建白塔。此年，承天门竣工，改名天安门	1651 年
	建天安门外石桥 7 座	1690 年
	修建牛街清真寺（按照辽代清真寺原貌，在今宣武区牛街）	1696 年
	在西郊（今海淀至香山一带）修建清漪园（今颐和园前身）、圆明园（现有遗址可寻）等众多园林	1705—1770 年
	修整各城门外关厢石路，增建广渠门之广宁门石路，其长十余里	1738 年
	将雍和宫改为喇嘛庙（北京最大的喇嘛庙）	1744 年
	建香山二十八景和虎皮围墙，并改其名为静宜园	1745 年
	绘制《乾隆京城全图》（历史上第一幅用近代测绘方法绘制的大比例尺北京全图）	1750 年

清	在明代镇山万岁山（今景山）的山顶建5亭，其正中万寿亭时为城中轴上的最高点	1751年
	英法联军纵火焚烧圆明园，大火三日不息，其附近的清漪园、静明园（今玉泉山）、静宜园、畅春园等均被付之一炬	1860年
	设京师同文馆，又英、法、德、俄、日文馆和算学馆	1862年
	英国在宣武门外旷地造小铁路（北京首次有铁路），此年试通车	1864年
	始建博物馆、化学馆	1876年
	重修清漪园，改名为颐和园	1888年
	接成至肃州的电线	1890年
	建成至天津的铁路	1896年
	建京师大学堂（今沙滩附近，为今北京大学前身）	1898年
	筹划在北京、天津、广州之间架设电话	1899年
	英、法擅自在天坛以东、天宁寺以东的城墙上开门洞，以将铁路修至正阳门	1901年
	划定公使馆区域	1904年
	设游美学务处（后演变为清华学堂，今清华大学前身），建图书馆（今北京图书馆前身）	1909年
中华民国	原城池、城垣、宫殿发生巨大变化	1912—1949年
	清帝退位，中华民国建立，以北京为首都	1912年
	紫禁城外朝开辟为"故宫博物院"（到1925年紫禁城全部开放），拆除皇城东西两侧部分建筑	1913年
	颐和园、北海、中南海等园林，社稷坛、太庙、天坛等坛庙逐级开放，陆续辟为公园	1914—1929年
	拆除皇城南面建筑，打通天街（即天安门大街），拆正阳门瓮城，修建环城铁路	1915年
	原皇城东、西、北三面的城墙全部被拆除	1917—1923年
	前门至西直门的有轨电车正式通车，共有10辆电车运行	1924年
	在新华街南口的城墙上开双洞城门建和平门，在护城河上建石拱桥。在长安街两侧建建国门和复兴门	1925年
	广播电台落成（在当时的琉璃厂一带的电话局内）	1927年
	改北京为北平，划为特别市。以南京为首都	1928年
	故宫古物分5批共19560箱运至南京	1933年
	故宫、颐和园文物大部分被日军掠走	1937年
	西郊飞机场建成，先农坛公共体育场建成	1938年
	主要马路改建为柏油路（历时4年）	1939年
	建儿童医院（今东堂子胡同）、音乐堂（今中山公园内）	1942年

中华人民共和国	城市建设进入崭新的阶段	1949 年至今
	中华人民共和国成立，定都北平，改名为北京	1949 年
	掏挖修整南北沟沿，什刹海等几十条旧下水道，新修几百千米的新下水道，以天安门广场为中心，以古城中轴线和通县到石景山的交通线为坐标，建设大量房屋（现当于建设了 7.2 个原北京城），修筑各种道路和地铁	1950—1988 年
	开辟 2~6 环公路，城市面积不断增大。地上地下交通网形成，京津冀协同发展一体化	1988 年至今

资料来源：本表格根据《老北京风俗地图·1936》制作，学苑出版社出版发行，2004 年 3 月第 2 次印刷。

附录五 北京历代名称简表

年 代	朝 代		国、郡、州	治 所
距今约4000年以前	黄帝		幽都、幽陵、幽州	
距今3000—3500年以前	商		燕国、蓟国	
距今约3000年以前	西周		燕国	都房山琉璃河
			蓟国	都古蓟城
公元前771—前221年	春秋、战国		燕国	都蓟城
公元前221—前207年	秦		广阳郡	蓟城
公元前206年—公元8年	西汉		燕国、广阳郡（国）	蓟城
9—25	新莽		广阳郡	蓟城
25—220	东汉		幽州、广阳郡（国）	蓟城
220—265	魏		广阳郡、燕郡（国）	蓟城
265—316	西晋		燕国	蓟城
317—420	十六国	后赵	幽州、燕郡	蓟城
317—420		前燕	国都	蓟城
			幽州、燕郡	蓟城
317—420		前秦	幽州、燕郡	蓟城
317—420		后燕	幽州、燕郡	蓟城
420—581	北朝（北魏、东魏、北齐、北周）		幽州、燕郡	蓟城
581—618	隋		涿郡	蓟城
618—907	唐		幽州、范阳郡	蓟城
907—960	五代		幽州	蓟城
916—1125	辽		幽州、陪都	南京（燕京）
960—1127	北宋		燕山府	燕京
1115—1234	金		国都	中都（燕京）
1215—1638	元		国都	大都
1368—1644	明		国都	北京

年　代	朝　代	国、郡、州	治　所
1644—1911	清	国都	京师、顺天府
1912—1949	民国时期	国都	京兆、北平
1949 年至今	中华人民共和国	首都	北京

附录六 北京建城记

　　北京地区建城，始自燕与蓟。《礼记·乐记》载，孔子授徒曰："武王克殷反商，未及下车而封黄帝之后于蓟。"《史记·燕召公世家》称："周武王之灭纣，封召公于北燕。"燕城在今北京房山区琉璃河，为古代自中原北上所必经，遗址今犹存。春秋时期，燕并蓟，移治蓟城。蓟城核心部位在今北京宣武区，地近华北大平原北端，系中原与塞上来往交通之枢纽。

　　蓟之得名，源于蓟丘。北魏郦道元《水经注》有记曰："今城西北隅有蓟丘，因丘以名邑业，犹鲁之曲阜、齐之营丘矣。"证以同书所记蓟城之河湖水系，其中心位置在今宣武区广安门内外。

　　蓟城四界，初见于《太平寰宇记》所引之《郡国志》其书不晚于唐代，所记蓟城"南北九里，东西七里"，呈长方形。有可资考证者，其西南两墙外，为今莲花河故道所经；其东墙内有唐悯忠寺，即今法源寺。

　　历唐至辽，初设五京，以蓟城为南京，实系陪都。今之天宁寺塔，即当时城中巨构。金朝继起，扩建其东西南三面，改称中都，是为北京正式建都之始。惜其宫阙湮废已久，残留至今者，唯鱼藻池一处，即今宣武区之青年湖。

　　金元易代之际，于中都东北部外更建大都。明初缩建大都北部，改称北平。其后展筑南墙，始称北京。及至中叶，加筑外墙，乃将古代蓟城之东部纳入城中。历明及清，相沿至今。遂为我人民首都之规划建设奠定基础。

　　综上所述，今日北京城起源于蓟，蓟城之中心在宣武区。其地承先启后，源远流长。立石为记，永志不忘。

　　时在纪念北京城建城之三千又四十年。

公元一九九五年
候仁之撰文

附录七 老北京农历民俗节日、纪念日

农历日期	节日、纪念日
正月　初一	元旦、过大年、大年初一、春节 子初后焚香接神，燃爆竹以致敬，连街达巷，络绎不休。接神之后自王公以及百官，均应入朝朝贺。朝贺已毕，走谒亲友，谓之道新喜。亲者登堂，疏者投刺而已，貂裘蟒服，道路纷驰，真有车如流水马如游龙之盛。诚太平之景象也 玉烛宝典：正月一日为元日，亦云三元，岁之元、时之元、月之元 是日，无论贫富贵贱，皆以白面作角而食之，谓之煮饽饽（饺子），举国皆然，无不同也 早晨全家在一起吃新年饺子，饺子要做素馅，并在包饺子时放入一枚铜钱，以求顺利。家人食得者，则终岁大吉 拜年，是春节期间的一项主要活动。大年初一，亲友相见，总要拱手作揖，互道"恭喜发财""新喜，新喜"等，长者受拜后，要给晚辈"压岁钱"。这天北京的街道"车马喧阗，追欢竟日"。春节达到了高潮 鸡日（天晴，鸡则繁育；阴雨，鸡则不旺）
初二	致祭财神，鞭炮甚多，尽夜不休 早晨的家宴是馄饨，叫元宝汤。馄饨的形状像元宝，吃馄饨就是招财进宝，取财源如汤水滚滚而来 谚云："初一的饺子，初二的面，初三的合子（两张圆面皮中间包馅）往家转。"据传说，正月初二是财神爷的生日。初一吃饺子是催生，初二吃面是挑寿，初三吃合子，因为合子是圆形的，圆的好"转"，"转""赚"同音，意思是往家里赚钱 犬日（阴晴则兆狗）
初三	这天，女婿看望岳家、媳妇回娘家，礼物带双数。女儿和丈夫及儿女回娘家拜年。女儿须带一些礼品和红包，分给娘家的小孩，并且在娘家吃午饭 豕日（阴晴则兆猪，肥猪拱门）
初四	吃折箩，就是把几天剩下的饭菜合在一起的，大杂烩，打扫年货 羊日（阴晴则兆羊，三羊开泰）

农历日期	节日、纪念日
初五	破五，也称忌针节。意味着在新的一年里勤勤恳恳可过上好日子。这天忌串亲访友，不得以生米为炊，妇女不得出门，说是会把晦气带到别人家。虽有亲宾来拜谒者，亦不答拜。初五日后始往叩谢，名曰过破五 正月不迁居，不糊窗槅，为善正月。谚云："正五九，没处走" 这天，吃饺子，肉和菜馅儿一定要是自己去剁的，预示着来年一切都很顺利，把不顺的东西都剁没了 牛日（阴晴则兆牛）
初六	送穷，其意是祭送穷鬼（穷神）。这天，家中主妇要把节日积存的垃圾扔出去，谓之送穷鬼，门上的挂笺也可摘下来同时扔出去，叫作送穷神 马日（阴晴则兆马）
初七	响太平，北方则用炒过的大米拌上饴糖，做成球状或方状食品食用，叫"响太平"，寓意太平安康 人日（天气清明，生育繁衍，天阴则灾）
初八	顺星日，黄昏之后，天上星斗出现，以纸蘸油，燃灯一百零八盏，焚香而祀之 谷日，谷子的生日。天气晴朗，这一年稻谷丰收，天阴则年歉
初九	天诞日，禁屠宰，大高玄殿建皇坛，各道观设醮，拜朝天忏，赐福解厄
	正月时品 正月荐新品物，除椒盘、柏酒、春饼、元宵之外，则青韭卤馏包、油煎肉三角、开河鱼、看灯鸡、海肯螺、雏野惊、春橘金豆、斗酒双柑。至于梅萼争妍，草木萌动，迎春、探春、水仙、月季、百花接次争艳矣 正月庙会 除了人们所熟悉的厂甸之外，五显财神庙（初二至十六）、朝阳门外的东岳庙（初一至十五）、德胜门外的"大钟寺"、西便门外的白云观（初一至十九）都是有名的庙会，游人络绎不绝，更是挤满了求财问喜的香客，最富有北京过年的特色 正月放风筝 春节期间，京城人喜欢到旷野去放风筝，也是一大乐趣。从大年初一起，到清明节，是放风筝的好时光。春天要来了，桃红柳绿的日子已经不远了，风筝是北京人心目中的报春花
十三	家以小盏一百零八枚，夜灯之，遍散井灶门户砧石，曰散灯。其聚如萤，散如星，富者灯四，贫者灯一，又甚贫者无灯

农历日期	节日、纪念日
十五	元宵节，又叫灯节、上元节（正月十五为上元，七月中元，十月下元，为三官圣诞）。 元宵张灯，自十三日至十六日四永夕，金吾不禁。悬灯胜处，则正阳门之东月城下、打磨厂、西河沿、廊房巷、大栅栏为最。至百戏之雅驯者，莫如南十番。其余装演大头和尚，扮稻秧歌，九曲黄花灯，打十不闲。盘杠子，跑竹马，击太平神鼓、车中弦管，木架诙谐，细米结作鳌山，烟炮攒成殿阁，冰水浇灯，簇火烧判者，又不可胜计也。然五夜笙歌，六街骄马，香车锦辔，争看士女游春，玉佩金貂，不禁王孙换酒。和风缓步，明月当头，其可谓帝京景物也 元宵杂戏，剪彩为灯。悬挂则走马盘香，莲花荷叶，龙凤鳌鱼，花篮盆景；手举则伞扇旖幢，开刀月斧，像生人物，击鼓摇铃。迎风而转者，太极镜光，飞轮八卦；系拽而行者，狮象羚羊，骡车轿辇。前推旋斡为橄榄，就地滚荡为绣球。博戏则骑竹马，扑蝴蝶，跳白索，藏蒙儿，舞龙灯，打花棍，翻筋斗，竖蜻蜓；闲常之戏则脱泥钱，踢石球，鞭陀罗，放空钟，弹拐子，滚核桃，打尜尜（gá），踢毽子。京师小儿语："杨柳青，放空钟，杨柳活，抽陀罗。杨柳发，打尜尜。杨柳死，踢毽子。"专艺踢毽子者，手舞足蹈。不少停息，若首若面，若背若胸，团转相击，随其高下，助合机宜，不致坠落，亦博戏中之绝技矣 烟火花炮之制，京师极尽工巧。其爆竹有双响震天雷、升高三级浪等名色。其不响不起盘旋地上者曰地老鼠，水中者曰水老鼠。又有霸王鞭、竹节花、泥筒花、金盆捞月、迭落金钱。种类纷繁，难以悉举。至于小儿顽戏者，曰小黄烟。其街头车推担负者，当面放、大梨花、千丈菊。又曰："滴滴金，梨花香，卖到家中哄姑娘。"统之曰烟火。勋戚富有之家，于元夕集百巧为一架，通宵为乐
十六	十六日夜，妇女群游出门走桥，前一人持香辟人，曰走百病。凡有桥处，三五相率以过，谓之度厄，俗传曰走桥。又竞往正阳门中洞摸门钉，云即生男也
十九	这天叫燕九节，又叫筵九 白云观建于金，旧为太极宫，元改名长春宫。明正统间重修，改名白云观。观中塑真人像丘处机。真人生于宋绍兴戊辰正月十九日，为燕九节。民众多游白云观等庙宇祈福
廿五	填仓节 这天，粮商米贩致祭仓神，人家市牛羊豕肉，姿餐竟日，客至苦留，必尽饱而去。居民不尽致祭，然必烹治饮食以劳家人，谓之填仓
	立春（阳历2月3日或4日）。 京师各署鞭春，以彩缯按图经制芒神土牛，舁（yú）以彩亭，道以仪仗鼓吹。交春之刻，京兆尹帅两学诸生恭进大内 春日献辛盘，士庶之家，亦必割鸡豚、炊面饼，而杂以生菜、青韭茅、羊角葱，冲和合菜皮，兼生食水红萝卜，名曰咬春

农历日期	节日、纪念日
二月　初一	中和节，又叫太阳生日 京师于是日以江米为糕，上印金乌圆光，用以祀日，绕街遍巷，叫而卖之，曰太阳鸡糕。其祭神云马，题曰太阳星君。焚帛时，将新正各门户张贴之五色挂钱摘而焚之，曰太阳钱粮。左安明内有太阳宫，都人结侣携觞，往游竟日，考春分祭日，秋分祭月，乃圆之大典，士民不得擅祀。若以照临恩当思报之，习俗云可
初二	龙抬头日。"二月二，龙抬头。" 乡民用灰自门外蜿蜒布入宅厨。旋绕水缸，呼为引龙回。都人用黍面枣糕麦米等物油煎为食，曰薰虫。小儿辈懒学，是日始进书房，曰占鳌头。士民又于是日栉薙，盖取龙接头之意云
十二	花王诞日，又叫花朝 幽人韵士，赋诗唱和。春早时赏牡丹，唯天坛南北廊、永定门内张园及房山僧舍者最胜。除姚黄、魏紫之外，有夭红、浅绿、金边各种。江南所无也
十五	太上玄元皇帝诞辰 禁止屠割。太清观各道院立坛设醮，谈演道德宝章
十九	观音大士诞辰 正阳门月城内观音庙香火极盛，城内外白衣庵、观音院、大悲坛、紫竹林，庙宇不下千百，皆诵经聚会。六月十九登莲台，九月十九日传道妙，如前行之。有善信唪大悲咒戒荤酒者，二、六、九食素三月
三月　初一	
	清明（阳历4月4日或5日） 清明扫墓，倾城男女纷出四郊，担酌挈盒，轮毂相望。各携纸鸢线轴，祭扫毕，即于坟前施放较胜，京制纸鸢极尽工巧，有价值数金者，琉璃厂为市易之。清明日摘新柳佩戴……又以柳条穿祭馀蒸点，至立夏日油煎与小儿食之，谓不龋夏
廿八	燕京祭岳庙，民间集众为香会，有为首者掌之。盛设鼓乐旗旄，戴甲马，群迎神以往，男女有跪拜而行者，名曰拜香
四月　初一	四月一日至十八日，戒坛开，幡乐最盛，碧霞元君诞也 城中人多往各个寺庙
	立夏（阳历5月5日或6日） 立夏取平日曝晾之米粉春芽，并用糨面煎作各式果叠，往来馈遗，仍将清明柳穿之点，煎作小儿食之。谓曰宜夏
初八	浴佛节 八日为浴佛会。街衢寺院搭苫棚座，施茶水盐豆，以黄布帛为悬旌，书曰普结良缘。禁屠割。都人多于悯忠寺游玩，施斋饭僧，讲经于讲堂，听讲者甚多

农历日期		节日、纪念日
	十三	四月中旬至二十八日为药王诞辰，香火极盛，唯除夕至元旦彻夜不断。拜庙进香者多不得入庙，于神路街外设香池数处，焚香遥拜
五月	初一	
	初五	端午节，又称端阳节、重五节、五月节、天中节、粽子节 五月朔，家家悬砵符，插蒲龙艾虎，窗牖贴红纸吉祥葫芦。幼女剪彩叠福，用软帛缉逢老健人、角黍、蒜头、五毒老虎等式，抽作大红砵雄葫芦，小儿佩之，宜夏避恶。家堂奉祀，蔬供米粽之外，果品则红樱桃、黑桑葚、文官果、八达杏。午前细切蒲根，伴以雄黄，曝而浸酒。饮余则涂抹儿童面颊耳鼻，并挥洒床帐间，以避虫毒。饰小女尽态极妍，已嫁之女亦各归宁，呼是日为女儿节
		夏至（阳历6月21日或22日） 夏至大祀方泽，乃国之大典。京师于是日家家俱食冷淘面，即俗说过水面是也。乃都门之美品。向曾询及各省游历友人，咸以京师之冷淘面爽口适宜，天下无比。谚云："冬至馄饨夏至面。"京俗无论生辰节候，婚丧喜祭宴享，早饭俱食过水面。省妥爽便，莫此为甚
六月	初一	
	初六	内府銮驾库、皇史宬等处，晒晾銮舆仪仗及历朝御制诗文书集经史。士庶之家，衣冠履亦出曝之。妇女多于是日沐发，谓沐之不腻不垢。至于骡马猫犬牲畜之属，亦沐于河 浴象。銮仪卫驯象所，于三伏日，仪官具履服，设仪仗鼓吹，导象出宣武门西滴水滨浴之。城下结彩棚，设仪官公廨监浴，都人于两岸观望，环聚如堵 赏莲。帝京莲花盛处，内则太液池金海，外则城西北隅之积水潭，植莲极多，名莲花池。或因水阳有净业寺，名为净业湖。三伏日，上驷苑官校于潭中浴马。岸边柳槐垂荫，芳草为茵，都人结侣携觞，酌酒赏花，遍集其下。六月朔日，各行铺户攒聚香会，于右安门外中顶进香，回集祖家庄回香亭，一路河池赏莲，箫鼓弦歌，喧呼竟日。时品。盛暑食饮，最喜清新，是以公子调冰，佳人雪藕。京师莲实种二：内河者嫩而鲜，宜承露，食之益寿；外河坚而实，宜干用。河藕亦种二：御河者为果藕，外河者多菜藕。总以白莲为上，不但果菜皆宜，晒粉尤为佳品也。且有鲜菱、茨实、茨菇、桃仁，冰湃下酒，鲜美无比。其莲藕茨菱，凉水河最胜，有坊曰十里荷香

农历日期		节日、纪念日
七月	初一	
	初七	七夕宫中最重，市上卖巧果，人家设宴，儿女对银河拜 九引台，七夕乞巧之所。至夕，宫女登台，以五彩丝穿九孔针，先完者为得巧，迟完者谓之输巧，各出资以赠得巧者 七夕，各宫供像生牛郎、织女、从人、麒麟、象、羚羊、海马、狮子、獬豸、兔、海味、糖果、糖菜，俱用白糖浇成 燕都女子七月七日以碗水暴日下，各自投小针浮之水面，徐视水底日影，或散如花，动如云，细如缝，觕如椎，因以卜女之巧
	十三	十三日至十五日，迎节、送节、笑节 十三日，天子于宫西三十里卓帐宿焉。前期备酒馔，翌日诸军部落从者皆动蕃乐，饮宴至暮乃归行宫，谓之迎节
	十五	中元（正月十五为上元，七月中元，十月下元，为三官圣诞） 中元祭扫，尤胜清明。绿树阴浓，青禾畅茂，蝉鸣鸟语，兴助人游。庵观寺院，设盂兰会，传为目莲僧救母日也 每岁中元建盂兰道场，自十三日至十五日放河灯，使小内监持荷叶燃烛其中，罗列两岸，以数千计。又用琉璃作荷花灯数千盏，随波上下。中流驾龙舟，奏梵乐，作禅诵，自瀛台南过金鳌玉蛛桥，绕万岁山至五龙亭而回。河汉微凉，秋蟾正洁，至今传为胜事。都中小儿亦于是夕执长柄荷叶，燃烛于内，青光荧荧，如磷火然
		秋声 金风渐起，嘶柳鸣旌，家家整缉秋衣，砧杵之声远近相接。教场演武开操，觱篥鸣于城角。更有檐前铁马，砌下寒蛩，晨起市潮，声达户牖。此城阙之秋声也
	三十	地藏菩萨诞辰。都门寺庙，礼忏诵经，亦扎糊法船，中设地藏王佛及十地阎君绘像，更尽时施放焰口焚化。街巷遍燃香火道灯于路旁，光明如昼
八月	初一	
	十五	中秋节，又叫仲秋节、团圆节，俗称八月节、果子节、兔儿爷节 中秋节虽是全民的节日，拜月、祭月却是妇女的盛事，月亮象征生育。祭拜时，家中由年长的妇女主持仪式，向月亮升起的方向跪拜，把兔儿爷摆在供桌上祭拜 祭月，其祭果饼必圆，分瓜必牙错瓣刻之，如莲花。家设月光位于月所出方，向月供而拜，则焚月光纸，撤所供，散之人必遍。月饼月果戚属馈相报，饼有径二尺者。女归宁，是日必返其夫家，曰团圆节也 中秋夜，人家各置月宫符像，符上兔如人立，陈瓜果于庭，饼面绘月中蟾兔，男女肃拜烧香，旦而焚之 燕都士庶，中秋馈遗月饼西瓜之属，名看月会 京师八月秋社各以社糕社酒相馈送，贵戚宫院多切肉和蔬果铺于饭上，谓之社饭。人家妇女皆归外家，姨舅辄以新葫芦胎之，云宜外甥

农历日期	节日、纪念日
廿七	至圣先师诞辰，禁止屠宰，祭文庙。各书室设供，师生瞻拜
九月 初一	
初九	重阳节，俗称重九。古人认为九是阳数，所以这天又叫重阳节 重阳节活动内容很丰富，有登高、赏菊、饮菊花酒、插茱萸等 都中以面为糕馈遗，作重阳节。亦于阛阓中笊笓芦席嘹卖，市人又多以小扛车上街沿嘹卖。士庶官员亦以追节为重，往还燕礼如常故事 九日集无定所，而阜成门外真觉寺金刚宝座游人为多。市上卖糕人头带吉祥字。霜降后斗鹌鹑，笼于袖中若捧珍宝 九日，载酒具茶炉食榼，曰登高。高山高阁释而不登，但赁园亭、闾坊曲为娱耳。面饼种枣栗其面，星星然，曰花糕。糕肆摽彩旗，曰花糕旗。父母家必迎其女来食，亦曰女儿节 乡民于重阳日、十三日望雨，则不致冬旱。谚云："重阳无雨看十三，十三无雨一冬干。"
	立冬（阳历 11 月 6 日或 7 日）
十月 初一	鬼节。家家祭扫坟茔，焚烧冥币、纸钱、纸衣或纸包袱，叫作"送寒衣" 靴生日。燕市卖靴人以一日为靴生日，供具祭之，以其阴晴卜一冬寒燠
十五	下元（正月十五为上元，七月中元，十月下元，为三官圣诞） 下元之期，庵观寺院课经安期起，至次年正月廿五日，百日期满。夜悬灭灯，黄幅大书，冬季唪经祝国裕民百日期场。嗜佛之家，送香烛献斋供者络绎
十一月 初一	
	冬至（阳历 12 月 21 日或 22 日） 开始数九，民间流行消寒活动，逢九日饮酒消寒，席间惯摆九碟九碗，满桌用"花九件"席，以取九九消寒之意 人家画素梅一枝，为瓣八十有一，日染一瓣，瓣尽而九九出，则春深矣，曰九九消寒图。联曰：试看图中梅黑黑，自然门外草青青 谚云《九九歌》：一九二九不出手，三九四九冰上走，五九六九沿堤看柳，七九河开，八九雁来，九九加一九，耕牛遍地走 预日为冬夜，祀祖羹饭之外，以细肉馅包角儿奉献。谚云："冬至馄饨夏至面"之遗意也 京师最重冬节，不问贵贱，贺者奔走往来家置一簿，题名满幅
廿三	十一月，人家瑾户，藏花木于窖，食兔羹。女子嫁者多归宁，为母浣濯，曰报娘恩
十二月 初一	

农历日期	节日、纪念日
初八	腊八节，是儒、佛两教的节日 儒家腊祭的祭祀对象是谷神，万物神灵。冬至后第三个戊日为腊日 佛家是以佛祖释迦牟尼得道之日。这天佛门弟子举行诵经活动，并用干果杂粮煮成粥敬佛，称佛粥或腊八粥 俗语："送信儿的腊八粥。"是说腊八粥送来了春节将临的信息。家家煮果粥。皆于预日拣簸米豆，以百果雕作人物像生花式。三更煮粥成。祀家堂门灶陇亩，阖家聚食，馈送亲邻 腊月束梅于盎，匿地下五尺许，更深三尺，用马通然火，使地微温，梅渐放白，用纸笼之，鬻于市。小桃、郁李、迎春皆然，馈遗尚鲜果。羯鼓声益喧，曰迎年鼓。先除夕一日，曰小除。人家置酒宴，往来交谒，曰别岁。焚香于户外，曰天香。凡三日止。帖宜春字，小儿女写好字 古代的春节，从这一天就算开始了
廿三	祭灶，即纪念人类用火加工熟食的先祖 "祭灶"是把灶王爷"送上天"，"除夕"夜再"接灶"，重新请一张"灶王码儿"粘在龛上，烧香上供，就真把"灶王爷"又接回来了 廿三日更尽时，家家祀灶，院内立杆，悬挂天灯。祭品则羹汤灶饭、糖瓜糖饼，饲神马以香糟炒豆水盂，男子罗拜，祝以遏恶扬善之词，妇女于内室，扫除炉灶，以净泥涂饰，谓曰挂袍，燃灯默拜 灶神，即灶王爷。民谣：二十三，糖瓜粘，灶王爷上天 糖瓜儿是用黄米和麦芽熬制成的糖，做成长条形的糖棍称为关东糖，拉制成扁圆形就叫作糖瓜儿。吃起来脆甜香酥，别有风味 谚语："糖瓜祭灶，新年来到，姑娘要花，小子要炮，老头儿要一顶新毡帽。"每到腊鼓催年的农历十二月间，北京民间"年"的气氛就越来越浓了 过小年，烟花四起，炮声彻夜
廿四	扫房日 把不好的"穷运""晦气"统统扫出门，迎接新的一年。此习俗寄托了人们破旧立新的美好愿望和辞旧迎新的祈求
廿五	糊窗户，做豆腐 过去的北京人，家家户户都住在四合院或平房，窗户被窗棂（细木头条）分成一个个的小格子，腊月廿五，都会在窗棂上平整地糊上宣纸或白纸，再在窗棂的格子里面贴上红色的窗花，迎接新年 推磨做豆腐是老北京人准备春节年货的开始，腐与福的谐音，代表着祈福

农历日期	节日、纪念日
廿六	杀猪，割年肉 说的是这一天老北京人要开始筹备过年的肉食了 杀猪是杀自己养的猪，割肉是没养猪的人家到集市去买过年的肉。将割年肉放入年谣，是因为农耕社会经济不发达，人们只有在一年一度的春节才能吃到肉，故此称为"年肉"
廿七	宰年鸡 杀好的鸡，不能当天吃，要放到除夕才能吃，而且，除夕夜吃的时候也不能吃完，要留一点。鸡本身代表了大吉大利，所以节日期间，天天都要在餐桌上见到鸡，这样才算圆满 岁暮斋沐，于廿七八日。谚云："二十七，洗疢疾；二十八，洗邋遢。" 丢百病，岁暮，将一年食余药饵，抛弃门外，并将所集药方，捡而焚之，名丢百病
廿八	把面发，打糕蒸馍贴花花。发面准备止月初一到初五的主食
廿九	蒸馒头、蒸花卷、蒸喜饼、蒸枣泥方糕、蒸子孙馒头、蒸如意卷等
除夕	腊月三十日为除夕，俗称大年三十儿 家宴，俗称团圆饭。俗语：宁可穷一年，也不穷一天。打一千，骂一万，不要忘了三十儿晚上这顿饭。千家万户也要尽力把团圆饭做得丰盛些 吃完团圆饭后，不睡觉，叫作守岁。谚云：大年三十，熬一宿 除夕之夜，家人团聚在一起，往往令一家之主在精神上得到安慰与满足，老人家看着儿孙满堂，一家大小共叙天伦，过去的关怀与抚养子女所付出的心血没有白费，这是何等的幸福。而年轻的一辈，也正可以借此机会向父母的养育之恩表达感激之情 除夕之次，夜子初交，门外宝炬争辉，玉珂竞响。肩舆簇簇，车马辚辚。百官趋朝，贺元旦也。闻爆声如击浪轰雷，遍乎朝野，彻夜无停。更闻有下庙之博浪鼓声，卖瓜子解闷声，卖江米白酒击冰一声，卖桂花头油摇唤娇娘声，卖合菜细粉声，与爆竹之声，相为上下，良可听也。士民之家，新衣冠，肃佩戴，祀神祀祖；焚楮帛毕，昧爽阖家团拜，献椒盘，斟柏酒，饫蒸糕，呷粉羹。出明迎喜，参药庙，谒影堂，具柬贺节。路过亲友，则降舆长揖，而祝之曰新喜纳福。至于酬酢之具，则镂花绘果为茶，十锦火锅供馔。汤点则鹅油方补，猪肉馒首，江米糕，黄黍饦；酒肴则腌鸡腊肉，糟鹜风鱼，野鸡爪，鹿兔脯；果品则松榛莲庆，桃杏瓜仁，栗枣枝圆，楂糕耿饼，青枝葡萄，白子岗榴。秋波梨，苹婆果，狮柑凤橘，橙片杨梅。杂以海错山珍，家肴市点。纵非亲厚，亦必奉节酒三杯。若至戚忘情，何妨烂醉！俗说谓新正拜节，走千家不如坐一家。而车马喧阗，追欢竟日，可谓极一时之胜也矣 春节前夕，家家户户把居室内外装饰得节日气氛很浓。在门上贴门神，门框上贴春联，门楣上挂笺，门前插芝麻秸，屋内窗上贴剪纸，墙上贴年画

农历日期	节日、纪念日
除夕	春联，"天增岁月人增寿，春满乾坤福满门""新年新月共新春，花红对联贴满门"…… 年画，要突出一个喜字，如，爆竹平安，老鼠娶亲…… 喜气洋洋的春联、五颜六色的年画、锣鼓声、鞭炮声，充满了年味

说明：

1. 此表根据《日下旧闻考·风俗》《长安客话》《天咫偶问》《帝京岁时纪胜》《燕京岁时记》《旧京人物与风情》中有关老北京的民俗节日整理而成。

2. 北京地处华北平原的北端，人称小平原，气候温和，四季分明，四季民俗，四季饮食，四季时品，天府者也。

3. 北京城历经辽金元明清，表中对老百姓的称谓有燕人、都人、人家、家人、居人、京都人、城中人等。尤其是岁两头，即正月和腊月的民俗节日气氛，年味，美矣，茂矣。

附录八　燕京八景的前世今生

"八景"的由来

在南宋时，有个叫宋迪的著名画家，他的画多以潇湘山水风景为题材，其中得意之作有八幅：平沙落雁、远浦归帆、洞庭秋月、潇湘夜雨、山市晴岚、江天暮雪、烟寺晚钟、渔村夕照，名为"八景图"。当时的大诗人和书画家米芾观之拍案称奇，浓兴之余，遂给每一幅画作诗写序，加以推崇。时人乐于奔走，集资建八景台于长沙，将潇湘八景图陈列其上。宁宗皇帝赵扩，虽偏安江南，亦对潇湘八景产生浓厚兴趣，竟丹笔御书八景组诗，随之潇湘八景由此名声大震。一时间，"八景"题材蔚为风尚，画家作画，诗人吟诗，诗配画，画附诗，更有文人逸士们为表景仰羡慕之情和高尚雅洁之志，干脆名桑梓之地风景名胜也为某某八景，且请丹青作画，邀乡贤咏诗，于是，"八景"名称便流传开来，闻名于世。

"燕京八景"产生于金朝

辽代北京称"燕京"。1153年，金代第四任皇帝完颜亮将国都由东北迁至燕京，命名为中都大兴府。金代第五任皇帝金世宗完颜雍在琼华岛周边兴建了太宁宫，在香山兴建了大永安寺。金代第六任皇帝金章宗完颜璟将琼华岛和香山等八处景观命名为燕京八景。

完颜璟（1168—1208），金朝皇帝，1190—1208年在位。女真族，世宗孙。喜爱汉文，能书画。即位后，采用汉族礼仪服饰，提倡女真、汉通婚，促进了民族融合。谥号金章宗。

房山金陵皇家陵园中的道陵是完颜璟的墓葬，当时修筑得富丽豪华，北京很多地方都留有金章宗时代修筑的园林，只不过后人屡有增建、翻建而已，如北海公园、香山风景区、玉泉行宫和许多著名的古刹等都兆始于金章宗时代，卢沟桥工程也是那个时代修的。

常以"文采风流"自诩的金章宗完颜璟在视察自己的道陵工程的修建工作时，见到了落日余晖中的陵区。当他看到金光透过松柏与琉璃瓦相互辉映，群山环拥着的陵寝如此富丽豪华、肃穆幽深时，不由为之动情，亲自题写了"道陵苍茫"。该景与"卢沟晓月""蓟门烟树""金台夕照""居庸叠翠""玉泉垂虹""西山霁雪""太液秋波"一起，称为燕京八景，也是唯一把陵园列入八景的。

元代散曲家冯子振（1257—1314）曾作《正宫·鹦鹉曲》燕南八景：

卢沟清绝霜晨住，步落月问倚阑父。

蓟门东直下金台，仰看楼台飞雨。

道陵前夕照苍茫，叠翠望居庸去。

玉泉边一派西山，太液畔秋风紧处。

明朝时，金陵遭到报复、捣毁，"道陵苍茫"也名存实亡。文人墨客觉得应再寻找一景来补充，于是，想到了战国时"黄金台"的故事。"金台夕照"的"夕照"与"道陵苍茫"的"苍茫"意思相近，人文与自然相结合，列入"燕京八景"。这期间，不少诗人对"燕京八景"都有许多诗文，如杨荣、金幼孜、陈孚、赵宽等。《日下旧闻考·形胜》对燕京八景亦有历史性的描述。

清朝乾隆帝（1751）御定八景为：太液秋风、琼岛春阴、金台夕照、蓟门烟树、西山晴雪、玉泉趵突、卢沟晓月、居庸叠翠，当时均刻石立碑并有小序、诗文。

燕京八景是古代北京著名的八处景点，又称"燕山八景""燕台八景""燕南八景""京畿八景"等，产生于金代明昌年间，而后代文人纷纷题诗，遂名闻遐迩。

燕京八景，四季有景。春夏秋冬、日月雨水。北海的"琼岛春阴"是春光，居庸关的"居庸叠翠"是夏景，中海的"太液秋风"是秋景，香山的"西山晴雪"是冬景。

燕京八景，景中有景。居庸叠翠中的八景，玉关天堑、云台、叠翠联峰、双泉合璧、汤泉瑞霭、琴峡清音、驼山香雾、虎峪晴岗。玉泉垂虹有十六景，琼岛春阴有二十八景等。

燕京八景，四方有景。东西南北中。

燕京八景，山水风景。自然风光无限，人文历史荟萃。让我们走进燕京八景。

1. "燕京八景"之居庸叠翠

"居庸叠翠"，其重点在"叠"和"翠"。"叠"是指从南口至居庸关一带，山崖峻峭，层峦叠嶂，指这一带的自然景观。这里的岩层呈东南向倾斜的层叠状；"翠"是指这里的绿色植被草木葱翠。两者合在一起，犹如碧波翠浪，构成了"叠翠"美丽的自然景观，金代皇帝钦定"居庸叠翠"，列为"燕京八景"之首。

居庸关之名，取"徙居庸徒"之意。传说秦始皇修长城时将强征来的民夫士卒徙居于此。汉代沿称，三国时名西关，北齐时改纳款关，唐代有居庸关、蓟门关、军都关等名称。辽、金、元、明、清各代仍称居庸关。这里形势险要，为历代兵家必争之地。

清代，乾隆皇帝御笔题写"居庸叠翠"四字，刻碑立于关城东南，修有碑亭，但其碑和碑亭已毁坏无存了。

如今，现石刻为溥杰先生 1990 年为外文印刷厂绿化基地题写。

2. "燕京八景"之玉泉垂虹

"垂虹"，就是指玉泉山的泉水清澈，晶莹如玉，水自池底上翻，如沸汤滚腾，有"玉泉垂虹"之称，其表现在"垂虹"二字上，反映的是美丽的自然景色。

玉泉山历史上水源丰沛，山麓中随处有泉，其中著名的有玉泉、进珠泉、裂帛泉、试墨泉等。以玉泉最为著名，曾被乾隆帝封为"天下第一泉"，并刻石为碑立在泉侧。玉泉从金朝始，成为燕京八景之一，名为"玉泉垂虹"，清乾隆帝改称"玉泉趵突"。

金元明清时是北京水运和民间用水的源泉之一，也是著名京西稻的水源。

如今，玉峰塔和华藏塔屹立在玉泉山，趵突翻涌不复存在，昆明湖里流淌的是京密引水渠的水。

3. "燕京八景"之琼岛春阴

琼岛春阴，意在"春阴"二字上。琼岛即北海公园的琼华岛，金时名叫琼华岛，元代为万寿山或万岁山。琼华岛耸立于水面南部，波光塔影，景色宜人。

春、秋是农业生产中的两个季节。春季，农家的庄稼最盼望雨水，春季能风调雨顺，秋季会有好收成，因此，春喜阴为好。乾隆皇帝在御制"琼岛春阴"诗中说："艮岳移来石嵯峨，千秋遗迹感怀多。倚岩松翠龙鳞蔚；入牖篁新凤尾娑。乐志讵因逢胜赏，悦心端为得嘉禾。当春最是耕犁急，每较阴晴发浩歌。"

如今，北海公园内，白塔山的东麓，"琼岛春阴"石碑就设立在这里。

4. "燕京八景"之太液秋风

太液池，指北海公园的水面。元代名太液池，明代将太液池扩大为西苑三海，以北海桥为界，桥北是北海，桥南是中海和南海。

太液秋风，在北海桥之南，中海东侧水面上的那座凉亭，就是"太液秋风"，亦云："太液晴波"。

北海桥，原名金海桥、御河桥。横跨北海中海水面。桥东桥四原有明世宗所建牌坊各一座，西名"金鳌"，东名"玉蛛"。桥为石砌七孔拱券式，外观为九孔，中心孔券面有浮雕兽头，南向曰"银潢作峤"，联曰"玉宇琼楼天上下，方壶圆峤水中央"；北向曰"紫海回澜"，联曰"绣縠纹开环月珥，锦澜漪皱焕霞标"。整个桥身犹如一条玉带，洁白无瑕。北平解放后，桥两次修改，美丽的风光依然如故。

辽代乃以此建筑园林，作为游乐场所。金中都即在此基础上大兴土木，营建精美的离宫别馆、亭台水榭，并命名大宁宫。元建大都，宫殿建筑以琼华岛海子为中心，建成一座封建帝都的禁苑。明时在太液池北岸修筑五龙亭，清顺治八年（1651）又在广寒殿旧址建造白塔，并将岛南部的宫殿改建为永安寺。乾隆时除在琼华岛四面建亭榭楼台外，又在北岸修建了蚕坛、阐福寺、西天梵境、万佛楼、小西天、澄观堂、镜清斋等，在东岸修建濠濮涧、画舫斋等，构成了今天北海的规模。

如今，站在北海桥上遥望中海，水上有个亭子"水云榭"，是临风观水赏月的佳境，有乾隆皇帝题刻的"太液秋风"石碑。

5. "燕京八景"之蓟门烟树

"蓟门飞雨"改为"蓟门烟树"，这是因为时光流逝，沧海桑田，明代时蓟门的景色已与金迥然不同。金元时蓟门楼馆林立，明永乐时这些建筑早已荡然无存，代之而起的是葱郁广袤的林木，遂改名为"蓟门烟树"，使它名副其实。

"蓟门烟树"，其指"烟树"二字。蓟门在旧城西北隅。门之外旧有楼馆，雕栏画栋，凌空缥缈，游人行旅，往来其中，多有赋咏。

"蓟门"指春秋战国时的蓟城，在今广安门一带。元明以来把德胜门外元大都城健德门（俗称土城关）当作蓟门旧址。传说门外有二土阜，"树木翁然，苍苍蔚蔚，晴烟拂空，四时不改"，故有"蓟门烟树"之称。此景早已不存。碑高约3米，宽80厘米，厚25厘米。长方形须弥座式碑座，僧帽形碑首，刻雷纹。碑阳为乾隆手书"蓟门烟树"四字，碑阴为乾隆御题七律："十里轻扬烟霭浮，蓟门指点认荒邱；青帝赍酒令何少，黄土埋人即渐稠。牵客未能留远别，听骊谁解作清游？梵钟欲醒红尘梦，断续常飘云外楼。"

如今，北三环蓟门桥北有一段元大都时遗留的土城遗址上，今人立有"蓟门烟树"石碑，为"八景"缺景而建造。

6. "燕京八景"之西山积雪

"西山积雪"，亦名为"西山晴雪"。这一美景，美就美在"雪"字上。自然界的雪与西山的自然环境相结合，将西山装扮得更加美丽。

西山的秋天，其突出的特征为：满山火红——京城西山的红叶，自古有名。西山的冬天，大雪的季节，一旦下了大雪，就会出现积雪凝素，雪将西山点缀得格外优美，因此，渐渐出现了"西山晴雪"或"西山霁雪"的美名，并被选列入"燕京八景"。

香山为北京西山山岭之一。此地重峦叠嶂，清泉潺潺，花木满山，景色清幽，故金、元、明、清历代帝王都在此营建离宫为别院，为各朝皇家游幸驻跸之所。清乾隆十年（1745）在此大兴土木，兴建亭台楼阁，共有二十八景，如勤政殿、翠微亭、栖云楼、香山寺、森玉笏等，并加筑围墙名"静宜园"。园中名胜遍布，风光旖旎，秋来黄栌换装，漫山红遍，如火如荼，一片"霜叶红于二月花"的胜景。咸丰十年（1860）和光绪二十六年（1900）先后为英法联军和八国联军所破坏，北平解放后经全面整修，已辟为香山公园。

如今，香山东麓山腰上仍屹立着"燕京八景"石碑。

7. "燕京八景"之卢沟晓月

"卢沟晓月"，其重点在"晓月"二字。所谓"晓"，不仅可作"天亮"解，亦可作"知道""明白"解。不认识怎么会"知道"，不认识怎么会"明白"，所以，所谓"晓"亦包含着认识这一文化内涵。"晓月"，使人们对月亮的认识丰富多彩。

卢沟桥，为北京现存最古老的石造联拱桥。永定河旧称卢沟河，桥亦以"卢沟"命名。始建于金大定二十九年（1189），明正统九年（1444）重修。清康熙时毁于洪水，康熙三十七年（1698）重建。全长 266.5 米，宽 9.3 米，桥墩 10 个，桥孔 11 个。桥身两侧石雕护栏各有望柱 141 根，柱头上均雕有卧伏的大小石狮共 501 个，神态各异、栩栩如生。桥东的碑亭内立有清乾隆题"卢沟晓月"汉白玉碑。意大利旅行家马可·波罗（1254—1324）在他的游记中称赞"它是世界上最好的、独一无二的桥"。桥东为宛平县城，明崇祯十一年（1638）建。1937 年 7 月 7 日，日本帝国主义在此发动全面侵华战争，宛平城的中国驻军奋起反击，点燃了全面抗日战争的熊熊烈火，为历史上著名的"卢沟桥事变"（亦称"七七事变"）。

如今，卢沟桥不仅是一座雄伟的建筑物，也是一处具有重要历史意义的革命纪念地，在宛平城内新建有中国人民抗日战争纪念馆。

8. "燕京八景"之金台夕照

"金台夕照"的金台，意指黄金台。"黄金台"一词来自战国中期，讲的是燕昭王在永定河畔设黄金台招聘人才振兴燕国的故事。夕阳照射在黄金台上闪闪发亮。

金台夕照的由来，与燕昭王和郭隗的举荐有着密切的关系。燕昭王器重人才，思贤若渴，一些有真才实学的人投奔到燕国来，魏国的乐毅、赵国的剧辛、齐国的邹衍、纵横家苏秦等

人先后来到燕国。至此，燕昭王修筑了一座高台，上面堆放着黄金作为聘礼，在他们抵达燕国的时候，燕昭王亲自拿着扫帚为他们清扫道路，表示对他们的尊敬。那座放金子的高台就是著名的"黄金台"。

燕昭王二十八年（公元前284年），联合五国攻齐，占领齐国70多城，这是燕国最强盛时期。此时，燕国进入战国七雄之列。

由于年代久远，黄金台地早已湮没了，但那段辉煌历史被后人誉为"金台夕照"，载入了"燕京八景"，而享誉天下。

金台夕照也是"燕京八景"中唯一与人文历史有关的一景，也是"燕京八景"最悠久的一景。

如今，位于朝阳区财富中心西南角的"金台夕照"石碑，是后人为"八景"缺景，东边无景而建造的。地铁10号线经过此地的车站叫"金台夕照站"。

如今，"燕京八景"有的景有碑，有的景无碑，有的新景新碑，但八景焕然一新依然很美。北京四季美，山水美，环境越来越美。

参考书目和网站

[1]《古地理学》周廷儒著，北京师范大学出版社，1982 年 7 月第 1 版。

[2]《北京自然地理》雷亚贞主编，北京师范学院出版社，1989 年 9 月第 1 版。

[3]《北京地图集》测绘出版社出版发行，1994 年 8 月第 1 次印刷。

[4]《夏商周断代工程 1996—2000 年阶段成果报告（简本）》世界图书出版公司北京公司。

[5]《说文解字》（汉）许慎撰，中华书局，1977 年 12 月北京第 3 次印刷。

[6]《康熙字典》（清）张玉书等编，上海书店，1985 年 12 月第 1 版。

[7]《日下旧闻考》（清）于敏中等编纂，北京古籍出版社，1983 年 5 月出版发行。

[8]《长安客话》（明）蒋一葵著，北京出版社，1962 年 3 月第 3 次印刷。

[9]《天咫偶闻》（清）震钧，北京古籍出版社，1982 年 9 月发行。

[10]《帝京岁时纪胜》（清）潘荣陛，北京出版社，1962 年 4 月第 2 次印刷。

[11]《燕京岁时记》（清）富察敦崇，北京出版社，1962 年 4 月第 2 次印刷。

[12]《清史稿精华》张鹤泉译，北方妇女儿童出版社，2001 年 2 月第 2 次印刷。

[13]《甲骨文字典》（修订版）北京工艺美术出版社，2015 年 4 月第 3 次印刷。

[14]《文字源流浅说》康殷著，荣宝斋，1979 年 12 月第 1 版。

[15]《难僻字字典》汤友祥主编，赵一生审定，浙江大学出版社，2002 年 5 月第 2 次印刷。

[16]《汉字·图解字典》顾建平著，上海东方出版中心，2008 年 10 月第 1 版第 1 次印刷。

[17]《中国通史简编》（修订本第一编）范文澜著，人民出版社，1965 年 12 月北京第 1 次印刷。

[18]《中国历代名人辞典》南京大学历史系编写组，江西人民出版社，1984 年 7 月江西第 2 次印刷。

[19]《史记全本·全注全释》汉司马迁撰，李翰文主编，北京联合出版公司，2017 年 3 月第 6 次印刷。

[20]《辞海》上海辞书出版社，1985 年 8 月第 1 版第 6 次印刷。

[21]《东周列国志》冯梦龙编，刘仁点校，经济日报出版社，1997 年 5 月第 1 次印刷。

[22]《山海经校注》袁珂校注，上海古籍出版社，1980 年 7 月第 1 次印刷。

[23]《水经注全译》（北魏）郦道元 原著，陈桥驿 叶光庭 叶扬 译注，贵州人民出版社，1996 年 10 月第 1 次印刷。

[24]《历史地理》第十九辑，上海人民出版社，2003 年 6 月第 1 版。

[25]《朱元璋传》吴晗 生活·读书·新知三联书店出版，1980 年 3 月北京第 4 次印刷。

[26]《中国历史年表》河南省博物馆编辑组编，河南人民出版社，1980 年 11 月第 1 次印刷。

[27]《防洪工程学》张含英著，商务印书馆出版，1953 年 3 月再版。

[28]《古汉语知识专题讲解》徐毅主编，职工教育出版社，1990 年 5 月第 1 次印刷。

[29]《古汉语知识详解辞典》马文熙 张归璧等编著，中华书局，1996 年 10 月第 1 次印刷。

［30］《北京史话》侯仁之　金涛著，上海人民出版社，1980 年 9 月第 1 版。

［31］《北京风物游览典故》李凤祥编，北京旅游出版社，1989 年 10 月第 1 版。

［32］《北京风物逸闻录》宋经伦著，北京戏剧出版社，1999 年 7 月第 1 版。

［33］《北京市海淀区地名志》北京出版社出版，1992 年 9 月第 1 版。

［34］《北京市海淀区志》北京出版社出版，2004 年 4 月第 1 版。

［35］《北京市门头沟区地名志》北京出版社出版，1993 年 7 月第 1 版。

［36］《石景山区地名志》北京科学技术出版社，1991 年 1 月第 1 版。

［37］《北京市延庆县地名志》北京出版社出版，1993 年 4 月第 1 版。

［38］《北京市房山区志》北京出版社出版，1999 年 9 月第 1 版。

［39］《大兴县志》北京出版社出版，2002 年 9 月第 1 版。

［40］《昌平县志》北京出版社出版，2007 年 6 月第 1 版印刷。

［41］《平谷县志》北京出版社出版，2001 年 10 月第 1 版印刷。

［42］《趣谈老北京》施连方　施枫编著，中国旅游出版社，2001 年 6 月第 1 版。

［43］《北京城演进的轨迹》朱祖希编著，光明日报出版社，2004 年 9 月第 1 版。

［44］《北京老字号传奇》白仲俭著，中国旅游出版社，1993 年 5 月第 1 版。

［45］《旧京人物与风情》北京燕山出版社编，2003 年 12 月第 3 次印刷。

［46］《中国黄帝陵》高俊元著，陕西旅游出版社，1995 年 11 月第 1 版。

［47］《中国通史故事》（精装版）中国少年儿童出版社，1991 年 3 月第 1 版。

［48］《北京新风景名胜》李佐贤　袁晖编著，中国城市经济社会出版社，1990 年 9 月第 1 版。

［49］《建国以来的北京城市建设》北京建设史书编辑委员会，1986 年 4 月第 1 次印刷。

［50］北京永定河文化研究会网站。

［51］北京市水务局网站。

［52］北京市自来水集团公司网站。

［53］北京市门头沟区政府网站。

［54］北京市房山区政府网站。

［55］北京市延庆区政府网站。

［56］北京市石景山区政府网站。

［57］北京市密云区政府网站。

［58］北京市大兴区政府网站。

［59］北京市丰台区政府网站。

后 记

本人从小长在秦巴山区汉江流域的一座古镇，即南水北调的水源地。那里山清水秀，没有工业，没有污染，山山水水，一切都很自然，有水的地方，就有灵气，就有人气。

永定河畔的灵气之秀、古都形胜的历史遗迹、丰富的文史资料、民间传说的绝妙启迪，给了我灵感。写古都北京历史文化的文章众多，写古都北京历史文化的人才荟萃，如果没有水，此书很难成稿。

永定河畔的山山水水蕴含的历史文化极为丰富。史书典籍、报刊资料、网络媒体信息、最新考古发现，都充实了本书的内容。走遍山山水水，广泛汲取营养。在此书的编写过程中，不仅吸取了已有的研究成果，有的成段直接取用了原文，恕我未能一一列出书名和作者的姓名，我谨向这些作者表示深切的谢意。

永定河，北京的母亲河。可爱的北京，可爱的故乡。一座古镇，一条古道，一座古桥，一口古井，一座古庙……河畔的历史遗迹，让你沉思。

古都北京，历史文化，丰富多彩，皇家园林、建筑文化、宫廷文化、饮食文化、胡同文化、寺庙文化、长城文化、运河文化……唯永定河文化，伴随着地质文化，古人类遗址文化深远深厚，远至太古，厚至不测。话说永定河，说不完，道不尽，是个永远的话题。

当你走进永定河畔、走进这座文化殿堂时，你愈了解永定河，愈感到她的博大精深，愈感到自己思维的迟钝和狭窄，愈感到自己的知识匮乏。就如同面对的是奔腾向前的永定河，面对的是巍巍耸立的高峰灵山。可以说，融注进去，永定河的博大就是一种海纳百川的胸怀；融注进去，永定河的精深就是一种情感在事业上的反映。正是这种情为永定河所系的融注，永定河在时代发展的进程中显出了她宽阔的胸怀。

由于作者的水平及资料有限，在书中难免有差错，有些观点是否正确，还需专家和读者的指正，并提出宝贵意见，以便再版时进行纠正，我将十分感谢。

在此，感谢为本书出版辛勤劳作的编辑们。